화웨이 회장 런정페이

생존 경영

HUAWEI

화웨이 회장 런정페이 **생존 경영**

저우셴량 지음 | 이용빈 옮김

시크릿하우스

저자의 글

우리에게 승리 말고는
다른 길이 없다

74세의 노인이 대중의 눈길을 끊임없이 끌어당기는 데에는 그의 직함이나 사회적 지위가 한몫할 테지만 그보다는 그의 독특한 사상과 개인적인 매력이 더욱 크게 작용한다.

'런정페이(任正非)'라는 글자는 마치 그 자체로 생명력과 마력을 갖고 있는 것처럼 보이고, 그 속에서는 쇠줄과 같은 단단한 느낌이 새어 나온다.

6명에서 18만 명으로, 2만 위안에서 6,036억 위안으로, 선전(深圳)이라는 곳에서 전 세계로, 교환기를 대리하는 일에서 세계 제일의 통신설비 제조사로, 런정페이는 흡사 유랑극단과 같은 작은 조직에서 기이하고 독특한 경영 시스템을 바탕으로 30년간 대단히 많은 기적을 창조해냈다. 어느새 사람들은 런정페이가 손을 대기만 하면 십중팔구 성공이 보장되는 것으로 인정하기 시작했고, 그가 있는 한 화웨이의 발전은 상한선이 없을 것이라고 생각했다.

런정페이는 화웨이(華爲)라는 이리 떼의 두목이자 화웨이의 정신적 교주다. 18만 명의 직원들을 이끌고 전 세계를 향한 정벌 전쟁을 벌이고 있고, 상대방의 간담을 서늘하게 하거나 복종하지 않을 수 없도록 만든다. 화웨이에서 근무하다가 퇴직한 직원 한 명은 런정페이에 대해 다음과 같이 평가했다.

"제가 볼 때 런정페이는 신과 같은 존재입니다. 화웨이의 칩 한 개에 10년을 투자할 수 있는데, 설령 10년간 모두 손해를 본다 해도 그는 의연하게 견지할 것입니다. 다른 사람이라면 감히 이렇게 할 수 있을까요? 그가 보유한 화웨이 주식이 그렇게 적은데, 다른 사람이 그렇게 할 수 있을까요? 아마도 못할 것입니다. 전 세계를 통틀어 그와 같이 할 수 있는 사람은 없을 것입니다. 하지만 런정페이는 해낼 수 있습니다."

세계적인 회사를 이끌고 있는 선도자로서 전 세계의 자원을 통합하고, 특색 있는 우수한 제품들을 만들어내며, 세계 인민을 위해 기여하는 것이 바로 런정페이가 오늘날 세상을 바라보는 자세다.

2018년 화웨이는 세계 500대 기업 중에서 72위를 차지했다. 5년 전 315위였던 화웨이가 5년 후에는 얼마나 더 순위가 상승할지 사람들로 하여금 기대를 갖게 하며 심지어는 사람들을 전율하게 만들고 있다.

런정페이는 발군의 논리와 식견으로 전진의 방향을 한눈에 꿰뚫어 보았다. 따라서 그는 일단의 무리를 선택하고 단결하여 기업을 만들고, 주식을 모든 직원에게 나누어주는 것을 선택했다. 오로지 이러한 마음 씀씀이에 의지하여 그는 이미 자국의 절대 다수 기업가를 초월했고, 기업가 가운데 특수한 부류가 되었다. 한 손으로 화웨이를 창건하고 다른 한 손으로는 화웨이가 지속적으로 발전할 수 있는 경영 모델과 기업 이념을 구축했는데, 이 두 가지 업적은 런정페이 스스로 가장 자랑스럽게 여기는 일이다.

런정페이에 대해 묘사하고 기록하고 있는 방대한 자료들과 그의 강연 내용들을 우리는 손쉽게 찾아볼 수 있다. 하지만 무수한 자료들 속에서 도리어 그를 제대로 간파하지 못하고 있다. 런정페이는 이미 자신의 경영 철학을 세상에 공개했고, 우리는 많은 자료를 토대로 그것을 이해할 수는 있지만 결코 배워서 습득할 수는 없다.

외부 세계는 화웨이에 대해 항상 무한한 호기심을 갖고 있다. 혹자는 화웨이 직원들의 고수입을 흠모하고, 화웨이 직원들이 미친 듯이 시간 외 초과 근무를 하는 것에 공포심을 느끼기도 한다. 또한 화웨이 경영 시스템을 추종하거나 런정페이의 후계자에 대해 추측하는 등 화웨이를 둘러싸고 여러 설들이 분분하다.

한편으로 런정페이는 모순으로 가득하다. 그는 높은 유명세에도 불구하고 신비주의를 고수하며 스스로 떠벌리는 것을 좋아하지 않았고 미디어 인터뷰에도 대단히 적은 횟수로 응했다. 화웨이 초기에는 계산된 의도가 있었는지 잘 모르겠지만 미디어와의 관계를 일절 끊었다. 그는 일찍이 화웨이의 고위층을 향해 "중요한 고객 혹은 협력 파트너가 아니라면 기타 활동에서는 일률적으로 이야기 나누는 것을 금한다"
라는 철통같은 명령을 내린 적이 있다.

런정페이가 낙관적인 태도가 충만한 비관주의자라는 점도 이러한
사실을 뒷받침한다. 그는 언제나 이튿날에 화웨이가 문을 닫게 될 수
도 있음을 우려하며 '화웨이의 겨울'은 반드시 도래할 것이라고 예언
했다. 하지만 그럼에도 불구하고 언제나 보통 사람들보다 더욱 낙관적
이고 적극적인 태도로 문제에 대응해왔다.

런정페이는 화웨이를 창건하고 이끌며 30년을 달려왔지만 자신의
최대 문제는 어리석고 집착하며, 그 어떤 애호가 없고, 아무것도 이해
하지 못하는 것이라고 말했다. 하지만 그는 한 통의 풀(paste)을 화웨이
사람들의 몸에 부어 18만 명의 사람들을 하나로 끈끈하게 접착시키고
커다란 방향을 향해 목숨을 걸고 노력하게끔 만들었다.

런정페이는 솔직하고 진실되며 자신의 결점에 대해 말하는 것을 주
저하지 않는다. 또한 자신의 강점을 거짓되게 숨기지도 않는 진인이
다. 에베레스트산에 오를 때도 그는 기어코 걸어가기 힘든 북쪽 고개
를 선택했다. 무수한 험상환생(險象環生, 위기 상황이 연이어 발생하는 것)
을 거쳐 그가 얻은 성과는 다른 사람들의 100배가 넘었다. 그와 화웨
이 창업 멤버들은 진정으로 '진흙탕 속에서 빠져나온 영웅'이라 할 만
하다.

2018년 화웨이는 역량을 쌓으며 5G 시대의 도래를 기다리고 있었
다. 화웨이 휴대폰은 질풍노도처럼 돌진했고, 2년 후 삼성과 애플을
누르고 업계 1위에 올라설 준비를 하고 있었다. 하지만 화웨이 휴대폰

이 미국 시장에 진입하려는 노력이 다시 물거품이 되고, 같은 처지인 중싱(中興)도 미국에 의해 제재를 당하며 처참한 굴욕을 맛보았다. 이 시기에 수많은 인재들은 런정페이가 과거에 이를 악물며 핵심 기술을 개발하고 발전시키기 위해 노력했던 것이 얼마나 선견지명이 있는 행동이었는지를 크게 깨달았다.

2018년 런정페이는 74세로 이미 고희를 넘긴 나이에도 여전히 화웨이의 전진을 이끌고 있다. 그의 사상은 그의 신체와 함께 노화되고 있지만 갈수록 예리해지기도 했다. 사람들은 그를 볼 때마다 그의 나이를 완벽히 망각하게 되었고 오로지 그가 지닌 사유의 날카로움에 주의하게 되었다.

런정페이에 대하여 과연 우리는 무엇을 논해야 할까? 런정페이의 일생 가운데 핵심적인 타이밍을 포착하여 논할 수 있을 것이다. 한 사람의 일생은 늘 핵심이 되는 타이밍이 있기 마련이고, 이러한 몇 가지 타이밍을 포착하면 곧 일련의 고속열차에 탑승하여 순조롭고 평온하게 일단의 길을 갈 수 있다. 하지만 그것을 포착하지 못하면 이내 열차에서 떨구어져 다시 쫓아가기 어렵게 된다. 창업 타이밍, 경영 타이밍, 경쟁 타이밍, 미래 타이밍 등과 같은 것들이 런정페이의 일생 중 핵심적인 타이밍이라고 할 수 있다. 런정페이를 받치고 있는 이러한 핵심 타이밍에 그가 정확하고 어렵고 힘든 결정을 내렸던 것은 그의 논리 능력이자 강자 마인드가 작용한 것이다. 즉 "우리에게 승리 말고는 다른 길이 없다"고 말하며 자신을 사지로 내몰고 난 이후에 생존을 도모하는 강대한 생명력이었다.

기교, 사유, 논리는 모든 사람이 배울 수 있고 활용할 수 있다. 하지만 오직 강대한 생명력과 신념 위에 함께 있어야만 가장 눈부신 빛줄기를 폭발적으로 뿜어낼 수 있다. 이것이 바로 '런정페이 정신'의 진정한 핵심이다.

차례

| 1장 |

초심을 잡다

사회를 향해 발걸음을 내딛을 무렵, 경험이 부족해 줄곧 장벽에 머리를 부딪쳐 피를 흘리는 것이 나의 일상이자 인생철학이었다는 사실을 수년이 지난 후에야 비로소 알게 되었다. 대학 시절에는 단(중국공산주의청년단)에 가입하지 않았고, 군 복무를 할 때는 여러 해 동안 당(중국공산당)에 입당하지 않았기에 인생 곳곳에서 역경과 시련을 경험했고 개인적으로 매우 고립되어 있었다. '단결이 바로 역량'이라는 말의 정치적 함의를 내가 명확히 이해하게 되었을 때는 이미 불혹의 나이를 지났을 때였다. 헛되이 보낸 세월을 돌이켜보면 '어떻게 이처럼 유치하고 우습게도 개방, 타협, 회도(검지도 희지도 않은 것)에 대해 조금도 이해하지 못했을까' 깨닫게 된다.

이러한 생활과 궁지에 내몰려 인생의 좁은 길 위에 서게 되었을 때 나는 화웨이를 창립했다. 그때서야 비로소 역사의 긴 강 가운데 개인이 가장 보잘것없고 미미하다는 인생의 진수를 깨달았다.

_런정페이, 《천고에 흥망하는 것이 얼마나 많은가, 봄날 동쪽으로 흐르는 장강처럼》(2011)

1

야초 시절의 런정페이

1990년대 또는 2000년대 이후의 출생자는 이미 런정페이가 경험한 그 특수한 시대를 이해하기 매우 어려운 사람들이 되었다. 그 당시 사람들을 야초라는 용어로 비유하는 것은 결코 폄하하려는 의도가 아니라 그것이 있는 그대로의 사실이기 때문이다.

1980년대의 중국은 진정한 야초 시대였고, 또한 진정한 대시대였다. 관리되고 통제되었던 사회의 제한들이 점차 완화되고 있었다. 당시의 중국인은 천생적으로 야초와 같아서, 일단의 사람들은 '중화흥망, 필부유책(中華興亡, 匹夫有責)' 즉 '중화의 흥망에 필부도 책임이 있다'는 꿈과 포부를 안고 창업을 했고, 더욱이 많은 사람은 '돈을 벌어 부자가 되겠다'는 욕망 하에 터프한 성장을 추동했다. 이렇게 움츠려 있던 거인들이 자신의 몸을 펴기 시작했을 때 중국 전역에서는 이보다 더 강대할 수 없을 만큼의 전투력이 폭발했다.

압제를 상실한 야초는 미친 듯이 성장했고, 이후 야초들 중 어떤 것은 하늘을 찌를 듯한 큰 나무가 되었고, 어떤 것은 중간에 요절했으며, 또 어떤 것은 매우 진귀한 형상으로 자라 중국 제1세대 기업가로 거듭났다. '기업가 원년'이 시작된 것이다.

세계 역사의 흐름 중에는 하나의 신비한 '중심축 시대'가 있었다. 기원전 500년 전후에 중국, 인도, 서방 등의 국가와 지역에서 인류와 문화에 집중 돌파 현상이 일어나 저마다 각기 다른 문화의 기초와 패러다임이 형성되던 시기가 바로 그때다. 철학가, 사상가들이 백화제방(百花齊放, 온갖 다양한 꽃들이 일제히 피는 것)하고 군성최찬(群星璀璨, 여러 별들이 반짝이는 것)하던 시대로 중국에는 노자, 공자, 맹자, 묵자 등의 제자백가가 출현했고, 인도에서는 석가모니가 출현했으며, 고대 그리스에서는 소크라테스, 플라톤, 아리스토텔레스 등이 출현했다. 1980년대 후반의 중국은 경제 방면에서 대폭발이 시작됐고, 40년의 시간은 중국이 세계 2위의 경제 대국이 되도록 만들었다.

이처럼 불어오는 막강한 태풍의 힘을 빌리는 '바람을 잡는 자'가 될 수 있었던 것은 그 세대 인물들의 독특한 기회이자 행운이었다. 이러한 종류의 기회와 행운은 아마 더 이상 존재할 수 없을 것이다.

1980년대 초반의 선전(중국 광둥성에 있는 신흥 산업도시)으로 초점을 맞추어보면 그로부터 몇 년 후 완커, 중싱, 화웨이가 이곳에서 탄생했고, 다시 수년이 지나 텐센트도 장차 이곳에서 무대 위에 오르게 된다. 외진 곳에 위치해 있는 가난하고 궁핍한 현성이던 선전이 특구가 되면서 일확천금을 일구는 땅으로 변화하고, 중국 개혁개방의 교두보가 되었으며, 중국 전체가 관심을 갖는 중심지가 되었다.

서생의 의지와 기개를 가지고 있던 하해자(下海者), 즉 장사에 뛰어든 사람은 야심만만하고, 비정한 영웅으로서 수단을 가리지 않고 하룻밤 사이에 벼락부자가 된 투기자, 타인을 속여 재물을 사취하고 함정에 빠뜨리는 등의 불법분자들이 선전이란 도시의 기본적인 면모를 형성하게 되었다. 즉 선전은 사람을 분발하게 만들고 열정으로 충만한 도시이자 탁랑도천(濁浪滔天, 혼탁한 파도가 하늘에 치솟는 것) 어룡혼잡(魚龍混雜, 물고기와 용이 한데 섞여 있듯이 악한 사람과 착한 사람이 마구 뒤섞여 있는 것)의 도시로서 전업한 군인 런정페이의 인생의 후반전은 장차 이곳에 단단히 묶이게 될 것이었다.

1983년 런정페이는 기술 부단급의 신분으로 전업했다. 보통의 전업과 달리 그의 전업은 국가가 군대를 재편함에 따라 기건공정병에서 제대하게 되었는데, 이는 결코 그가 도태한 자라는 것을 의미하지 않는다. 실제로 그는 군인들 가운데 걸출한 인물이었고 부대는 그가 계속 남아주기를 매우 희망하여, 그를 위해 군사과학연구기지를 안배해주기도 했다. 그에게는 매우 괜찮은 출로였지만 이미 두 아이의 아버지였던 그는 결국 전업을 선택했다. 만약 런정페이가 당시 부대에 남는 것을 선택했다면 지금의 화웨이는 존재하지 않았을 것이다.

난유 그룹은 당시 선전에 있는 가장 좋은 기업 중 하나로 선전 경제특구 서부의 23제곱킬로미터 떨어진 2구역에 대한 종합 개발 건설 및 관리를 책임지고 있었다. 런정페이는 가족과 함께 복원되어 난하이석유의 후근 복무 기지에서 근무하게 되었다.

그해 런정페이 나이는 39세로 불혹을 앞두고 있었다. 자질과 경력을 쌓아나갈 수 있는 일종의 안정되고 평온한 인생이었지만 안타깝게도 그것은 런정페이가 원하던 삶은 아니었다. 런정페이는 주어진 임무에 만족하기보다 자체 추동력이 강한 인물로 부대에 있을 때도 여러 항목에 걸쳐 발명과 창조를 해냈는데 한번은 공기압력식 저울을 연구하여 제작에 성공하기도 했다. 이밖에도 두 차례에 걸쳐 국가 차원의 과학기술 공백을 메운 경험이 있었다.

1977년 10월, 런정페이가 소속되어 있던 기건공정병은 베이징에서 공작회의를 개최했는데, 회의에 참석한 이는 1,000여 명의 지도자급 간부와 우수한 인재들이었다. 10월 24일, 당과 국가의 지도자는 회의에 참석한 전체 대표를 접견하고 몇몇 공정기술인원(엔지니어링 기술자)에게 표창을 수여했는데 그중에는 런정페이도 있었다.

그 이듬해 런정페이는 전국과학대회에 참가했다. 이 대회에 참가한 엘리트 지식인은 6,000명이 넘었고, 35세 이하는 150명이 채 안되었는데 런정페이는 그중 한 명이었다. 1982년에는 중국공산당 제12차 전국대표대회(당 대회)에 참가하기도 했다.

이러한 눈부신 이력을 갖고 있는 런정페이는 생각하는 대로 솔직하게 행동하는 면이 있었다. 한 예로 그룹의 일부 리더들이 무감각한 나날을 보내며 자기 멋대로 행동하는 것을 보고, 그중 한 회사를 떠맡겠다는 의사를 전달했다. 아울러 성과에 대한 모든 책임을 지겠다고 제안했으나 결과적으로 냉대를 받게 되었다.

그런 런정페이를 위로하기 위해 그룹의 한 리더가 어느 전자회사의 부총경리를 담당하도록 안배했는데, 이곳에서 런정페이는 자신의 인생에 있어 첫 번째로 '워털루전쟁'과 같은 상황에 직면하게 될 것이라는 것을 미처 알지 못했다. 거래를 하던 중 누군가의 함정에 빠지게 되어 회사의 약 200만 위안의 물건 값을 회수할 수 없게 된 것이다. 군대에서 여러 해를 보냈던 런정페이는 너무 순진했고, 시장 경제가 무엇인지 몰랐으며, 인심이 험악하다는 것을 이해하지 못했다. 심지어 돈 문제와 관련해 이야기 꺼내는 것을 매우 송구스럽게 여기거나 타인을 방비하는 것에 무지했다. 이러한 험악한 비즈니스 생태계에 아무 준비 없이 뛰어들었으니 그 결과는 가히 짐작할 만했다.

시종일관 기술 분야의 일을 해오던 런정페이는 이때까지만 해도 상업적 영재가 아닌 다듬어지지 않은 원석에 불과했다. 런정페이는 그때 당시 자신의 실패와 곤궁했던 처지에 대해 다음과 같이 거리낌 없이 말했다.

> "나는 지방으로 들어간 이후 상품 경제에 적응하지 못했고, 또한 그것을 운용할 능력이 없었다. 시작하자마자 전자회사의 경리가 되었는데 곤두박질치기도 했고 타인에 의해 사기를 당하기도 했다. 나중에는 취업할 수 있는 곳조차 없게 되는 바람에 급기야 화웨이를 창업하는 상황에 내몰리게 되었던 것이다."

2018년 베이징에서 저명한 재경 분야의 작가 우샤오보(吾曉波)가 신동방(新東方)의 창시자이자 엔젤투자가인 쉬샤오핑(徐小平)을 인터뷰했을 때 쉬샤오핑이 다음과 같은 투자 사례를 설명한 적이 있다. 그는 어떤 영역에서 일인자 또는 이인자로 언급되는 어느 과학자에게 투자를 했는데 그로부터 1년 후, 이 과학자는 쉬샤오핑의 사무실로 찾아와 자신의 기술을 이용하여 비즈니스 모델을 만들었으면 한다고 제안했다. 쉬샤오핑은 그 과학자의 말을 다 듣고 나서 과학자에게 "당신의 설명을 듣고 난 지금 나는 내 **뺨**을 때리지 못하는 것이 한스럽다"라고 말했다. 사실 쉬샤오핑은 자신의 **뺨**보다 그 과학자의 **뺨**을 때리고 싶었다. 과학자가 제기한 비즈니스 모델이 실로 바보스럽기 짝이 없었기 때문이다. 그 과학자는 과학계의 거인이었지만 상업 분야에 있어서는 한 명의 난쟁이에 불과했던 것이다.

엔젤투자가로서 쉬샤오핑이 주로 투자하는 것은 '사람'이며 자신의 눈에 들면 바로 돈을 투자하곤 했다. 이는 그가 무수한 창업자와 교류하면서 배양된 직감이다. 그가 사람을 보는 기준에는 세 가지가 있는데 바로 학력, 경력, 매력이다. 그런데 그 과학자는 학력이 있었고, 매력도 있었지만, 상업 경력이 없었다. 따라서 상업적으로는 절대 문외한이었고, 만약 그의 의견대로 했다면 반드시 장벽에 머리를 부딪쳐 피를 흘리게 될 것임은 자명한 일이었다.

설령 세계 랭킹 1위 또는 2위의 과학자라 하더라도 그가 새로운 영역에 들어섰을 때는 백치보다 많이 나은 것은 아니며, 심지어 보통 사람보다 못할 수도 있다. 런정페이는 분명 그러한 종류의 영역을 마음대로 넘나들며 여어득수(如魚得水, 물고기가 물을 만난 것)처럼 해낼 수 있는 천재는 아니다.

현실은 런정페이에게 단 한 차례 대단히 중요한 실천적인 측면에서의 사회 교육을 제공했을 뿐이다. 비록 어렸을 때부터 성인이 될 때까지 온갖 시련과 고난을 맛보았지만, 군에 입대한 이후에는 그래도 순풍과 물의 흐름을 탔다고 할 수 있고 또한 천천히 두각을 드러냈다. 인생에서 일직선으로 골짜기의 가장 밑바닥까지 떨어진 것, 이것은 런정페이에게 있어서 태어나 처음 있는 일이었다.

당시 내지 도시인의 평균 월급은 100위안이 되지 않았는데, 런정페이가 손실을 낸 금액인 약 200만 위안은 현재의 1억 위안에 상당하는 큰돈이었다. 이러한 상황에서 런정페이는 난유 그룹의 철밥통을 지킬 수 없게 되었다. 그는 유임시켜줄 것을 회사 측에 간곡히 요청했지만 거절당하며 그룹에서 제명되고 말았다. 멀리 구이저우(貴州)에 있던 그의 부모는 런정페이가 어려운 처지에 처하게 되었다는 소식을 듣고는 천 리 길을 마다하지 않고 황급히 달려와 그와 함께했다.

이미 불혹의 나이에 들어선 상태에서 런정페이는 약 200만 위안의 채무를 짊어지게 되었고, 위로는 은퇴한 고령의 부모를 부양해야 했으며, 아래로는 한 명의 아들과 한 명의 딸을 길러야 했다. 게다가 6명의 남동생과 여동생의 생활을 돌봐주는 일까지 그의 몫이었다. 그의 일가족은 선전의 펑후구(棚戶區)에 무리지어 살게 되었는데, 방은 겨우 10여 평방미터에 불과했고, 취사와 식사는 모두 베란다 위에서 해결할 수밖에 없었다. 지출을 줄이기 위해 런정페이의 부친 런모쉰(任摩逊)은 길거리에서 담배를 구입하는 대신 고향 구이저우에서 가져온 품질이 나쁜 담배를 피웠다. 런정페이의 모친 청위안자오(程遠昭)는 집시(정기적으로 열리는 장)에서 죽어버린 어류나 저녁 무렵 다 팔지 못한 채소나 과일을 저렴한 가격에 사오곤 했다.

수년이 지나 고향으로 돌아간 런정페이의 부모는 연이어 세상을 떠나고 말았다. "자식이 부모를 섬기려 해도 부모가 기다려주질 않는다"는 말이 현실로 다가온 런정페이는 비통한 마음으로 〈나의 아버지와 어머니〉라는 한 편의 글을 썼는데, 마음속의 슬픔과 고통, 가책과 후회를 모든 지면 위에 쏟아냈고 부족한 아들이라며 스스로를 몹시 원망했다.

그해 런정페이의 부부생활에도 금이 가 부인과 헤어지게 되었다. 일과 결혼생활이라는 인생의 두 가지 기둥이 동시에 무너지면서 그의 앞길은 끝없는 막막함과 어둠 속에 빠지게 되었고 런정페이의 울분은 쌓여만 갔다. 하지만 나쁜 일과 좋은 일은 늘 같이 찾아오듯이, 일에 있어서 장벽에 부딪히거나 혼인상의 변고는 런정페이로 하여금 삶을 되돌아보게 하는 계기가 되었다.

그는 과거 자신의 오만했던 태도를 차근차근 고쳐나가기 시작했고, 타협을 학습했으며, 회도 철학을 배웠다. 이러한 사안들과 사회에 대한 인식으로 얼마나 많은 창업자들이 좌절하고 또 그것을 계기 삼아 여일중천(如日中天, 해가 중천에 떠 있는 것처럼 매우 발전하여 전성기에 있는 것)을 이뤄내는지는 가히 짐작하고도 남는다.

1988년 런정페이와 마찬가지로 전업 군인이던 32세의 왕쑤이저우(王遂舟) 또한 장사에 뛰어들었고, 정저우(鄭州)의 '아세아 백화점'에서 총경리를 맡게 된다. 상업적으로 천부적인 재능을 갖고 있던 왕쑤이저

22

우는 빠른 속도로 아세아 백화점을 정저우의 대표 브랜드로 만드는 데 성공했고, 아세아 백화점 광고는 곧 전국에 울려 퍼졌다. 하지만 그는 수년 동안 일에 있어 타인의 의견을 받아들이지 않고 자기의 고집을 확장시킨 나머지 자신의 손으로 창조한 아세아 백화점의 기적을 깨부수고 만다.

왕쑤이저우는 그룹 이사장 마지막 회의에서 무거운 말투로 반성하며 다음과 같이 말했다.

"이번에 돌아와 상가의 빌딩을 바라보니 마음 한구석에서 또 다른 느낌이 차올랐습니다. 총사령관이 무능하여 삼군(군대 전체)을 죽을 만큼 피로하게 만들었습니다. 나의 맹목적이고 경솔하며 응당 그럴 것이라고 생각했던 과거로 인해 대규모의 간부 및 직원들이 피로하여 죽을 지경의 상황을 초래했고 효과가 좋지 않았습니다. 불혹의 나이에 비로소 사회의 복잡함, 인간 세상의 잔혹함을 진정으로 깨달았고, 하나의 기업을 잘 이끌어가는 것이 쉽지 않다는 것을 절실히 느꼈습니다. 지금 제 마음속은 대단히 부끄럽기 그지없습니다."

이것이 바로 후차지감(後車之監, 과거의 실패를 교훈으로 삼는 것)에 해당한다. 런정페이 역시 고통 속에서 사유의 전환을 실현했다. 나중에 그는 느낀 바가 있어 "사람은 자신이 보잘것없으며 미미하다는 것을 감지하게 될 때 비로소 그 행위가 위대해지기 시작한다"라고 말했다.

런정페이는 계속해서 이중 고통에 시달렸지만 슬퍼하고 누군가를 원망할 시간이 없었다. 최대한 신속하게 돈을 벌 수 있는 방법을 강구하여 가족들에게 생활을 위한 원천을 제공해야 했기 때문이다. 일관적인 그의 강인한 성격은 그의 집안을 단단히 떠받치고 있었다.

그러던 중 우연한 기회가 찾아왔다. '축적 프로그램 제어(SPC, Stored Program Control)' 교환기를 취급하고 있던 친구가 런정페이에게 자신을 도와 일부 설비를 팔아달라고 부탁한 것이다. 몇 차례 그렇게 친구를 도와 일을 한 것이 계기가 되어 가장 좋은 창업 시기를 이미 놓쳐버린 44세 나이의 이 중년 남자에게 창업의 발상이 싹트게 된다.

1987년 10월, 선전의 잡초가 무성한 해안가 두 칸의 '간이방'에서 먼 훗날 중국을 개변시키고 나아가 세계 통신을 개변시키게 될 화웨이는 이렇게 탄생했다.

2

화웨이를 창업하다

'화웨이'라는 회사명의 내력에 관한 설에 따르면 런정페이가 당초 회사 등기를 할 때 회사명을 생각하지 못해 담벼락에 붙어 있던 '중화유위(中華有爲)'라는 표어를 보고 영감을 받아 곧 이를 가져와 회사명으로 삼았다는 말이 있다. 런정페이는 나중에 해석을 덧붙이며 다음과 같이 말했다.

"화웨이 초기 우리는 국외의 제품을 대리했지만 이후에는 줄곧 스스로 제품을 연구개발했다. 왜냐하면 단지 타인의 제품을 대리하는 것으로는 회사를 장차 크게 만드는 것이 불가능하다고 생각했기 때문이다. 나는 회사 이름을 화웨이라고 지었는데, 그 뜻은 '중화유위'로 외국인들에게 당신들이 만든 물건을 우리도 만들 수 있을 뿐만 아니라 당신들보다 더 잘 만들 수도 있다는 것을 알리기 위해서였다!"

　화웨이가 등기할 때만 해도 최초의 자본금은 2만 1,000위안이었다. 작은 액수에 해당하는 이 돈은 런정페이와 몇 명의 파트너가 마련한 것이었는데 당시 화웨이는 4가지가 전무한 즉 자본, 기술, 인재, 관리 (경영)가 없는 회사였다.

　선전 특구의 정보 방면에서의 강점에 입각하여 홍콩으로부터 수입하여 들어오는 제품이 내지에 도착하면 중간 마진을 벌어들이게 되는데, 이것은 당시 선전에서 가장 흔한 비즈니스 모델로 상당히 많은 기업들이 이러한 방식을 통해 이윤을 남기고 더 큰 목표를 향해 나아가기 시작했다.

　선전의 도처에는 돈을 벌 수 있는 기회로 가득했다. 바야흐로 개혁 개방이 시작된 중국에서 각종 시장은 공급이 수요를 만족시키지 못하는 심각한 상태에 있었고, 모든 지역이 '블루오션'이었으며 사람 외에는 모든 것이 부족했다. 옷이나 신발 장사를 하면 돈을 벌 수 있었고, 테이프 장사를 해도 돈을 벌 수 있었는데 그것은 단지 누구라도 안목이 있고 고생을 견딜 수 있으며 용감하게 위험을 무릅쓸 각오만 있으면 되는 것이었다.

　생존을 위해 초기의 화웨이는 지방을 줄여주는 건강약품을 판매하기도 했다. 그후 랴오닝 농촌지역 전화기 사무처에 근무하는 어느 처장의 소개를 거쳐 화웨이는 홍콩 훙녠회사의 HAX 모의교환기를 대리하여 국내의 현급 우전국과 향진, 광산 등에 전매했다.

소형 교환기는 통신 네트워크의 핵심 설비다. 당시 중국은 아직 개혁개방 초기에 있었기 때문에 유선 전화를 설치하려면 줄을 서야 했고 인가를 받아야 했다. 당시 일반 가정에 전화를 설치하는 초기 비용은 약 4,000위안이었고, 단위 이용자는 5,000위안이 소요되었는데 이 마저도 수개월 혹은 1년을 기다려야 했다. 따라서 그때 당시 집안에 고정식 전화를 설치하는 것은 대단히 체면을 세우는 일이었다.

관련 시장이 이처럼 폭발적으로 성장하여 교환기에 대한 수요도 수창선고(水漲船高, 물이 불어나면 배도 위로 올라가는 것) 격이 되었고, 고객이 교환기를 구입하려면 긴 줄을 서야 하는 것은 물론 예약금을 지불해야 했는데 일반적으로 6개월 후가 되어서야 물건을 확보할 수 있었다. 당시 500개의 교환기를 개통하기만 하면 성의 지도자가 현장에 도착하여 테이프를 커팅했다.

당시 중국은 각종 통신 설비를 주로 수입에 의존했고, 국내에 비록 수백 개의 소형 국산 교환기를 제조하는 회사가 있었지만 기술이 뒤떨어져 단지 주점, 광산 등의 이용자에게 판매할 수 있을 뿐이었다. 따라서 우전국은 각종 통신 설비를 해외로부터 수입했는데 소형 교환기만 해도 7개의 국가로부터 수입했고 8가지 종류의 표준이 있었다. 예를 들면, 일본의 NEC와 후지쯔(Fujitsu), 미국의 루슨트(Lucent), 캐나다의 노텔(Nortel), 스웨덴의 에릭슨(Ericsson), 독일의 지멘스(Siemens), 벨기에의 벨(Bell), 프랑스의 알카텔(Alcatel) 등이었다. 이들이 이른바 중국의 통신 역사에 있어서 유명한 '7국8제'다.

국산 교환기는 성능이 좋지 않았기 때문에 수입 교환기의 가격은 자연스레 비싸졌고 그 이윤이 대단히 높았는데, 매 선은 300~400달러에 이를 정도였고, 이러한 통신 설비와 관련된 국제적인 선두 기업은 중국에서 엄청난 돈을 벌어들였다. 1993년까지 중국에서는 100억 위안이 넘는 돈이 상업에 능한 외국 기업의 호주머니로 흘러들어갔던 것이다!

런정페이는 이러한 국제적 선두 기업의 흡혈 행위에 대해 대단히 분노했고, 국산 교환기가 그들과 함께 천하를 공평하게 나누는 날이 도래하길 꿈꿨다. 하지만 충동에 사로잡혀 움직일 나이는 아니었기에 이와 같은 감정을 마음 한구석에 억누르며 인내하는 한 마리의 이리처럼 자신의 역량을 천천히 축적해나갔다. 기업이 결국 필요로 하는 것은 생존이지, 끓어오르는 열정에 못이겨 적군의 참호로 돌격하던 중 한 발의 값싼 총알에 맞아 허망하게 죽는 것은 아니었기 때문이다. 그해 이런 식으로 목숨을 잃은 회사가 결코 적지 않았다.

홍녠회사를 대리하여 2년 동안 운용하는 것은 매우 힘들고 고된 일이었지만 화웨이는 실제로 창업 이후 첫 번째 수익을 올렸다. 되팔기 및 외상 방식의 교역 모델을 통해, 즉 먼저 제품을 출하하고 판매한 이후에 다시 지불하는 것은 흡사 홍녠회사가 2년간 화웨이 측에 약 1억 위안의 무이자 대출을 해주는 것과 같은 것이었다.

그때는 수입 화물을 확보할 수만 있다면 그 비용이 얼마가 들던지 상관없었는데, 왜냐하면 물건을 팔 수 없을지도 모른다고 고민할 필요가 근본적으로 없었기 때문이다. 그래서 어떤 사람이 사무실이 입주해 있는 빌딩 아래에서 "화물이 도착했습니다!"라고 외치면 런정페이부터 시작해서 모든 사람이 하나가 되어 환호성을 질렀고, 빌딩 아래로 쏜살같이 내려가 큰 트럭에서 화물을 하역했는데 그 모습은 마치 즐거운 송년회를 하는 듯했다.

그런데 만약 HAX 모의교환기를 대리했던 그 2년의 기간이 없었다면 화웨이는 아마도 지금까지 생존할 수 없었을 것이다. 더욱이 중요한 것은 화웨이가 자체 판매망과 대오를 구축하고, 통신 설비 업계와 시장을 확실하게 파악하여 자신의 풍격을 형성시키고 뼛속에 누적하는 등 화웨이만의 DNA를 형성한 것이 현재까지 전승되고 있다는 점이다. 즉 화웨이 사람들은 고통을 무척 잘 견디고, 일하는 태도가 진지하며, 기타 통신 설비 회사를 초월했기에 고객에게 대단히 깊은 인상을 남겼다.

통신 설비 업계는 돌발 상황이 매우 많고, 사후 유지 및 보수 기간이 긴 편인데 그중 교환기 설비는 돌발 상황뿐 아니라 화재가 종종 발생하기도 한다. 화웨이가 대리한 교환기의 가격은 외국에서 수입한 것보다 많이 저렴했고 질은 국산보다 좋았지만 2류 제품으로 취급되었기 때문에 화웨이는 서비스에 있어서 아주 치밀할 정도의 전략을 세웠다. 수리하는 인원이 24시간 대기하고, 문제가 하나라도 발생하면 곧바로 수리하는 등 태도가 매우 좋았는데 화웨이의 이러한 서비스 의식은 당시 유일무이했고 또한 매우 앞서가는 것이었다.

이에 비해 수입 제품은 비록 화웨이 것보다 질이 좋았지만 가격이 많이 비싸고 후속 유지 보수가 어려우며 문제가 발생하면 종종 아무도 관리해주지 않았다. 중국의 풍부한 인력 자원과 저렴한 인적 자본은 화웨이가 추후 부단히 국제적으로 제품의 브랜드 기반을 점유해나가는 데 있어서 매우 중요한 요인이 되었다.

제품과 그에 따른 서비스를 함께 중요시하는 일처리 방식은 화웨이가 매우 빠르게 두각을 나타내도록 만들었고, 장사의 규모는 갈수록 커졌으며, 매우 많은 브랜드의 기반을 선점하게 되었다. 한번은 그가 대리하는 일을 너무 잘한 나머지 제품을 대주는 갑 위치의 회사가 시기하게 되어 걸핏하면 제품이 품절되는 일이 벌어졌다. 이제 막 개척한 시장과 구축한 고객 네트워크는 순식간에 물거품이 되고, 화웨이는 단지 고가로 물건을 구입하여 저가로 고객에게 팔 수 있을 뿐이었다. 거꾸로 손해를 보며 시장을 지켜내야 하는 상황이 초래된 것이다.

그 시기에 높은 이윤을 확보할 수 있다는 것에 이끌려 교환기를 대리하는 회사가 우후죽순처럼 등장하게 되었고, 6개월이 지나지 않아 선전에는 곧 100개 이상의 비슷한 회사가 생겨났는데 제품의 질이 들쭉날쭉하고 악성 염가 경쟁이 출현하여 시장을 한 차례 엉망진창으로 만들었다. 그로부터 1년 후, 이러한 방식으로 빠르게 돈을 벌었던 '브로커 회사'의 절대 다수는 모두 폐업하고 말았다. 대리에 의존하는 것만으로는 큰 회사로 성장할 수 없고, 자원을 장악하지 못하는 것은 매 시간 타인의 손에 의해 자신의 목이 졸려지는 것과 같았다.

이것은 런정페이에게 매우 커다란 자극이 되었고 일생에 있어서도 중대한 영향을 미치게 된다. 이로써 그는 새로운 각오를 다지며 자신의 교환기를 연구하여 개발해내기로 결심한다.

1991년 9월, 화웨이는 전체 자금과 인력을 집중하여 화웨이 브랜드의 이용자 교환기를 개발한다. 50여 명의 연구개발 인원은 선전의 바오안현(保安縣) 하오예촌(蚝業村) 공업대하(工業大廈)의 3루에서 업무와 숙식을 모두 해결했다. 같은 층루에는 단판, 전원, 총측(전체 측정), 준비의 4가지 작업 단계가 일정한 간격으로 분리되어 있었는데 직원들은 기기의 열기 아래서 비지땀을 흘리며 열심히 일했고, 밤낮 구분 없이 작업에 몰두했다. 창고와 주방이 같은 층에 있었고 10여 개의 침대를 벽 옆에 한 줄로 늘어놓았는데 침대가 부족하여 스티로폼 위에 매트리스를 두는 것으로 대신하기도 했다. 회사의 고위급 간부를 포함한 모든 직원은 밤새워 일했고, 피곤해지면 곧바로 침대에 쓰러져 잠을 잤으며 깨어나면 또 다시 이어서 일을 하곤 했다.

이러한 '목숨을 걸고 일하는 방법'은 화웨이의 '침대 매트리스 문화'의 전통이 되었다. 심지어 화웨이가 바다를 건너 유럽에 도착한 뒤 다른 외국 회사를 향해 양검(강한 적군을 만났을 때 두려워하지 않고 검을 빼들어 목숨을 걸고 싸우는 것)할 때도 화웨이 직원들은 노숙을 감행했는데 이 모습은 유럽인들 눈에 매우 기이하게 비쳤다. 몇 개월 동안 연속으로 밤낮을 가리지 않고 일하며 회사에서 살다시피 했는데, 기술자들은 심지어 바깥에 바람이 부는지 아니면 비가 내리는지 전혀 알지 못했다. 어떤 기술자는 BH-03을 연구하여 제작에 성공했을 때 너무 과로한 탓에 각막이 모두 떨어져나가 어쩔 수 없이 병원에 입원하여 수술을 받을 수밖에 없었다.

같은 해 12월 말, 설비 테스트에 성공하여 화웨이는 결국 자신의 제품을 보유하게 되었고, 첫 번째로 3대의 BH-03 교환기가 포장되어 출하되었다. 이때 화웨이의 장부에는 이미 자금이 없었기 때문에 제품을 출하하지 못했다면 회사는 파산할 운명에 처해 있었다. 출하된 3대의 교환기는 매우 신속하게 자금을 회전시켰고 화웨이는 운영을 이어갈 수 있었다. 이는 한 차례 배수진을 치고 일전을 벌여 간신히 얻어낸 신승이었다.

이어서 화웨이는 HJD48 등 일련의 교환기를 빠르게 개발해냈다. 속도가 빠를 수 있었던 것은 몇 년 전 런정페이가 지혜로운 안목으로 영재들을 알아보고 직원으로 채용한 것에 힘입은 것이었다.

1989년 우연한 기회에 화중이공대학(현재의 화중과기대학)의 교수 한 명이 그의 학생 궈핑(郭平)을 데리고 화웨이를 참관했다. 당시에 궈핑은 대학원을 졸업하고 학교에 남아 교편을 잡고 있었다. 서로 이야기를 한 차례 나눈 이후 궈핑은 런정페이 특유의 포부, 열정, 성실함 및 진지함에 매료되어 선전에 남기로 결심한다. 적극적으로 용인하는 런정페이의 호탕한 기백이 유감없이 잘 드러난 예로 그는 궈핑을 회사의 두 번째 자주 제품인 HJD48 소형 모의공분식 이용자 교환기의 프로젝트를 담당하는 경리로 임명했다.

그 이후 궈핑은 화웨이에 뿌리를 내리고 제품 개발부의 프로젝트 경리, 공급망 총경리, 총재판공실 주임, 수석 법무관, 공정·IT 관리부 총재, 기업발전부 총재, 화웨이종단회사 이사장 겸 총재, 회사 부이사장, 순환 CEO 및 재경위원회 주임 등을 역임한다. 2018년 화웨이의 경영진이 교체되면서 궈핑은 부이사장 및 순환 이사장을 맡게 되었다.

한 사람 혹은 하나의 기업이 오르막을 탈 때는 운도 많은 작용을 한다. '흡인력의 법칙'라고 말할 수 있을지 모르지만 좋은 일이 청하지 않았음에도 연이어 찾아오게 된다. 궈핑이 화웨이에 오게 된 것은 두말할 것도 없고, 그가 자신의 동문인 정바오융(鄭寶用)을 화웨이에 추천했는데 그는 천재적인 인물이었다.

정바오융의 화웨이 직원 번호는 '0002'인데 런정페이의 바로 다음에 해당한다. 정바오융은 어려서부터 가정 형편이 어려워 창러일중학교에서 기숙했던 2년 동안 2주마다 한 번씩 집에 가서 고구마와 쌀을 가져오곤 했다. 2시간을 걸어가야 하는 거리였지만 신발이 없어 맨발로 그 길을 걸었다. 화중이공대학에 시험을 봐서 진학한 이후 정바오융은 학부를 졸업하고 석사과정을 밟으며 대학원생으로 학교에 남아 있었다. 궈핑이 정바오융을 화웨이에 추천했을 때 그는 이미 칭화대학 박사연구생으로 합격한 상태였다.

정바오융은 화웨이에 들어간 이후 대대적으로 화웨이의 기술 수준을 향상시켰고, 빠른 속도로 HJD48의 연구개발에 성공했다. HJD48은 500개의 전화 이용자를 수용할 수 있었기 때문에 시장에서 호응이 대단했다. HJD48 프로젝트가 완료된 이후 정바오융은 곧 화웨이의 부총경리 겸 첫 번째 총공정사가 되어 화웨이 제품의 전략 기획과 신제품 연구개발을 책임지게 된다. 그 이후에는 화웨이 전략기획판공실 주임, 고급 부총재를 맡았다.

화웨이 사람들은 사람 됨됨이가 상냥하고 솔직한 정바오융을 '아바오(阿寶)'라고 부른다. 런정페이 역시 그에 대해 항상 칭찬하기에 바쁘다. 런정페이는 회의 석상에서 기회가 있을 때마다 "아바오는 천년에 한 번 나올까 말까한 천재다"라고 말했다. 한마디로 정바오융은 유일하게 런정페이 앞에서 손바닥으로 책상을 내리칠 수 있는 인물이라고 할 수 있다.

정바오융은 연구개발 인원을 데리고 계속해서 100문(門, 회선), 200문, 400문, 500문 등 일련의 이용자 교환기를 개발해냈다. 1992년에 이르러 화웨이의 매출액은 1억 2,000만 위안이 되었고, 이윤은 1,000만 위안을 넘었는데 당시 화웨이의 직원 수는 고작 100명에 불과했다.

1993년 초, 화웨이는 전년도 총결산대회를 열었는데 런정페이가 첫 번째 발언을 하던 중 울먹이며 "우리는 살아남았다"라고 말하고는 더 이상 말을 잇지 못했다. 그 자리에 있던 사람들 가운데 이 장면을 보고 감동하지 않은 사람이 없었다.

화웨이는 결국 버텨내며 창업의 생사를 가르는 선을 넘었다.

그로부터 8년 후, 2000년도에 화웨이는 이미 옛날에 비할 바가 아니었는데 감개무량한 듯 런정페이는 지난날을 회고하며 다음과 같이 말했다.

"기업이 살아남을 수 있는가의 여부는 자기 자신에게 달려 있는 것이지 타인에 의한 것이 아니다. 살아남지 못하는 것 역시 타인이 살아남지 못하게 했기 때문이 아니라 바로 자기 자신이 살아남을 방도가 없었기 때문이다. 살아남는 것은 결코 쉬운 일이 아니며 시종일관 건강하게 살아남는 것은 더욱 어려운 일이다."

그러나 2년 후 런정페이에게 '화웨이의 겨울'이 찾아왔다. IT 거품이 꺼진 것은 물론 그의 심복이던 리이난(李一男)이 배반했고, 모친이 사망했으며, 시스코(Cisco)와 소송을 벌였다. 또한 핵심 간부들이 떠나고 경영이 무질서해졌다. 심지어 런정페이 자신은 우울증에 시달렸을 뿐만 아니라 암에 걸려 두 차례 수술을 받았다. 6개월간 런정페이는 꿈에서 깨어날 때마다 슬픔에 통곡했다.

창업이 얼마나 힘들고 어려운 일인가? 기업가는 겉으로는 빛나 보이지만 그 이면을 들여다보면 높은 곳에서 와이어 줄에 묶여 내려오는 곡예사와 같으며, 날마다 전전긍긍하고 초조해하며 걱정을 안고 산다. 하지만 이것은 단지 숨겨진 이야기일 뿐이다.

이렇게 많은 이윤을 남겼다면 이젠 한숨 돌리고 이익을 나누며 승리를 맛볼 수 있지 않을까? 하지만 바로 그러한 때가 기업가를 시험하는 순간이다. 기업가로서 기술에 정통하지 않을 수 있다. 또한 전문경영인을 통해 세밀하게 회사를 관리하도록 부탁할 수도 있다. 하지만 반드시 시시각각 기업의 성장 방향을 파악하고 장기적 이익과 단기적 이익에 대해 명확한 선택과 결정을 해야 한다. 아무리 회사 경영을 잘한다고 해도 전략적 의사결정에서 실수와 오류를 범하면 기껏해야 우수한 전문경영인에 불과한 것이다. 여기서 전문경영인과 기업가의 본질적인 차이점이 드러나는데, 기업가는 반드시 리더여야 하지만 전문경영인은 단지 고급 일꾼일 뿐이다. 이러한 사실은 기업가가 후계자를 선택할 때 고려해야 할 매우 중요한 금기사항이다.

화웨이 직원들이 죽을힘을 다해 일에 매진할 때 런정페이의 시선은 일찍부터 SPC 교환기로 향해 있었다. BH-03, HJD48에 비해 SPC 교환기의 기술 수준은 훨씬 높았고 기능도 더욱 강력했다. 또한 미국, 일본 등의 선진국에서 판매되고 있었기 때문에 가격에 따르는 이윤도 더 높았다.

1992년 런정페이는 남은 밑천을 모두 걸고 SPC 교환기 연구개발에 착수한다. 여기에는 어쩔 수 없는 사정이 있었다. 냉엄한 현실 속에서 런정페이와 화웨이는 부단히 앞으로 달려가야만 했고, 경쟁자보다 더 빨리 뛰지 않으면 결국 파멸의 길밖에 없었던 것이다.

1965년 인텔(Intel)의 창업자 중 한 명인 고든 무어(Gordon Moore)는 이른바 '무어의 법칙'을 제시했다. 즉 가격이 불변일 때 반도체 집적회로에 담을 수 있는 내용물은 18~24개월마다 2배 증가하고, 성능도 2배 향상된다는 것이다. 바꿔 말하면, 1달러당 구입할 수 있는 컴퓨터의 기능이 18~24개월마다 2배 이상으로 뛴다는 의미였다. 통신 기술의 발전 속도는 모든 통신회사를 나태해질 수 없게 만들었다.

1991년 당시 38세의 우장싱(鄔江興, 중국인민해방군 정보공학학원 정보기술연구소) 소장은 HJD04 만문 디지털 SPC 교환기(일반적으로 '04기'라고 약칭하여 부름)의 연구개발을 주도했다. 이것은 중국인이 대용량 SPC 교환기를 만들어내지 못할 것이라는 예언을 깨뜨려버렸다(다만 안타깝게도 이 연구 성과는 1995년에 가서야 쥐룽통신회사의 도움을 받아 비로소 양산이 실현되었다).

1992년 허우웨이구이(侯爲貴)의 중싱통신은 ZX500A라는 농촌 지역 전화기 전용 디지털 교환기를 연구하여 제작해냈다. 사실 이보다 2년 전에 이미 허우웨이구이의 주도 하에 중싱통신의 첫 번째 디지털 교환기 ZX500이 성공적으로 시장에 출시되었다. 중싱과 화웨이, 두 라이벌 회사는 그 이후 '사국연의(四國演義)'와 '중화대전(中華大戰)'에서 승리를 놓고 피비린내 나는 싸움을 벌였고, 그 은원은 지금까지도 이어지고 있다.

선전의 창훙통신도 2000문 디지털 교환기를 개발해냈다. 경쟁자들의 빠른 성장과 경쟁이 날이 갈수록 치열해지는 바람에 일반 교환기 시장의 높은 이윤은 오래가지 못할 것으로 전망됐다. 통신 업계는 '춘추' 시대에서 '전국' 시대로의 과도기를 걷고 있었다. 최후까지 웃을 수 있는 회사는 불과 몇 개일 뿐 다수의 교환기 관련 기업들은 점점 소멸하게 될 것이었다.

다시 말해, 화웨이가 만약 발걸음을 멈추고 원금을 소진했다면(실제 그렇게 많이 활용할 수 있는 원금이 있었던 것은 아니지만) 시장과 경쟁상대에 의해 도태되었을 것이다. 이른바 "물을 거슬러 올라가는 데 있어 나아가지 않으면 뒤처지게 된다(逆流而上, 不進則退)"라는 말이 있듯이 전진하지 않으면 바로 죽음으로 내몰리는 것은 간단한 이치다. 살아남는 것이야말로 기업이 추구해야 할 확실한 목표인 셈이다. 승리 외에 갈 수 있는 길은 없다.

이후 화웨이가 세계 제일의 통신 설비 회사가 되었을 때 런정페이가 흥미로운 말을 한다. 당시 자신이 사리에 밝지 않아 업계의 생태계와 변화가 너무 빠르고 경쟁이 치열했던 탓에 '통신 설비'라는 일종의 '해적선'에 잘못 오르게 된 것에 대해 여러 번 탄식했고, 현재에 이르러 해적선에서 내리고자 해도 내릴 수 없게 되었다는 것이다.

"만약 내가 과일을 판다면 당신은 내게 왜 과일을 파는지 물을 수 있다. 이와 같이 내게 왜 통신 업계에 뛰어들었는지를 물을 때 나는 총명했다면 통신 업계에 발을 들여놓지 않았을 것이라고 말할 것이다. 그것이 나의 인생에서 의의가 더욱 컸을지도 모른다. 만약 내가 돼지를 키웠다면 아마 중국 양돈 업계의 대왕이 되었을 것이다. 돼지는 말을 아주 잘 듣고 성장은 매우 느린 편이다.

그러나 통신이 진보하는 속도는 너무 빨라서 더 이상 쫓아갈 수 없을 정도다. 하지만 노력하지 않고 앞을 향해 나아가지 않으면 바로 파산할 수밖에 없기에 우리는 물러설 곳이 없었고, 현재까지 이를 잘 견뎌왔을 뿐이다. 당시 나는 통신 산업이 크고 일하기 좋을 것이라고 잘못 생각하여 얼떨결에 이 일에 뛰어들었다. 나중이 되어서야 통신 분야가 가장 일하기 어렵고, 통신 관련 제품은 너무 표준화되어 있어 작은 회사 입장에서는 매우 잔혹하다는 사실을 알게 되었다.

그때 우리와 마찬가지로 바보처럼 통신 업계에 뛰어든 회사는 수천 개, 수만 개였는데 아마 그들도 일찍이 자신들이 어리석었다는 것을 인식했을 것이고, 그래서 다른 업종으로 전환하여 성공을 거두기도 했다. 그러나 우리는 물러날 수 없었다. 다른 업종으로 개업할 경우 그나마 남아 있던 몇 푼의 자금마저 사라져버리기 때문이다. 혹은 그 상태에서 그냥 물러서면 우리에게는 그 어떤 돈도 모두 사라지게 될 텐데 생활은 어떻게 할 것이고 어린 아이들은 어떻게 키울 수 있겠는가? 물러나서 다시 양돈을 한다면 새끼 돼지를 살 돈이 없고 돼지 사료를 살 돈이 없을 테니 따라서 어쩔 수 없이 통신업계에 남아 앞을 향해 계속 나아갈 수밖에 없었던 것이다."

3

득과 실, 통신은 해산물과 같다

국용 교환기의 밝은 미래는 많은 사람들을 유혹했다. 국용 교환기 하나를 만들어내면 이는 수백 개의 이용자 교환기를 만들어내는 것과 같았다. 하지만 기술상으로는 매우 도전적인 것이었고 화웨이의 판매망은 국용 영역에서 축적이 이루어지지 않았기 때문에 처음부터 다시 관계망을 구축할 필요가 있었다.

가장 험난한 것은 경쟁상대의 변화였다. 이전에 이용자 교환기를 만들었을 때 화웨이의 경쟁상대는 불과 국내의 일부 소형 교환기 관련 회사 및 '중개상'에 불과했다. 하지만 국용 교환기의 경쟁상대는 미국의 AT&T, 일본의 NEC, 프랑스의 알카텔, 스웨덴의 에릭슨 등으로 차원이 달랐다. 다시 말해, 앞에서 언급했던 '7국8제'다. 화웨이가 이러한 글로벌 기업의 '치즈'를 움직이려고 하는 것은 개미가 큰 코끼리를 상대로 도전하는 것과 마찬가지로 설령 죽임을 당하더라도 소리 한

번 내지 못할 수 있는 처지였다.

그러나 런정페이는 당당하게 그리고 매우 비장하게 뛰어들었다. 런정페이, 허우웨이구이 그리고 그 시대의 많은 기업가는 이익을 쫓는 상인이자 기백이 웅장하고 힘찬 개척자였다.

그런데 이번에는 런정페이가 상황을 잘못 판단하고 말았다. 화웨이의 첫 번째 국용 교환기는 JK1000으로 공분모의 기술을 채택했고, 1993년 연초에 연구개발에 성공하여 5월에 우전부의 통신망 가입 증서를 획득했다. 런정페이는 JK1000에 대해 큰 기대를 걸었고, 그것이 다시 화웨이를 빛내주기를 희망했다. 하지만 런정페이가 중국 통신 시장의 발전 속도를 잘못 판단했다. 1990년, 중국의 고정 전화(유선 전화)의 보급률은 단지 1.1퍼센트에 불과했고, 선진국은 92퍼센트였다. 발전 목표에서 볼 때 2000년에 이르러 중국의 고정 전화(유선 전화) 보급률은 최고치를 잡아도 5~6퍼센트 정도가 될 것이라고 예상하여 JK1000이 충분히 감당할 수 있을 것으로 보았다. 그런데 실제 상황은 2000년에 이르러 중국의 고정 전화(유선 전화) 보급률은 이미 50퍼센트에 도달했던 것이다!

1992년 초, 디지털 교환기의 기술은 서유럽에서 성숙되어 전 세계를 향해 보급되기 시작했다. 그런데 런정페이가 큰 기대를 걸었던 JK1000이 세상에 나오자마자 바로 도태의 길로 내몰리게 된 것이다. 더욱 치명적인 것은 화웨이가 국용 교환기라는 전쟁터에 진입하자마자 이러한 글로벌 거대 기업의 막강한 힘을 느끼게 되었다는 것이다. 그들은 중국 우전부를 향해 '통신망 건설을 단번에 실현할 것'을 제기했고 중복 투자를 피했다. 이 수법은 부저추신(釜底抽薪, 솥 밑에 타고 있는 장작을 꺼내어 끓어오르는 것을 막는 것처럼 발본색원하는 것)처럼 화웨이 '기술'의 급소를 때렸고, 결국 JK1000은 시장에 진입하자마자 폐품이 되어버리는 운명에 직면하고 말았다.

실패를 달갑게 여기지 않은 런정페이는 JK1000을 사방에 널리 알렸는데, 중국의 당시 국정에 부합되는 것으로 "단번에 모든 것을 실현할 수 없고, 교환기 형태를 선택할 때 실제 수요에 근거하여 결정해야 한다"며 분공교환기를 먼저 출시한 다음 그 이후에 다시 천천히 디지털 교환기로 넘어갔다. 도시 지역에서 승산이 없던 런정페이는 경쟁상대의 날카로운 공격을 피하며 경쟁상대의 취약한 곳에 집중했다. 바로 농촌과 오지에 있는 현성을 조준한 것인데 기술 역량과 책임감이 매우 강한 장비 설치 팀을 구축하여 각지를 돌아다니며 결국 200여 대의 JK1000을 팔았다.

JK1000의 실패는 런정페이로 하여금 통신 기술이 매우 빠르게 변화하고 교체되는 잔혹함을 경험하게 했다. 어떤 이는 통신 제품을 해산물에 비유하며 새벽에 인기를 끌더라도 저녁이 되면 더 이상 관심을 갖는 사람이 없게 될 지도 모른다고 말했다. 이를테면 겉보기에 번성했던 회사가 갑자기 낙오되어 더 이상 따라오지 못하게 되는 것처럼 말이다. 현재의 상황을 대비해보면, 지금의 인터넷 경제 또한 그렇지 않은가?

격동의 시기에는 이름 없는 사람이 두각을 나타내기도 한다. 작업 라인에서 일하던 노동자 차오이안(曹貽安)은 그 어떤 학위도 없었지만 교환기 발전 추세에 대해 열심히 연구했고 여러 차례 런정페이에게 디지털 교환기를 개발해야 한다고 건의했다. 런정페이는 차오이안의 건의에 자극을 받아 모의 교환기와 디지털 교환기를 동시에 연구개발하는 데 착수했다. 차오이안 역시 개발부 부총공과 디지털 교환기의 책임자가 되었다. 따라서 JK1000은 비록 화웨이로 하여금 시행착오를 안겨주었지만, 시기가 늦은 것은 아니었다.

C&C08 2000문 디지털 교환기 연구개발의 진두지휘자는 총공정사 정바오융과 프로젝트 경리 마오성장(毛生江)으로 원래 1993년 5~6월에 개국(업계 용어로 한 전신국에 시험용 설비를 설치하고 아울러 전선 서비스를 제공하는 것)하는 것을 계획했지만 결과적으로 제품이 두 번이나 미뤄져 나오지 못하게 되었다. 마오성장은 매일 소프트웨어 부문의 경리 류핑(劉平)을 볼 때마다 "다시 가서 개국을 하지 않으면 사장님께서 나를 죽이려고 할 거야" 하고 중얼거렸다.

10월, 프로젝트팀은 더 이상 참을 수 없었는지 아직 테스트를 완전히 마치지 않은 C&C08을 직접 저장성(浙江省) 이우(義烏)로 가지고 가서 곧바로 개국했다. 그런데 아니나 다를까, C&C08은 먹통이 되거나 기계가 다운되었고, 단선되고 전화가 걸리지 않는 등의 문제가 끝없이 발생했다.

정바오융은 직접 현장에서 지휘했고, 런정페이도 현장을 여러 번 방문하여 직원들을 격려했다. 그 시기 엄청난 스트레스로 런정페이는 마치 십 년이나 늙은 듯했다. 드디어 두 달 만에 개국을 끝마쳤다. 비록 그 이후에도 작은 고장이 부단히 발생했지만 수년 후에 새로운 버전으로 교체했고, 또 8년간의 지속적인 최적화를 거쳐 C&C08은 궁극적으로 우이에서 개통되었다.

고객은 C&C08에 대해 다음과 같이 매우 높게 평가했다.

"우리가 이전에 설치했던 것은 상하이벨이 생산한 1240 교환기였습니다. 상하이벨은 곧 16명의 이용자가 사용할 수 있는 패널을 개발할 것이라고 말했지만 현재까지 출시하지 못하고 있습니다. 그런데 당신 회사에서 이렇게 빨리 출시하게 될 줄은 전혀 예상하지 못했습니다. 제작 수준 또한 이렇게 높으니 앞서 가고 있는 것은 당연합니다.

단말기에 모두 중국어로 표기되어 있는 키 입력 방식을 채택하고 있고, 마우스로 조작할 수 있도록 했으며, 아울러 단축키 시스템이 설정되어 있습니다. 인터페이스가 선명하고 미관이 좋으며, 조작이 편리하고 간단하여 쉽게 이해할 수 있습니다. 그래서 직원들이 조작법을 전수하러 움직여야 하는 번거로움을 없애 주었고, 또한 오조작의 가능성을 감소시켜 직원들이 매우 즐거워하고 있답니다."

사람들이 C&C08 2000문에 주의를 기울일 때, 런정페이는 더 멀리 생각했고 C&C08 만문기를 연구하여 개발해냈다. 하지만 당시 화웨이 입장에서 C&C08 만문기를 개발한 것은 한편으로는 계륵과 같은 것이었다. 화웨이의 고객은 주로 농촌에 있었고 C&C08 2000문만으로도 이미 충분했기에 C&C08 만문기는 결코 시장성이 없었다. 연구원들을 더욱 격려하기 위해 정바오융은 "자네들은 어쨌든 개발만 하게. 개발해내면 내가 반드시 10대는 꼭 팔겠네"라고 단언했다.

그런데 이후 C&C08 만문기는 10대가 아닌 수십 만 대가 팔리면서 사람들을 놀라게 만들었고, 중국 공용전화 통신망의 주류 교환기가 되었다!

정바오융의 뒤를 이어 또 한 명의 통신 업계의 천재적인 인물, 리이난이 등장했다. 리이난은 1970년 후난성(湖南省)에서 태어났다. 15세에 당시의 화중이공대학 소년반에 합격했고, 총명하기가 이를 데 없었으며, 깨닫는 능력이 발군이었다. 1992년 리이난은 대학원에서 공부를 하던 중 화웨이에서 실습을 하게 됐고 그다음 해에 졸업하자마자 화웨이에 입사했다. 정바오융이 이끄는 '만문기 방안팀'에 합류했을 때, 리이난의 나이는 22세가 채 되지 않았다.

리이난의 합류에 따라 화웨이의 연구개발부는 약 20만 달러의 개발 판 및 도구를 구입하는 계약을 체결했다. 그런데 예상치 못했던 것은 수개월이 지나서야 이러한 기술이 만문기에 적합하지 않다는 것을 발견했고, 화웨이는 그때까지 근본적으로 이것을 실현해낼 능력을 보유하고 있지 못했다. 결국 20만 달러를 그렇게 허공에 날리게 되었다.

1993년은 화웨이의 재무 상황이 여유롭지 않았던 해로 부족한 자금 탓에 필요한 양의 수입 부품들을 들여올 수 없었다. 회사에 이렇게 커다란 손실을 가져온 리이난은 커다란 양심의 가책을 느꼈고, 출근해서 전화 벨 소리만 들어도 긴장하곤 했다. 다행히도 관계망이 넓은 정바오융이 방법을 강구하여 단지 공급업체 측에 20만 위안을 배상하는 것으로 사태는 마무리되었다.

런정페이는 연구개발부의 실수에 대해 크게 개의치 않았고 일시적인 성패를 갖고 논하지 않았다.

  "나는 걸려 넘어지는 것을 두려워하지 않는다. 두려운 것은 바로 더 이상 일어서지 못하게 되는 것이다!"

런정페이의 말처럼 화웨이 기업 문화의 정수는 '백전백승'에 있지 않고, 전국(戰局)이 불리한 상황에서 배양된 '불요불굴'의 분투 정신에 있다. 그는 통신 업계의 연구개발에 이처럼 돈이 많이 들고 비용이 높기 때문에 '고투자, 고생산'이 유일한 길이라는 것을 매우 명확하게 인식하고 있었다. 기업의 초기 단계에서 연구개발 인원에 대해 과다한 책임을 요구하게 되면 필연적으로 그들의 손과 발을 묶어버리게 된다. 그러다 보면 앞뒤를 너무 재고 우유부단해지거나, 오로지 안정적인 것만 추구하게 되어 성과가 떨어지기 마련이다. 런정페이의 화웨이는 강렬한 모험 정신과 시행착오를 용인해주는 관대하고 넓은 마음이 있는 반면 허우웨이구이의 중싱은 그 반대다. 이는 화웨이와 중싱을 서로 구분 짓게 만드는 것이자 두 기업의 격차를 갈수록 벌어지게 만드는 근원이기도 하다.

그로부터 수년 후, 화웨이는 비교적 많은 돈을 운용할 수 있게 되었다. 1996년 화웨이는 약 1억 위안을 연구개발비로 투입하는 것을 계획했는데 연말 결산 때 뜻밖에도 수천 만 위안이 아직 남아 있는 것을 발견했다. 런정페이는 "남기는 것을 허락하지 않는다. 전부 사용하라"고 말했다. 이 경비는 실제로 마땅히 쓸 곳이 없었기에 어쩔 수 없이 개발부는 개발 설비를 모두 새것으로 교체했다. 런정페이는 우수한 기술 인재를 너무나 필요로 했기에 리이난을 이루 말할 수 없이 좋아했고 리이난에게 일반적인 수준을 초월한 승진 기회를 주어 그 재능을 마음껏 펼칠 수 있게 배려했다.

리이난은 입사 이틀 만에 화웨이 공정사로 승진했고, 15일 만에 주임공정사로 승진했다. 그 후 6개월 만에 중앙연구부 부총경리로 승진했고, 그로부터 2년 후에 화웨이 총공정사, 중앙연구부 총재로 발탁되어 정바오융을 대신하게 되었다.

27세에 리이난은 화웨이의 부총재 보좌에 앉았다. 당시 화웨이 고위층 중에 리이난은 최연소였고, 나머지 사람들의 나이는 기본적으로 그보다 열 살 이상이었다. 런정페이는 리이난을 친근하게 '홍하이얼(紅孩兒)'이라 불렀고, 심지어 한때는 '화웨이의 태자'로 일컬어지기도 했다. 바로 이와 같았기 때문에, 2000년에 리이난이 화웨이를 떠나 강완회사(港灣公司)를 설립하고 런정페이와 천하를 놓고 쟁탈전을 벌였을 때 런정페이는 극심하게 후회하고 상심하며 분노했고 최종적으로 강완회사를 철저하게 매수하여 마음속 원한을 풀었다.

사람들이 속수무책일 때 정바오융과 리이난은 광섬유를 교환기의 연결 소재로 삼는 것을 함께 생각해내기도 했다. 이후 화웨이가 채택한 준(準)SDH 기술이 최초의 시도이자 중국뿐만 아니라 국제적으로도 가장 선진적인 것이었다는 사실이 증명됐다.

C&C08 만문기의 첫 번째 실험용 국은 장쑤성(江蘇省) 피저우(邳州)로 선정됐다. 피저우 우전국은 이전에 상하이벨의 S1240 교환기를 구매한 적이 있었는데, 용량을 확대하고자 할 때 상하이벨은 제때 물건을 공급할 수 없었다. 감지하는 속도가 느리고 행동이 굼뜨다는 글로벌 기업의 약점이 유감없이 드러났다. 이는 곧 화웨이의 C&C08 만문기가 도전할 수 있는 기회가 되었다. 하지만 화웨이의 만문기는 겉모습에 있어서 완성도가 조금 떨어졌고, 기능에 있어서도 고장이 빈번하게 발생했다.

우선은 상급 국과 연계가 되지 않아 국을 뛰어넘는 장거리 전화를 걸 수 없었다. 1주일 남짓의 시간 동안 리이난 등은 새로운 중계 패널, 중계선으로 교환했지만 고장은 여전히 발생했고, 런정페이는 총부로부터 하드웨어 개발 인원을 한 팀씩 차례로 파견했지만 역시 문제의 소재를 찾아내지 못했다. 사람들은 속수무책이 되어 절망했고, 리이난 역시 크게 낙심하여 류핑에게 "나는 더 이상 해내지 못할 듯하니 이후에는 당신이 계속해서 해주기 바란다"라고 말하기도 했다.

하지만 '하늘이 무너져도 솟아날 구멍이 있다'는 말처럼 우연한 기회에 하드웨어 책임자 위허우린(余厚林)이 교환기의 접지선이 제대로 연결되지 않았음을 발견했고, 문제는 순조롭게 해결되었다. 그런데 예상치 못한 문제가 그들을 더욱 난처하게 만들었다. 절차 처리의 착오로 인해 C&C08 만문기는 때때로 간극의 유지를 누락시키기도 했는데, 그것이 누적되면 가용 자원이 모두 소진되고 교환기도 마비 상태에 빠지게 되었다. 한 주 넘게 추적 조사를 했지만 이 문제를 해결하지 못했고, 그들은 결국 궁여지책으로 '새벽에 닭이 우는 방법'을 사용할 수밖에 없었다. 즉 매일 새벽 2시가 되면 소프트웨어가 자동으로 재가동되어 다시 원래의 상태로 회복되는 것이었다. 만약 이때 어떤 이용자가 전화를 걸게 되면 갑자기 접속이 끊어졌다. 이러한 좋지 않은 상황은 반년 동안 지속되었고 여러 차례 버전이 업그레이드되는 것을 거쳐 비로소 해결되었다.

어쨌든 화웨이는 후발주자였지만 결국 앞서 나가게 되었고, 정식으로 상하이벨 회사를 대신하여 피저우 우전국에서 발주하는 첫 번째 제품들을 공급하는 협력기업이 되었다.

C&C08은 화웨이의 발전에 있어서, 그리고 중국 통신의 발전사에 있어서 모두 중요한 의의를 갖는다. 이는 화웨이가 결국 통신 시장에서 입지를 굳히게 되었다는 것을 상징한다. 1997년 화웨이의 C&C08 디지털 SPC 교환기는 중국 국가과학기술 진보상 2등상을 수상했다.

C&C08은 국운을 걸고 했던 '도박' 차원의 모험이었는데, 만약 실패했다면 화웨이는 더 이상 존재하지 않았을 것이다. C&C08은 화웨이에 있어서 단순한 제품이 아니라 화웨이 발전의 초석으로서 이후의 전송 통신, 모바일 통신, 스마트 통신, 데이터 통신 등의 제품은 모두 여기에서 비롯되었다. 심지어 다수의 화웨이 사람들은 좋아하는 숫자로 '08'을 선택했는데, 이는 잠재적으로 '08기'와 결부되어 있는 것이다.

또한 C&C08은 화웨이의 입장에서 볼 때 일종의 황푸군관학교로 상당히 많은 수의 간부를 배출해냈다. 화웨이 대부분의 부총재는 모두 이 제품과 관련된 사람 중에서 나왔고, 중연부의 역대 책임자 모두

C&C08 업무에서 나온 사람이 담당했다. 회사의 각 부문에서 총감을 담당하고 있는 사람까지 그 수를 전부 셀 수 없을 정도다.

그 당시 화웨이의 공정사들은 8월 피저우에 가서 10월 1일 국경절 이전에 선전으로 돌아올 수 있을 것으로 생각했다. 하지만 10월 중순이 되어서야 비로소 개국이 종료됐다.

마지막 검수 때 런정페이는 선전에서 바로 피저우로 갔다. 몹시 흥이 나고 격앙되어 있던 그는 다음과 같이 말했다.

> "10년 후 화웨이는 AT&T, 알카텔과 삼족정립(三足鼎立)을 하게
> 될 것이며, 화웨이가 천하의 3분의 1일을 차지하게 될 것이다!"

당시 사람들은 장내가 떠나갈 듯이 웃었고, 마음속으로 '사장님께서 또 허풍을 치시는구나'라고 생각했다. 그런데 이것은 런정페이가 한순간의 생각에 사로잡혀 말한 것이 아니었다. 그해 8월 초 중국 각지에서 100여 명의 '고객 대표'가 화웨이에서 회의를 개최했는데, 런정페이는 자신의 웅대한 포부를 다음과 같이 당당하게 밝혔다.

> "장차 우리는 앞으로 나아가지 않으면 뒤로 밀리는 지경에 처할
> 것이다. 이러한 엄준한 형세에 직면하여 우리는 더욱 노력하고 분
> 발하여 도전에 응할 것이다. 경쟁을 통해 중국 제일의 자리를 차지
> 하고 세계 통신 8강의 행렬 속에 진입하여 중국 시장에서 외국 기기
> 를 축출할 것이다. 아울러 국제 시장, 동남아 시장 그리고 러시아와

미국이 공동으로 과분(분할)하고 있는 시장에 비집고 들어가기 위해 노력할 것이다. 우리는 중국의 통신 산업을 위해 공헌할 것이라는 자신감을 갖고 있으며, 장차 그 어떤 대가를 치루더라도 이를 아까워하지 않을 것이다.”

당시의 화웨이는 단지 하나의 민영 소기업으로 1993년 매출액은 겨우 4억 1,000만 위안에 불과했다. 비록 1년 전에 비해 3배 성장했지만 AT&T, 알카텔과 비교한다면 분명 누가 봐도 동일한 체급은 아니었다. 다른 것은 차치하고서라도 1993년 AT&T의 벨 실험실의 과학연구 경비는 무려 30만 달러에 달했다!

그런데 예상 밖에도 그로부터 10년 후인 2003년, 화웨이의 매출액은 317억 위안으로 1993년에 비해 76배나 증가했고, AT&T와 알카텔은 화웨이로부터의 경쟁 압박을 받는 가운데 상호 연합하여 가까스로 화웨이에 맞서게 되었다.

2018년에 이르러 화웨이의 매출액은 더욱 놀랍게도 6,036억 위안에 달했는데, 이는 1993년에 비해 약 1,500배가 증가한 것이었다.

런정페이의 안목과 실력을 역사는 다시 한번 그렇게 증명했다!

4

위대함은 보잘것없는
미미함에서 시작된다

1987년 화웨이 설립부터 1993년 C&C08 만문기가 성공적으로 개국될 때까지 런정페이와 화웨이는 앞만 보고 달려왔다. 화웨이는 가장 위험한 생존기를 건넜고, 어린 아이에서 청년으로 성장하여 링 위에서 글로벌 기업 및 국내의 경쟁상대와 겨루기를 해보았다.

성공한 기업가들마다 그 성공의 비결이 있는 것은 당연하다. 그것을 세세하게 분석해보면 명확한 주요 맥락들이 런정페이를 성공으로 이끌고, 그로 하여금 정확한 길로 나아가도록 만들었다는 사실을 알 수 있다.

1. 목숨을 걸지 않으면 기다리는 것은 죽음뿐이다

런정페이는 중국의 오랜 가난과 쇠약함 속에서 통신 업계가 낙후되어 있을 때 화웨이를 창업했다. 비록 국내 통신 업계의 거대한 흐름을 따라잡았지만 경쟁도 더 치열해졌다. 바야흐로 화웨이는 창업 직후 수많은 글로벌 기업의 일방적인 압력에 직면해야 했고, 국유기업 및 동종 업계와의 경쟁에 직면해야 했으며, 대출 정책의 차별 대우에 직면해야 했고, 기존의 수입 설비를 이용하는 것에 익숙해 있던 관원의 불신임에 직면해야 했다. 정부의 뒷배경을 가지고 있지 않은 민영기업, 그것도 '0'에서 시작해 '1'로 나아가야 하는 기업가는 목숨을 거는 것 외에는 다른 방도가 없었다.

런정페이가 선택한 이 길에서 화웨이는 온갖 고통을 겪었고 위기 상황이 연이어 발생했다. 런정페이가 직접 이와 관련된 두 가지 사례를 언급한 적이 있다.

"한번은 지방의 어느 시장을 만회하기 위해 화웨이 고위층 임원이 직접 선양으로 급히 갔다. 거래처 고객이 어느 호텔에서 에릭슨 측과 미팅이 있다는 사실을 알았기 때문이다. 그는 선양에 도착하자마자 물 한 모금 마실 생각도 미루고 서둘러 호텔로 달려가 로비에서 기다렸다. 고객이 언제 미팅을 마치게 될지 몰랐기에 그는 줄곧 그곳을 지키고 있었고, 밥조차 먹지 못했다. 그 고객은 새벽 1시 30분이 되어서야 밖으로 나왔다. 화웨이의 고위층 임원은 고객 앞으로 다가가 말을 걸었지만, 상대방은 굳은 표정으로 "시간이 없습니다"라고 말하고는 그곳을 떠났다.

또 한번은 어느 해 겨울, 화웨이의 박사 한 명이 '베이징 서우두

공항'으로 중요한 고객을 마중 나갔는데, 비행기가 다소 연착되어 박사는 차가운 바람이 부는 가운데 4시간 넘게 기다리고 있어야 했다. 결국 중요한 고객이 도착했는데, 처음엔 매우 기뻐했지만 곧 AT&T측 사람이 아니라는 것을 알게 되자 고개를 돌리며 자리를 떠났다."

이러한 경시와 수모를 당한다고 해도 런정페이가 이끌고 있는 화웨이 사람들은 오직 참아야 할 뿐이었다. 다국적 기업이 주요 도시를 점령했고, 이에 런정페이는 농촌으로 도시를 포위할 수밖에 없어 조건이 열악하고 이윤이 매우 적으며 외진 곳에 위치한 시장을 상대로 일했다.

화웨이맨 장젠궈(張建國)는 1992년 푸젠성(福建省)에 파견되어 매일같이 낡은 지프차를 타고 각 현성과 향진을 돌아다녔다. 그로부터 3년이 지나, 그는 각 현성의 분포를 자신의 손금 보듯 훤히 알게 되었고 즉석에서 한 장의 복건성 현급구의 위치도를 그려낼 수 있는 경지에 이르렀다.

1994년 화웨이에 입사한 지 2년이 채 되지 않았던 리제(李杰)는 마케팅 부문에 임명되었는데, 한번은 런정페이가 대회 석상에서 직원들에게 "당신들은 1년에 얼마나 많은 현을 뛰어다녀 보았나?"라고 물었고 이때 그는 머리를 잠깐 굴리더니 "500개 정도입니다"라고 대답했다. 이에 런정페이는 "그렇다면 나는 곧 500개 현에 의거하여 지표를 정할 테니 당신들은 가서 뛰기 바란다"라고 말했다.

이리하여 10여 명이 회사가 마련해준 대여섯 대의 미쓰비시 지프차와 두 대의 아우디 차량에 탑승하여 선전에서부터 중국 각지의 현 우전국에 분주히 도착하여 화웨이가 연구하여 개발해낸 국용 교환기를 널리 보급했다. 각 현마다 대략 3일 정도의 시간이 소요되었고, 한 사람당 40~50개 현을 뛰어다녔으며, 2년의 시간 동안 500개 현을 뛰어다녀 수 척 높이의 고객 관련 자료를 축적했다.

1994년 여름, 화웨이는 상하이시(上海市) 화국 증치 업무 플랫폼 시스템의 개국을 완성했는데, 마침 '전국 전기통신 고위급 회의'가 상하이에서 개최될 예정이었다. 이것은 전국의 통신사업자에 화웨이를 알릴 수 있는 절호의 기회였고, 화웨이는 즉시 '만문기'를 회의 장소로 운반하기로 결정하고 전시용 플랫폼을 만들었다.

하지만 준비할 시간이 충분치 않았다. 화웨이는 모든 직원이 바쁘게 움직여 5일 안에 설비 운수, 전시 위치 구축, 설비 성능 시험의 전체 공작을 완성했다. 회의 당일 제품을 참관한 전문가와 정부 관원들은 모두 화웨이의 기술에 몹시 놀라워했다.

한번은 화웨이의 교환기가 후난성에 판매되었다. 그런데 겨울이 되자마자 수많은 설비에서 합선 현상이 발생했다. 현장에서는 그 원인을 파악하지 못했고, 기술 인원은 곧 고장 난 설비를 가지고 선전으로 돌아왔다. 한 무리의 연구원들이 그 원인을 조사하게 되었는데 얼마 뒤 그들은 회로판에 액체가 묻었다는 사실을 발견하고는 쥐가 오줌을 싼 것이 아닐까 의심했다.

한 명의 나이 많은 직원이 곧 바깥으로 나갔다가 잠시 후 작은 병에

옅은 노란색의 액체를 담아 가져왔는데 쥐의 오줌이라고 했다. 그것을 회로판 위에 뿌리자 삽시간에 타닥타닥 소리를 내며 불꽃이 타올랐고, 동시에 연구원들은 환호성을 지르며 냄새가 나는 것도 개의치 않고 다가가 발화된 지점을 살펴보고 조사했다.

마지막으로 그들은 오줌 속에 있는 성분이 단전의 원인이라고 확신했다. 후난성의 겨울은 몹시 추워서 쥐는 곧 열기가 발산되는 설비 속으로 들어가 보금자리를 만들고 아울러 오줌을 쌌던 것이다. 그들은 이러한 구체적인 정황을 토대로 제품 개조를 진행했고 빠르게 이 문제를 해결했다.

1994년 화웨이는 처음으로 베이징 국제통신전에 참가했고, 전시대 위에 "본래 구세주란 존재하지 않으며 신선·황제에 의지하지 않고, 새로운 삶을 창조하려면 전적으로 우리 자신에게 의지해야 한다"라는 표어를 내걸었다. 이는 결코 의도적으로 새로운 것을 표방한 것은 아니었고, 바로 수년 동안 화웨이의 과거 모습을 사실 그대로 반영한 것이었다.

이러한 종류의 간고분투(艱苦奮鬪, 고난과 시련을 이겨내며 있는 힘을 다해 싸우는 것) 정신은 화웨이맨의 뼛속에 뿌리 깊이 새겨지고 침투되어 있다. 나중에 화웨이가 루슨트, 에릭슨을 초월하여 통신 업계의 제일이 되었을 때도 런정페이는 간고분투 정신을 방기하지 않았다. 즉 "공을 도모하기는 쉬우나 공을 이루기는 어렵고, 공을 이루기는 쉬우나 공을 지키는 것은 어려우며, 공을 지키기는 쉬우나 공을 완수하는 것은 어렵다(圖功易, 成功難; 成功易, 守功難; 守功易, 終功難)." 간고분투는 매

우 많은 기업가들이 할 수 있지만 업계 제일이 되는 것은 여전히 편집
광적으로 간고분투를 유지해야만 가능한 것이다. 그런데 런정페이는
매 시각 경종을 울리고 환기시키며 이것을 몸소 30년간 계속해왔는데
이러한 기업가가 과연 몇 명이나 존재하겠는가?

2. 평생 학습하고 열린 시야를 지녀야 한다

왜 이 항목을 두 번째로 언급해야 할까? '평생 학습하고 열린 시야를
지녀야 한다'라는 간단한 문구가 사실상 기업과 기업가의 미래를 결정
한다. 근면함과 노고를 견디어내는 것 외에도 1980년대 중국의 기업
가는 또 한 가지 특징을 갖고 있다. 그것은 그들이 성장한 환경의 영
향을 많이 받았고 호방한 기질을 갖고 있으며 대담했다는 것이다. '담
력은 차고 넘치지만 수양이 부족한 것'은 당시의 많은 기업가를 성공
하게 한 반면 실패하게 만든 근본 원인이기도 했다.

시대적 한계로 보면 한 세대의 사람은 한 세대의 바람과 비를 부르
고 한 세대 사람들의 문제를 해결할 수 있을 뿐이며, 새로운 시대에는
자연히 새로운 인물이 배출되고 앞에서 흘러가는 물결 또한 매우 자연
스럽게 해안의 모래사장 위에서 죽음을 맞이한다. 신진대사, 만물 중
그렇지 않은 것이 없다. 사방을 둘러보면 우리는 무수히 많은 이러한
사례를 발견할 수 있다.

그런데 런정페이는 이로부터 벗어나 있었다. 중국 1세대 기업가로
서 그는 새로운 인터넷 시대에 여전히 종횡무진 달렸고, 심지어 전쟁

을 치를수록 더 용맹해졌는데 이는 곧 '학습'의 역량이었다.

1963년, 런정페이는 충칭건축공정학원(현재 충칭대학에 통합됨)에서 공부했는데 졸업을 1년 앞둔 시점에 '문화대혁명'이 시작되어 그의 부친이 감옥에 수감되고 말았다. 비투(공개 집회에서의 비판 투쟁)를 당한 부친에 대한 걱정 때문에 런정페이는 기차를 타고 집으로 돌아와 부친을 보살폈고, 길 위에서 조반파(문화대혁명 시기에 주자파에 반대한 군중 조직 또는 그 조직에 참가한 사람) 및 기차역에서 일하는 사람들에게 얻어맞기도 했다. 부친은 그에게 "지식이 곧 힘이라는 것을 기억하거라. 다른 사람이 학습하지 않더라도 너는 학습해야 하고, 대세에 순응하지 말아야 한다"라고 당부했다.

런정페이는 충칭(重慶)으로 돌아온 이후 전자 컴퓨터, 디지털 기술, 자동 제어 등의 전문적인 기술을 독학으로 습득했고, 판잉촨(樊映川)의 《고등 수학 습제집》을 처음부터 끝까지 두 차례 보았으며, 논리학·철학을 학습했고, 《마오쩌둥 선집》 4권을 정독했다. 또한 독학으로 3개 국어를 학습했는데 당시에 이미 대학교 학부생 수준의 리딩이 가능했다. 70세가 넘은 지금도 외국어 공부에 매진하는 런정페이는 다음과 같이 말한 적이 있다.

"만약 2시간 30분가량 걸리는 베이징행 비행기에 탑승하면 나는 최소 2시간 동안 책을 읽는다. 나의 일생 중 저녁에 카드놀이를 하거나 춤을 추거나 노래를 부른 적이 없다. 나는 이로 인해 진보할 수 있었다."

완샹 그룹의 이사국 주석 루관추(魯冠球)는 "과거의 경우 인터넷은 단지 일종의 도구에 불과하여 기업 안에서 누군가가 이용하면 될 뿐 모든 사람이 이해하고 이용할 필요는 없다고 생각했다. 어쨌든 당시에는 마우스로 '유니버설 조인트(Universal Joint)'를 검색할 수 없다고 보았다. 그런데 현재는 상황이 달라졌다. 손자들이 오면 모두 나에게 인터넷에 대해 말하며, 인터넷은 이미 일종의 도구에서 사유, 문화, 공작(업무) 및 생활의 형태로 변화했다. 또한 3D 프린팅 제품도 이미 우리의 눈앞에 있다. 그렇다면 어떻게 해야 할 것인가? 우리는 오직 배우기 위해 노력해야 하고, 잘 배운 자는 능력을 발휘할 것이며, 여러 능력을 갖추게 되면 일을 성취할 수 있다"라고 말했다.

그런데 이 말이 1945년에 출생한 노인의 입에서 나온 것임을 알아야 한다. 그는 이미 2017년 10월에 세상을 떠났다. 실로 '늙어 죽을 때까지 배움은 끝나지 않는 것'이라는 사실을 깨닫게 한다.

페이스북 창업자 마크 저커버그(Mark Zuckerberg)는 해마다 하나의 목표를 세운다. 예를 들어 2010년에 그가 세웠던 목표는 중국어를 학습하는 것이었고, 2012년의 도전은 매일같이 코드 부호를 쓰는 것이었으며, 2015년에는 매주 한 권의 책을 읽는 것이었는데 그는 이를 전부 해냈다.

1991년 가을, 런정페이는 처음으로 미국을 방문했을 때 '인재-과학기술-경제'의 선순환을 알고 큰 충격을 받았다.

"번영할수록 과학기술이 발전하게 되고, 과학기술이 발전할수록 교육이 중시되어 인재가 배출되며, 인재가 배출될수록 경제는 번영하게 되는데 이렇게 선순환의 길로 들어가게 되는 것이다. (중략) 미국은 장차 오랫동안 쇠퇴하지 않을 것이다."

그로부터 20여 년이 지난 2016년, 런정페이의 미국에 대한 평가는 더욱 깊고 치밀해졌으며 그것을 화웨이 운영에 어떻게 접목할 것인가에 대해서는 다음과 같이 착안하기에 이른다.

"미국은 가장 자유화되어 있는 국가며, 미국의 사상과 상업 문명은 휘황찬란하고 오색찬란하며 불꽃과 같다. 사실 '찬란'의 또 다른 이름은 '혼란'이다. 반드시 하나의 핵심 기둥, 핵심 항로가 있어야 하고, 강철 같은 하나의 대오가 있어야만 비로소 그 '찬란'이 '휘황'해질 수 있다. 미국에는 강철 같은 군대가 있어 국가의 확고한 발전 방향을 보장하고 있다. 미국의 명문 대학은 세계의 엘리트, 찬란한 사상을 응집시키고 있는데 만약 집중도가 없었다면 흩어져 모두 소실됐을 것이다. 미국의 군대는 기율을 준수하고 스스로 강해지는 것을 끊임없이 추구하는 조직이다. 우수한 군인들이 미국의 대통령, 기업가가 되기도 했는데 이들은 혁신 역량을 하나로 응집시켰다. 화웨이는 계속해서 개방을 해야 하고, 강철 같은 역량을 보유해야 한다. 직장 근무자 및 재직자는 용맹하게 분투해야 하는데, 이것이 내가 건설하려는 '전략 예비대'의 핵심이다. 우리도 강철 같은 기율, 강철 같은 의지를 갖춘 하나의 대오가 필요하다."

미국의 최근 30년간의 발전 과정을 살펴보면 인종 문제, 자유의 폐단이 존재하기는 하지만 여전히 강대하고 지속적인 창조력을 유지하고 있고, 새로운 리더 기업이 부단히 출현하고 있다. 미국 본토의 제조업이 쇠락하는 것과 동시에 더 많은 나라와 지역이 미국의 제조 공장이 되고 있다. 또한 미국 본토의 정보산업이 부상하여 제조업의 쇠퇴로 인한 문제들을 보완하고 있다. 따라서 미국은 발전하고 있는 것이지 쇠락하고 있는 것이 아니다.

2015년 알리바바(阿里巴巴, Alibaba) 그룹의 마윈(馬雲)은 홍콩에서 강연할 때 "IBM이 출현했을 때 나는 '이제 끝났구나'라고 생각했습니다. 그 이후 이 세계에 마이크로소프트가 출현했습니다. 근본적으로 '이제 할 수 있는 것이 정말 없겠구나'라고 생각했는데 그 이후에 야후가 출현했습니다. 야후 이후에는 구글이 등장했습니다. 구글 이후에는 아마존이 나타났고, 아마존 이후에는 페이스북이 등장했고, 페이스북 이후에 비로소 알리바바가 등장했습니다. 알리바바 이후에는 필경 이러한 회사들이 끊임없이 등장하게 될 것입니다"라고 말했다.

2001년 런정페이는 일본을 시찰하고 돌아와 유명한 《북국의 봄(北國之春)》을 집필했다. 일본인으로부터 근면한 노동, 인내심과 진지함을 학습해야 하고, 독일인으로부터 집요함을 학습해야 한다고 말하며 그는 '화웨이의 겨울'을 위해 솜저고리를 준비하기 시작했다.

평생 학습을 긍정하는 기업가여야만 직원과 고객이 안심할 수 있고, 그래야만 기업을 미래로 이끌 수 있는 기업가가 될 수 있다.

3. 인재 기용에 능하고 '종업원 지주제도'를 수립하여 혜택을 제공하다

BH-03, HJD48, C&C08의 연구개발 과정 중 많은 인재가 전쟁터에서 튀어나왔다. 정바오융, 리이난, 류핑, 마오성장은 차치하고, 그로부터 30년 후의 화웨이는 중·고위층 간부가 모두 그 시기에 합류하여 두각을 나타낸 사람들이다.

그렇다면 어떤 사람이 리더가 될 수 있을까? 답은 수많은 엘리트를 모으고 동일한 이상을 위해 분투하고, 아울러 부단히 승리를 쟁취하며, 직원들에게 기대 이상의 보상을 제공하여 성취감과 명예로움을 충만하게 만들 수 있는 사람이다. 예를 들면 유방, 조조처럼 큰일을 감당할 수 있는 능력을 갖춘 인물은 각 방면에서 우수한 인재를 흡수하여 그들로 하여금 능력을 발휘하게 했다. 이와 대조적으로, 장량은 지혜와 모략에 있어서 가히 견줄 수 있는 사람이 없었지만 지도자가 되지 못했고, 제갈량 역시 멸사봉공(滅私奉公)의 자세로 모든 일을 세세한 부분까지 완벽하게 처리했지만 결국 최고 지도자는 되지 못했다.

런정페이는 다음과 같이 말했다.

"나는 한 통의 풀(paste)을 화웨이 사람들의 몸에 부어 18만 명의 사람들을 하나로 끈끈하게 접착시키고 커다란 방향을 향해 목숨을 걸고 노력하게끔 만들었다."

많은 사람들이 이런 런정페이의 말을 제대로 이해하지 못하거나 그가 자의적으로 입 밖으로 꺼낸 '겸양의 말' 정도로 오인하는데, 사실 이것은 한 명의 기업가가 갖춰야 할 핵심 소양이 무엇인지를 명확히 제시해주고 있는 것이다.

앞서 언급한 차오이안은 조립 라인에서 일하는 노동자로 학위가 없었다. 그런 그가 여러 차례 디지털 교환기를 서둘러 연구해야 한다고 일깨웠기 때문에 런정페이는 그를 파격적으로 개발부 부총공 및 디지털 교환기 관련 부서의 책임자로 승진시켰다. 비록 차오이안의 능력에 한계가 있어 화웨이의 고위층 정책 결정 라인에서 그 모습이 점차 사라지게 되었지만, 천금매골(千金買骨, 천금을 주고 천리마의 뼈를 사는 것)처럼 런정페이는 늘 애타게 인재를 구했다.

런정페이는 직원들에게 흔쾌히 돈을 지급한다. 화웨이의 높은 임금은 업계에서 매우 유명한데 이러한 '전통'은 이미 오래된 것이다. 런정페이는 일찍이 제법 득의양양한 표정으로 "화웨이가 20여 년간 성공할 수 있었던 비결은 바로 '분전(돈을 나누어주는 것)'이다. 돈을 잘 나누어주면 많은 문제들이 잘 해결된다"라고 말했다.

2013년 런정페이는 그것을 역출일공, 이출일공(力出一孔, 利出一孔), 즉 '힘을 내서 하나의 구멍을 만들어내면 이익이 하나의 구멍만큼 나오게 된다'라고 추론했다. 나중에 런정페이는 한걸음 더 나아가 다음과 같이 말했다.

"물과 공기는 세계에서 가장 부드럽고 순한 성질의 것이라는 사실을 모두 알고 있을 것이다. 이로 인해 사람들은 항상 수성(물의 특성), 경풍(가벼운 바람)을 찬미한다. 하지만 이처럼 부드럽고 순한 것이라고 해도 로켓은 바로 공기가 추동하는 것이다. 로켓이 연소된후 고속의 기체가 라발 노즐(Laval nozzle)이라고 불리는 작은 구멍을통해 거대한 추동력을 만들어내는데, 이 힘은 인류를 우주로 밀어낼 수 있을 정도다. 미인(美人) 같은 물 역시 높은 압력으로 작은 구멍에서 분출시키면 강철판을 자르는 데 사용할 수 있다. 여기서 '역출일공'의 위력을 살펴볼 수 있다. 만약 우리가 '역출일공, 이출일공'을 견지할 수 있다면 다음에 무너질 차례는 화웨이가 되지 않을것이다."

앞서 언급한 적이 있는 류핑(나중에 화웨이 부총재가 됨)은 1993년에대학을 그만두고 화웨이에 입사했다. 그때 화웨이 신입 직원의 월급표준은 대학 학부생 100위안, 석사 1,500위안, 박사 2,000위안, 특채인원은 별도 산정이었다. 류핑이 학교에서 받은 월급은 400여 위안이었는데 화웨이에서 받게 된 월급은 1,500위안이었다. 하지만 그는 2월에 단지 하루만 출근했고 15일 치의 월급을 받았다. 3월에 류핑의월급은 2,600위안으로 올랐다. 달마다 월급은 올랐고 연말 시점에 이르러 그의 월급은 6,000위안으로 늘어났다. 하지만 이러한 월급을 그는 모두 수중에 넣지는 못했다. 매달 월급의 절반을 현금으로 받았고,나머지 절반은 장부에 기재되었다. 나중에 런정페이는 그들과 환담을나눌 때 다음과 같이 말했다.

"현재 우리는 홍군이 과거에 장정을 했던 것처럼 눈으로 덮인 산을 기어오르고 초지를 지나며 백성들이 전해주는 식량을 받고 있다. 하지만 돈이 없어 값을 지불하지 못하고 단지 한 장의 '임시 영수증'을 남겨주고 있는데, 이는 혁명에서 승리를 거둔 후 다시 상환해줄 날을 기다리고 있는 것이다."

이러한 장부에 기재된 월급 내역은 나중에 화웨이 주식으로 환산되었고, 최후에 해당 주식 보유자들은 모두 배당금을 지급받았다. 런정페이는 주저없이 약속을 실천해나갔다. 채용한 엘리트들에게 지급되는 월급은 매우 높았는데, 게다가 런정페이는 독창적으로 '종업원 지주제도(ESOP)' 모델을 제시하기도 했다.

"아직은 비록 초기 형태에 불과하지만 '종업원 지주제도'를 수립했다. 회사를 설립할 때 종업원 지주제도를 설계하여 이익을 함께 나눔으로써 직원을 단결시키고자 했다. 그때만 해도 나는 '선물 옵션' 제도를 이해하지 못했고, 더욱이 서방이 이 방면에 매우 앞서 있으며 다양한 형식의 사내 격려 메커니즘이 있다는 것도 몰랐다. 나는 단지 과거에 경험했던 인생의 좌절을 기억하며 직원과 책임을 분담하고 이익을 함께 나누기를 희망했다. 회사 설립 초기에 나는 아버지와 이러한 방법에 대해서 의논했고 아버지의 강력한 지지를 얻었다. 아버지는 1930년대에 경제학을 공부하셨다. 이처럼 무의식 중 꽂아두었던 꽃들이 오늘날 이렇게 활짝 피어났고, 화웨이의 대업을 이룩한 것이다."

화웨이는 중국에서 최초로 종업원 지주제도를 실현한 회사 중 하나로 런정페이는 화웨이 전체 주식의 1.4퍼센트만 보유하고 있다. 나머지 98.6퍼센트의 주식은 직원들이 보유하고 있다. 화웨이의 내부 주식은 한꺼번에 분배되는 것이 아니라 유동적으로 배분된다. 화웨이에서 일한 시간이 길면 길수록 얻는 배당금 또한 더 많아지는데, 이처럼 많은 금액의 배당금은 기본 월급이 결코 중요하지 않다는 것을 의미한다.

1992~1996년의 연간 배당금 비율은 모두 100퍼센트를 달성했다. 2001년 내부 주식은 '가상 제한설정 주식'으로 변환되었고 이에 따라 직원들이 화웨이를 떠날 때는 주식을 계속 보유할 수 없게 되었다. 이는 중국에서 극히 드문 일이다. 대다수의 기업가는 모두 런정페이와 같은 카리스마가 존재하지 않을 뿐더러 금전에 대해 초월할 수 있는 저항력은 더더욱 없다.

런정페이는 자신의 고등학교 시절을 회상했다. 학교 다니는 3년 동안 밥도 제대로 챙겨 먹을 수 없을 정도로 어려움을 겪었다. 고등학교 3학년 때 집에서 수업 내용을 복습하고 대학 입시를 준비했는데, 실로 견딜 수 없을 정도로 배가 고파 쌀겨와 풀을 섞어 구워먹기도 했다. 집에는 식량이 아주 조금 남아 있었지만 무턱대고 한 움큼 덥석 쥘 수는 없었다. 그의 부모와 동생들도 배고픈 상황 속에 있었기에 자신이 이를 몰래 훔쳐 먹으면 동생들이 굶어 죽을 수도 있었기 때문이다.

런정페이는 훗날 이때를 회고하며 말했다.

"내가 이기적이지 않은 것 또한 부모로부터 배운 것이었다. 화웨이가 오늘날 이렇게 성공하게 된 것은 내가 이기적이지 않은 것과 일부 관계가 있다."

"재물을 독점하면 사람(인재)이 떠나고, 재물을 공유하면 사람(인재)이 모인다"라는 말이 있듯이 다른 기업가에게는 대단히 넘기 어려운 관문을 런정페이는 일찍이 초연하게 건넜다. 군에 입대한 이후 그는 여러 차례 공을 세웠지만 신분 문제로 인해 입당 신청을 통과하지 못했다. 단지 '마오쩌둥 저작을 열심히 학습한 모범 병사'라는 영예를 얻는 정도였고, 자신이 이끌고 있는 병사들 한 명 한 명이 공을 세워 상을 받는 모습을 지켜볼 수밖에 없었다. 이는 그로 하여금 상을 받지 못하는 것에 대해 담담하게 받아들이는 습관을 갖게 만들었다. "항심(恒心, 항상심)이 없으면 항산(恒産, 지속적인 성과 또는 결과물)이 없다"고 했다. 종업원 지주제도를 통해 직원이 보편적으로 주식을 보유하도록 하여 화웨이로 하여금 다른 회사에는 없는 지속적인 구동력과 응집력을 갖게 했다.

다른 상장 회사와 비교하여 화웨이의 내부 주식 제도는 외부 인사와 자본에 의해 통제권이 빼앗기게 될 리스크를 면해주었다. 게다가 상장 회사에서 늘 발생되는 단기적 이익 추구의 사고방식을 피하도록 만들었다. 또한 회사의 장기 계획에 맞춰 연구개발 업무에 투자할 수 있도록 하여 점차 큰 회사로 성장할 수 있는 발판을 만들어갔다.

2장에서 언급한 미국 전신 업계의 선두주자였던 AT&T가 꼭대기에서 추락하게 된 원인 중 하나가 바로 회사의 주주가 주식시장에서 단기적 폭리를 추구했기 때문이다. 이는 AT&T가 생존할 수 있는 기회를 말살시켜버렸다.

정치 영역에서도 이와 유사한 현상을 발견할 수 있다. 구미 국가에서 이미 기초 시설이 낙후될 조짐이 나타나고 있고, 일련의 대형 기초 공사는 종종 관심을 갖는 사람이 없고 앞장서는 사람도 없다. '하나의 이익이 있으면 반드시 하나의 손실이 있다'는 민주 선거 제도의 '작은 것을 얻고 큰 것을 놓치게 되는' 폐단에 의해 야기된 것이라고 할 수 있다.

4. 총명함과 경험에 '이정합, 이기승'을 견지하라

창업은 힘들고 어렵지만 견뎌내고, 방법을 궁리하여 극복하면 그만이다. 하지만 통신 설비는 항상 테스트를 필요로 한다. 그러나 화웨이는 테스트를 위한 장비를 구입할 돈이 없었는데, 그렇다면 이것을 어떻게 해결했을까?

중국인 특유의 총명함과 재능 그리고 지혜가 여기에서 발현되었는데, 이는 재래식 방법으로 대체할 수 있었다. 기술 인원은 유니버설 테스터(Universal tester)와 오실로스코프(Oscilloscope)를 이용해 교환기를 테스트했다. 확대경으로 회로판 위에 납땜질이 된 수많은 패드를 하나하나씩 검사했는데 그 효과는 놀랍게도 나쁘지 않았다.

중국인의 총명함은 견줄 상대가 없다. 예를 들어 설명하자면, 싸쑤

(薩蘇)는 그가 집필한 《경성 10안》에서 '문화대혁명' 이후 미국의 농업 전문가 한 명이 중국을 방문하여 농업을 추동할 콤바인(수확기), 분무식 관수, 무경간 농법 등 이른바 '3대 비결'을 제시했다고 밝혔다.

"당시 싸쑤의 모친은 베이징에 온 지 얼마 되지 않았고 30대의 나이로 곧바로 일을 할 시기였는데 그녀의 동료도 엇비슷했다. 비록 (중국에서) 10년간의 동란이 대다수 사람들로 하여금 일을 제대로 할 수 없게 만들었지만 일단 업무에 투입되면 중국인이 지닌 실력은 미국의 농업 전문가도 그 한계를 예측하지 못했다. 예를 들어, 미국의 농업 전문가가 가져온 콤바인은 핵심 부품이 모두 가시처럼 나와 있는 강철 롤러로 옥수수를 넣으면 강철 롤러의 날카로운 부분에 걸려서 옥수수 알갱이와 줄기가 각기 다른 쪽에서 나왔다. 이는 대단히 신기했지만 판매 가격이 너무 비싸 중국인 소비자가 실제로 구입할 수 없는 수준이었다.

이러한 형태의 강철 롤러는 중국에 생산할 수 있는 설비가 없었기 때문에 어쩔 수 없이 미국으로부터 수입해 들여오는 것이었다. 싸쑤의 모친과 동료 등은 철로 된 차축을 마련하고, 납땜질을 전문으로 하는 청년을 불러 그 위로 끊임없이 납땜질을 시켜 날카로운 가시 모양처럼 되도록 했다. 이윽고 미국의 특허 기술을 모방하여 그럴듯한 기계(콤바인)를 만들어냈는데 그것을 만드는 비용은 수입해 들여오는 콤바인 가격의 1,000분의 1이었다. 미국의 농업 전문가는 철의 차축으로 만들어진 그 강철 롤러를 세 번 만지다가 하마터면 자신의 머리를 크게 다칠 뻔했다."

하지만 총명함은 때때로 나쁘게 작용하기도 한다. 얄팍한 총명함으로 성실하게 노력하지 않고 깊이 천착하지 않으며 대충대충 일을 처리하거나, 일종의 환상을 추구하고 실제 업무를 수행하지 않는다면 또한 과장하는 것을 좋아하고 눈만 높으며 실천을 하지 않고, 정신상의 '간고분투'를 지나치게 강조하며 낙후된 기술에 대해 무시한다면 이것은 잠시 동안 자신을 위로하는 일종의 '정신 승리법'에 불과한 것이다.

런정페이는 테스트 설비의 중요성을 잘 알고 있었다. 눈앞의 대체 방법은 결국 잠시 활용할 수 있는 유격전에 불과한 것으로, 조건이 갖추어지면 곧바로 정규 형태로 전환하는 것을 '이정합, 이기승(以正合, 以奇勝)'이라고 했다.

이리하여 1996년 화웨이의 '2차 혁명'이 일어났다. '2차 혁명'으로 인해 화웨이는 업계 리더는 물론 글로벌 기업으로 성장할 수 있는 잠재적 자질을 구비하게 되었다. 안정적으로 기업 성장의 두 번째 고비를 통과하게 된 것이다.

'이정합, 이기승'은 당당하고 올바른 길이지만 극소수의 사람만이 능히 해낼 수 있다. 대부분의 사람은 자질에 한계가 있어 융통성을 체득하지 못한다. 반면 극소수의 사람은 천성적으로 총명하고 경험이 많아 기발한 모략을 신속히 이루는 것을 좋아하고, 목표에 따라 변화하며 '우회로를 통해 나아가는 습관'을 함양한다. 단지 극소수의 사람만이 큰 뜻을 가슴에 품을 수 있고 확실하게 일을 해낼 수 있다. 또한 임기응변에도 능할 수 있는데, 이러한 종류의 사람이 곧 타고난 리더인 것이다.

런정페이는 교환기를 통해 회사를 일으켜 세웠지만 독자적인 기술을 만들어내는 것을 견지하면서 화웨이만의 브랜드를 만들어낼 수 있었다. 그는 지배적 위치에 있는 다른 기업의 수중에 자신의 목숨 줄이 장악당하는 것을 받아들이려고 하지 않았는데, 이것이야말로 정정당당한 기업인의 '도'라고 말할 수 있다.

5. 기술을 사수하며 놓치지 않다

개혁개방 초기의 기술 수준이 너무 낙후되어 있었기에 중국 정부는 어쩔 수 없이 시장을 이용해 기술을 바꾸었다. 상당히 많은 기업들이 무역을 통해 자본을 축적하고 난 이후 기술을 개발하여 신속히 성장했고 이로써 수많은 성공한 기업들이 탄생하게 되었다.

하지만 이러한 기업들은 결코 천년에 한 번 있을까 말까한 좋은 기회를 잡았지만 독자적인 핵심 기술을 연구개발하지는 않았다. 단지 쉬운 길을 선택하여 조립, 가공하는 것에 만족했다. 최악의 가격 경쟁을 통해 경쟁상대를 타도하는 것에 열중했는데, 특히 국내 기업들을 서로 배제하고 무너뜨렸으며 아울러 이를 매우 기뻐했다.

중국의 인구, 정책, 시장 메리트가 점차 소실되어 갈 무렵 글로벌 환경이 급변하면서 사람들은 무임승차하여 쉽게 돈을 벌던 저명한 기업이 고속열차에서 내동댕이쳐지는 것을 목도하게 되었다. 사업 방향이 바뀌어 순식간에 빈털터리가 되는 창업자도 생겨났다.

화웨이는 그들과는 완전히 다른 모습이었다. 화웨이는 기술을 먼저 개발하고 나서 무역을 했다. 런정페이의 목표는 줄곧 명확했는데 그것은 중국 시장을 점령한 뒤 해외 시장을 개척하여 외국 기업들과 경쟁하는 것이었다. 따라서 런정페이는 처음 시작부터 세계의 선진 기술을 바짝 추격하고 독자적인 핵심 기술을 연구개발하여 화웨이만의 경쟁력을 갖춘 민족 공업을 발전시키는 방법을 추구했다. 이 길의 험난함과 위험은 대부분의 중국 기업가들을 뒤로 물러서게 만들었다.

그러나 '사회가 걷잡을 수 없이 혼란에 빠지게 되면 영웅이 본색을 드러낸다'고 하지 않는가. 가장 중요한 것은 백 년 기업, 글로벌 대기업이 되고자 한다면 허술한 빈껍데기로는 멀리 나아가는 항해를 밑받침하기에 역부족이라는 것이다. 강철과 같은 뼈와 근육이 없다면 어떻게 굳건한 정신과 기운이 깃들 수 있겠는가? 과학 기술의 밑받침이 없다면 공업 독립은 어떻게 실현할 수 있겠는가? 핵심 경쟁력이 없다면 국제 환경 변화에 어떻게 적용하고 큰 물결의 충격을 어떻게 감당할 수 있겠는가?

2018년 중미 무역전쟁에서 많은 사람들은 핵심 기술의 부족이 초래하는 위험성을 매우 명확하게 깨달았다. 하지만 안타깝게도 시간이 흐르면서 상황이 바뀌어 많은 기업과 기업가들은 이미 돌이킬 수 없게 되었고 후회해봐야 소용없는 지경에 이르렀다. 런정페이는 독자적인 핵심 기술을 보유하기 위해 거액의 자금을 투입했고 자신의 목숨을 모두 연구개발에 걸었다. 그가 받았던 스트레스는 일반인이 상상할 수 없을 정도였다.

완다 그룹의 왕젠린(王健林)은 창업 초기에 모 은행이 2,000만 위안의 대출을 해주기로 약속했다가 책임자가 마음을 바꾸어 번복한 적이 있었다. 왕젠린은 지점으로 달려가서 사정하고, 그 책임자의 집까지 찾아가 통사정하는 등 50여 차례에 걸쳐 애를 썼으나 결국 대출은 마지막까지 승인되지 않았다. 이 일은 거꾸로 왕젠린을 자극했고, 그는 스스로 다음과 같은 목표를 설정했는데 그것은 '반드시 이 기업을 크게 성장시켜 세계적인 클래스로 만들겠다!'는 것이었다.

1990년대 초, 경제 버블을 통제하기 위해 정부는 대출을 억제했고, 화웨이와 같이 이제 막 사회에 진출한 민영기업은 더욱이 대출을 받을 방도가 없었다. 그렇다면 화웨이의 '자금 부족' 수준은 과연 어느 정도였을까? 당시 화웨이의 JK1000 프로젝트는 어렵게 벌어놓은 밑천을 모두 소진시켰고, 이에 따라 런정페이는 어쩔 수 없이 사방에서 돈을 빌리지 않을 수 없었다. 대출할 수 있는 마땅한 곳이 없었기에 여러 차례 국유기업 및 민영기업 측으로부터 큰돈을 단기 급전할 수밖에 없었는데, 이자율은 20~30퍼센트로 매우 높았고 사실상 고리대였다. 런정페이는 이러한 돈을 모두 투입하여 C&C08에 목숨을 건 도박을 감행했던 것이다.

상황이 그러했기에 직원들에게 지급될 월급은 수시로 체납되거나 그중 절반만 지급할 수밖에 없었다. 이로 인해 화웨이 인원의 유동성이 매우 높았으며, 많은 직원들이 연말에 상여금을 받은 이후 곧바로 사직했다. 당시 화웨이 내부에는 하나의 정책이 있었는데, 누구라도 회사에 1,000만 위안의 돈을 빌려올 수 있는 직원은 1년간 출근하지 않아도 월급을 그대로 지급한다는 것이었다.

과거 한 차례 있던 동원 대회에서 런정페이는 5층 회의실 창문 옆에서 전체 간부를 향해 다음과 같이 말했다.

"이번에 연구개발이 성공하면 우리는 모두 발전하게 될 것이다. 만약 연구개발이 실패한다면 우리는 모두 건물 옥상에서 뛰어내릴 수밖에 없다."

C&C08을 개발할 때 비록 화웨이의 궁핍한 정도가 직원들의 월급을 지급하지 못할 정도였지만 제품 개발에 있어서는 막대한 자금을 투입했다. 수백만 위안 상당의 논리분석기(Logic Analyzer), 디지털 오실로스코프 등 갖춰야 할 최신 개발 도구를 모두 갖추었다. 파부침주(破釜沉舟), 즉 '밥솥을 부수고 배를 침몰시키는 것'처럼 결사의 각오를 다지며 오직 연구개발에만 자금을 투입했고, 런정페이는 결국 성공을 거두었다.

6. 고객을 위해 가치를 창조하고, 이익 공동체를 구축한다

결사의 각오 아래 한 일은 런정페이에게 있어서 이번 한 번뿐이 아니었다. 자금상의 어려움을 해결하기 위해 관계를 더욱 긴밀하게 유지했다. 1993년에 화웨이와 시안10소(전신과학기술 제10연구소), 17개 성시급 우전국이 합자한 모베이커(莫貝克)가 설립되었다. 회사의 총자본은

8,900만 위안이었고, 17개 우전국이 3,800만 위안을 출자했으며, 주로 전원 설비를 제작했다.

이것은 절묘한 수였고 결사의 각오 하에 모험을 걸고 행했던 승부수이기도 했다. 화웨이는 합자 방식으로 급히 필요했던 자금을 확보하여 C&C08 만문 교환기의 개발에 활용했다. 아울러 17개 우전국과 안정적이며 견고한 이익 공동체를 구축해나갔다. 조건은 화웨이가 3년 안에 원금 상환을 수락하는 것이었는데, 다시 말해 매년 33퍼센트의 높은 배당금 수익률이었다.

높은 배당금 수익률은 강렬한 욕망을 유발시킨다. 만약 해내지 못하면 런정페이와 17개 대고객 간의 협력은 즉시 무너지게 될 위험성이 있었다. 다행히 런정페이가 높은 리스크 속에서도 일을 해냈고, 연속해서 3년간 모두 1,300만 위안을 마련하여 주주들에게 지급했다. C&C08 만문 교환기도 순조롭게 시장에 투입되어 화웨이는 거액의 돈을 벌어들였다.

1995년 3월, 화웨이 전원사업부는 모베이커를 합병했고, 나중에 모베이커는 '화웨이전기'로 개명되었다. 등기 당시 자본금은 7억 위안이었는데 주력했던 전원사업의 시장 점유율은 40퍼센트였고, 모니터링 제어 설비는 50~60퍼센트였다. 2000년에 화웨이전기와 화웨이기술은 각각 90퍼센트와 10퍼센트를 출자하여 '안성전기'를 설립했다. 2001년 미국의 에머슨전기회사(Emerson Electric Company)는 7억 5,000만 달러(약 60억 위안)에 안성전기의 주주권 100퍼센트를 사들였다. 이 돈은 화웨이로 하여금 그 이후에 찾아온 '화웨이의 겨울'에 두둑한 뱃심을 갖도록 만들었고, 매우 안정적으로 위기를 넘길 수 있게 했다.

그 이후 런정페이는 이 방법을 한 차례 더 구사했다. 우전국과 합자하여 기업을 세우고 이를 함께하는 협력 파트너로 변화시켰다. 여기에서 바로 런정페이의 뛰어난 점을 발견할 수 있다. 경쟁상대는 확실히 물리쳐야 하지만 그렇다고 해서 협력이 불가능한 것은 아니다. 하늘과 땅이 뒤집어질 정도로 서로 경쟁을 벌이다가도 몸을 돌려 언제 그랬냐는 듯 런정페이는 상대방과 협력을 전개할 수도 있다.

에릭슨, 지멘스 등은 모두 과거에 화웨이의 강력한 경쟁상대였지만 나중에 쌍방이 유럽에서 협력하는 것을 방해하지는 않았다. 이러한 선의를 지닌 경쟁적 협력 관계는 이미 중국의 전통적인 비흑즉백, 비우즉적(非黑卽白, 非友卽敵), 즉 '흑색이 아니면 곧 백색이고, 적군이 아니면 곧 아군이다'라고 하는 경쟁 문화를 초월한 것이었다. 또한 이후 화웨이가 성공적으로 유럽에 뿌리 내리는 데 있어서 큰 공로를 세운다. 개방, 협력, 공유, 공생은 부전이굴인지병(不戰而屈人之兵), 즉 '전투를 하지 않고도 적군을 굴복시킬 수 있는 것'이자 부단히 적을 친구로 동화시키는데, 이것은 런정페이가 갖고 있는 독특한 능력이다.

유럽의 강력한 경쟁상대와 이익 공동체를 결성하는 것은 화웨이의 '종업원 지주제도 3.0 버전'이라고 볼 수 있고, 우전국과 이익 공동체를 결성한 것은 '종업원 지주제도 2.0 버전'이라고 할 수 있다.

고객의 돈은 당연히 벌어야 하지만 반드시 고객도 돈을 벌 수 있도록 해야 한다. 런정페이는 결코 한탕주의에 기초한 거래를 하지 않으며, 이를 위해 자신의 이익 일부를 포기하는 것을 아까워하지 않는다.

다른 사람이 물고기를 낚고 있을 때, 런정페이는 물고기를 키우며 갈택이어(竭澤而漁, 못의 물을 말려 물고기를 잡는 것)의 좁은 시야로 행동하지 않는다. 나중에 런정페이는 '고객을 지향한다'고 세련되게 내세우며 고객을 위해 가치를 창조하는 윈윈 전략을 실현했다.

런정페이는 직접 가방을 메고 서남 지역의 거리를 걸어다니며 현국 곳곳을 방문하여 일처리를 했다. 현국의 전화 용량은 관원(공무원)의 승진에 있어서 고려되는 중요한 지표였는데, 화웨이는 현국이 실적을 쌓는 것을 도울 수 있었다. 해당 관원의 승진에 따라 화웨이의 사업 또한 점차 단계적으로 올라가게 되었다.

1997년 화웨이의 첫 번째 합자기업이 쓰촨성(四川省)에 설립되었는데, 이를 '쓰촨화웨이'라 명명했다. 돈을 벌 수 있을 뿐만 아니라 순조롭게 산하기업의 취업 문제를 해결할 수 있었기에 상대방은 매우 적극적이었다. 쓰촨화웨이는 그해 5억 위안 규모의 계약을 체결했는데, 이는 1996년의 12배 규모였다!

쓰촨화웨이의 성공은 런정페이의 투지를 더욱 진작시켰다. 그는 이러한 종류의 모델을 확산시키기로 결심하고 각 성마다 하나의 합자기업을 설립했다. 매우 빠른 속도로 톈진화웨이, 북방화웨이, 상하이화웨이, 산둥화웨이, 저장화웨이, 랴오닝화웨이, 허베이화웨이, 안후이화웨이 등이 설립되었다. 허베이화웨이는 그해 10억 위안의 통신 설비를 판매했고, 산둥화웨이의 매출액은 20억 위안에 도달했는데 이는 그 전 매출액의 10배였다. 철로 계통과 합작한 북방화웨이의 매출액은 2억 9,000만 위안이었고, 합자한 측이 받는 배당금 비율은 일반적으로 모두 20퍼센트였다.

화웨이는 이를 계기로 농촌 전화 단말기부터 시작하여 순조롭게 도시 전화 단말기로 전환했고, 시장 규모는 급격히 확대됐다. 거대중화(2장에서 자세히 언급) 중에서 나머지 세 기업의 기반은 점차 화웨이에 의해 공략 당했다. 1994년부터 2000년까지 화웨이 매출액은 각각 8억 위안, 15억 위안, 26억 위안, 41억 위안, 89억 위안, 120억 위안, 220억 위안을 기록했고, 그 성장률은 사람들을 경악하게 만들었다.

7. 오직 한길을 걸으며 핵심 항로에서 벗어나지 않는다

한 명의 기업가에게 있어서 어떤 때는 아무것도 하지 않는 것이 어떤 것을 해내는 것에 비해 그 자질을 시험하게 되는 경우가 있다. 유혹을 단호하게 거절하고, 자신의 본심을 굳게 지켜야 비로소 마지막까지 앞으로 나아갈 수 있는 것이다.

1992년 선전에서 부동산 및 주식 거품이 생기면서 대량의 자금이 유입됐고 사회적으로 매우 많은 사람들이 부동산 투기로 하룻밤에 벼락부자가 되었다. 그들이 번 돈은 심지어 부동산 개발업체보다 더 많기도 했다. 반면 힘들고 어렵게 기업을 경영하는 사람들은 나날이 어려운 상황에 내몰리고 있었다. 돈을 이렇게 쉽고 빠르게 벌 수 있는데 힘들고 고되게 기업을 이끌어나갈 필요가 있겠는가? 무거운 이자 압력 때문에 당시에 적지 않은 기업가들이 위험하게도 여기에 빠져들었다. 그중에는 렌샹 그룹의 류촨즈(柳傳志)가 포함되어 있었고, 당시 명성이 자자했던 쓰퉁 그룹도 포함되어 있었다.

런정페이는 이러한 시류에 영합하지 않고 몸을 피했다. 훗날 그는 《화웨이의 붉은 깃발은 얼마나 오래 펄럭일 수 있을까》라는 제목의 글에서 당시 상황을 회고했다.

"알다시피 선전은 두 가지 버블 경제 시대를 거쳤다. 하나는 부동산이고, 다른 하나는 주식이다. 그런데 화웨이는 이 두 영역에 조금도 휩쓸리지 않았기에 '진흙탕에서 태어났지만 진흙탕에 더럽혀지지 않았다'는 말에도 해당되지 않는다. 우리는 오직 시종일관 성실하고 진지하게 기술을 연구하고 개발해왔다. 부동산과 주식이 부상했을 때 우리에게도 기회가 있었지만 우리는 미래의 세계가 '지식의 세계'라고 간주했고, 그러한 거품으로 가득한 세계는 절대 아닐 것이라고 여겼기에 우리는 조금도 동요되지 않았다."

'버리는 게 있어야 비로소 얻는 것이 있다'는 이치는 누구나 알고 있지만 손쉽게 큰돈을 벌 수 있는 기회가 찾아왔을 때, 과연 몇 명의 사람이 냉정하게 마음의 동요 없이 걸어왔던 길에서 이탈하지 않을 수 있을까? 오로지 내면의 목표가 명확하고 확고해야만 이러한 유혹에 조금도 미혹되지 않고 견딜 수 있다. 또한 그래야만 오늘의 성공을 가져올 수 있는 것이다.

이러한 사람이 성공하지 못한다면 과연 누가 성공할 수 있겠는가? 런정페이에게 부족한 것은 단지 하나의 기회일 뿐이다. 기회가 도래하면 그는 곧 하늘 높이 날아오를 것이고, 초심을 잃지 않는다면 시종일관 그것을 유지할 수 있을 것이었다.

런정페이는 핵심 항로에서 이탈하지 않고 확고하게 유지하는 것을 30년 동안 견지해왔다. 그러는 동안 돈을 빨리 그리고 많이 벌 수 있었던 기회를 놓쳤는데, 예를 들면 이후의 소령통(시티폰) 프로젝트는 런정페이를 수년에 걸쳐 고통스럽게 만들었다. 하지만 런정페이의 이러한 움직임은 또한 화웨이로 하여금 한 걸음 한 걸음 착실하게 앞을 향해 나아가도록 만들었다. 이것은 수많은 구덩이와 함정을 피해갈 수 있도록 했으며, 최종적으로 이 모든 것을 돌파하게 했다.

"화웨이가 바로 20~30년간의 고독함을 견뎌내지 않았는가? 우리는 '전략적 기회'가 아닌 것에 '전략적 경쟁력'을 소모하지 않는다. 수십 년간 핵심 항로에 초점을 맞추면 돌파는 가능해진다."

이 발언은 런정페이가 2018년에 진행된 한 인터뷰에서 자신의 감회를 전한 것이다. 런정페이는 20~30년 동안 냉대를 받으면서도 묵묵히 인내했고, '우공이산(愚公移山)'처럼 어려움을 무릅쓰고 꾸준히 노력하여 성과를 올렸으며, 마침내 오늘날 모든 사람이 주목하는 화웨이를 일구어내는 것에 성공했다.

2장

뒤집어엎는 자,
무명에서 리더로 서다

HUAWEI

"제품 개발의 방향과 경영 목표에 있어서 우리는 업계 최고를 지향하고 있다. 현재 업계 최고는 지멘스, 알카텔, 에릭슨, 노키아, 루슨트, 벨 실험실 등인데 우리가 정한 제품 및 경영 기획은 모두 그들을 바짝 뒤쫓는 것은 물론 그들을 초월해야 한다.

지능망 업무와 일부 새로운 업무, 새로운 기능에 있어서 우리의 교환기가 지멘스보다 이미 앞섰다고는 하지만 제품의 안정성, 신뢰성에 있어서 우리와 지멘스 간에는 아직 격차가 있다. 우리가 오직 업계 최고를 지향해야만 비로소 생존할 수 있다."

_런정페이, 《화웨이의 붉은 깃발은 얼마나 오래 펄럭일 수 있을까》(1998)

1

거대중화의 '사국연의'

1980년대 말부터 1990년대 초까지 중국의 소형 교환기 생산기업은 야생 들풀처럼 자라나기 시작했다. 특히 주장(珠江) 삼각지 지구는 교환기 기술이 아날로그에서 디지털로 전환됨에 따라 다수의 기업이 도태하여 최종적으로 4개의 기업만이 남게 되었다. 이들은 이른바 '거대중화(巨大中華)'로 일컬어지는 쥐룽(巨龍), 다탕(大唐), 중싱 그리고 화웨이다. 이들은 1990년대의 중국 통신 시장에서 손에 땀을 쥐게 하는 한 차례의 사국연의(四國演義)를 벌였다. 그중에서 중싱과 화웨이 간의 '힘겨루기'는 오늘날까지 계속되고 있다. 거대중화 가운데 사실 중싱이 가장 일찍 설립되었는데, 화웨이보다 3년이나 앞섰다.

1980년대 미국 반도체 산업이 태동하여 당시 중국 항천부 부부장이던 첸쉐썬(錢學森)은 항천 691공장에 반도체 산업의 흐름을 바짝 따라가 줄 것을 요구했다. 이에 1981년 당시 691공장 기술과 과장이었던 허우웨이구이가 미국으로 파견되어 기술 도입을 책임지게 되었다. 그 후 1985년, 43세였던 허우웨이구이는 691공장을 떠나 선전으로 남하하여 중싱반도체유한회사를 설립했는데 등기할 당시의 자본금은 280만 위안이었다. 그에 비해 런정페이는 자본금 2만 1,000위안으로 화웨이를 설립했고 진정한 의미에서 그는 맨손으로 일어선 것이다. 당시 생존을 위해 중싱은 주로 저급 전자제품의 원자재를 가공하는 일을 했다. 이는 화웨이 초창기 때와 유사한 것으로 먼저 생존하고 나서 서서히 발전을 도모하는 방식이었다.

허우웨이구이는 여러 차례 전신(전자통신) 업계에 투신하게 된 이유를 밝혔다. 그는 전신 업계의 거대한 시장 규모를 꿰뚫어 보았고, 자신이 보유한 기술의 강점을 충분히 발휘할 수 있다는 점 때문이었다.

1986년, 중싱은 68문 소형 교환기를 연구하여 제작하기 시작했다. 그리고 그로부터 1년 후 런정페이가 화웨이를 창립했다. 1990년, 허우웨이구의 주도 하에 중싱의 첫 번째 디지털 교환기인 ZX500이 성공적으로 시장에 출시됐다. 1992년, 중싱의 ZX500A 농촌 지역 전화기 전용 교환기의 실험국이 순조롭게 개통됐고, 1993년까지 중싱의 2000문 국용 교환기의 설비 용량은 이미 18퍼센트를 점유한 상태였다.

1995년에 중싱은 국제화 전략을 개시했는데 이것은 화웨이보다 1년 앞선 것이었다. 그리고 1년 뒤 방글라데시로부터 교환기 설비 구축과 관련된 프로젝트의 총도급 계약을 성사시킨다. 1997년에는 선전 증권 거래소 A주에 상장했고, 2004년에는 홍콩에서 상장하여 중싱은 중국에서 첫 번째로 A+H주 형태의 상장회사가 되었다. 허우웨이구이 역시 2004년 CCTV에서 선정한 '중국 경제 올해의 인물'로 선정되어 높은 평가를 받았다.

중싱과 화웨이의 발전 과정을 비교해보면, 두 기업이 걸어온 경로가 대단히 유사하여 마치 쌍둥이 같다는 것을 발견할 수 있다. 이것은 그 이후 20여 년간 서로 간의 피비린내 나는 경쟁과 쌓이고 쌓인 원한을 만들어낸다. 이에 비해 쥐룽과 다탕은 금수저를 물고 태어난 일종의 재벌 2세 격이라고 할 수 있었다.

쥐룽은 여러 국유기업이 1994년에 발기하여 설립되자마자 우장싱이 1991년에 발명한 04 만문기(약칭 04기)를 활용해 시장을 공략했다. 04기의 위세는 대단히 막강하여 3년이라는 짧은 기간 동안 누계 판매량 1,300만 회선을 넘었고 총액은 100여 억 위안에 달했다. 그야말로 중국 전역에서 인기를 누린 것이다.

그로부터 3년 후 1998년에 다탕이 설립됐는데, 이는 화웨이보다 11년이나 늦은 것이었다. 하지만 다탕의 전신은 40년의 역사를 지닌 전신과학기술연구원으로 기술 실력이 탄탄했고, 중국 정부는 국가적인 차원에서 다탕에 대해 전폭적인 지원과 성장의 발판을 제공했다.

1998년 다탕은 설립된 그해에 9억 위안의 매출액을 올렸다. 쥐룽과 중싱 간의 격차는 크지 않았는데, 쥐룽의 매출액은 30억 위안을 넘었고 중싱은 40억 위안을 넘었다. 반면 화웨이는 이 세 기업의 매출액 총합을 넘어 무려 89억 위안을 달성했다.

중국의 통신 업계는 정부 차원의 지원 및 기술 실력에 관해서는 베이징에 기반을 둔 쥐룽과 다탕이 선전에 위치해 있는 중싱과 화웨이

보다 훨씬 낮다는 데에 일치된 의견을 보였다. 하지만 예상 밖에도 가장 먼저 몰락한 것은 사람들을 놀라게 하며 무대에 등장했던 쥐룽이었다. 04기 성공에 힘입어 쥐룽은 중국 전체 인터넷 총량의 14퍼센트를 점유했지만 04기 기술로부터 벌어들이는 사용료 수입에 안주했다. 그것을 한평생 무위도식할 수 있는 일종의 금광으로 여기며 후속 발전을 위한 노력을 경시하고 말았던 것이다.

새로운 기술은 사람의 의지에 의해 움직이는 것이 아니다. 그것은 목숨을 걸고 거센 물결을 뚫고 나아가든지 아니면 새로운 기술에 의해 잔인하게 짓눌려 산산조각이 되는 것이다. 04기는 제멋대로 수권이 되어 쥐룽의 경영은 엉망이 되고 업체들 간에도 가격 전쟁이 벌어졌는데, 화웨이는 그 빈틈을 공략해 쥐룽의 지역 기반을 대대적으로 침투했다.

1990년 중후반에 이르러 중싱과 화웨이는 모두 만문기의 연구개발 및 보급을 실현했다. 또한 농촌에서 도시로 향해 나아가기 시작했고, 국제 기업들과 시장을 놓고 경쟁했다. '본지 디지털 교환기와 접속망 간의 V5.1 인터페이스 기술 규제'라는 정부의 도움을 받아 거의 모든 수입 교환기를 도태시켰다. 중국의 국산 교환기는 새롭게 규모가 확대된 시장에 순조롭게 진입하며 80퍼센트의 높은 점유율로 완벽하게 일어서게 되었다.

중싱과 화웨이 그리고 상하이벨은 이 과정에서 최다 수익을 올리며 중국 SPC 교환기 시장에서 가장 높은 점유율을 보유한 상위 3개의 회사가 되었다. 쥐룽과 다탕은 디지털 접속망에 제대로 따라가지 못했고, 심지어 전망이 없다고 생각했다. 새롭게 데이터의 용량이 증가하는 절호의 기회가 왔음에도 이를 잡지 못하며 쥐룽은 이때부터 몰락의 길로 접어들게 된다.

한 걸음 늦으면 모든 발걸음이 늦어지는 통신 업계에서 '신속함'은 여지없이 발휘되었고 뒤처지면 곧 죽음을 맞이하는 것과 같았다. 그 후 몇 개의 커다란 신흥 시장 즉 이동통신, 광통신, 데이터통신 영역에서 '거대(쥐룽과 다탕)'는 마찬가지로 반응이 늦어 발전할 수 있는 좋은 기회를 놓쳤고 화웨이와 중싱보다 갈수록 뒤처지게 되었다.

2001년에 이르러, 화웨이의 매출액은 이미 255억 위안을 달성했고 이윤은 20억 위안을 넘어섰다. 중싱의 매출액도 140억 위안을 달성했고 이윤은 5억 7000만 위안이었다. 다탕은 후발주자였지만 20억 5,000만 위안을 달성했다. 쥐룽의 매출액은 1998년의 30여 억 위안에서 4억 위안도 채 되지 않는 수준으로 급하락했고 9,000만 위안의 적자를 보았다. 2002년 이후 국내 시장에서는 이미 쥐룽의 그림자를 찾아볼 수 없게 되었다.

다탕의 시작은 대단히 높은 수준이었다. 심지어 TD-SCDMA(국제전기통신연합의 3G와 관련된 3대 표준 중 하나로 나머지는 WCDMA, CDMA2000이다)의 지식재산권을 보유하고 있었지만 안타깝게도 쥐룽과 마찬가지의 오류를 범하고 만다. 이동통신, 광통신 및 데이터통신 분야의 시장을 놓쳐버리고 스스로 앞으로 나아갈 수 있는 길을 끊어버린 것이다.

중국의 3대 통신사업자 중 중국이동 한 곳만이 TD-SCDMA 방식의

3G 네트워크망을 채택했는데, 2014년에 이르러 상용화된 지 5년에 불과한 3G 통신은 4G 통신소로 교체되었다. 이에 따라 다탕이 10년간 누릴 수 있었던 표준 특허비용 관련 수입도 부쩍 줄어들게 되었다.

설상가상으로 다탕의 시장 의식, 마케팅 능력은 화웨이와 중싱보다 훨씬 약했다. 2003년에 이르러 다탕의 매출액은 18억 위안에 불과했고, 이는 화웨이의 6퍼센트, 중싱의 8퍼센트에 해당되는 수치였다. 이미 다탕은 화웨이 및 중싱과 함께 거론될 수 있는 동일한 수준의 기업이 되지 못했다.

다탕의 2017년 연도 보고에 따르면, 2017년 다탕 전신의 매출액은 43억 위안으로 2016년에 비해 39퍼센트 감소했고, 2016년의 적자 규모인 약 18억 위안은 2017년 26억 위안으로 늘었다. 이와는 대조적으로, 2017년 화웨이는 전 세계에서 매출액 6,036억 위안을 거둬들여 전년 동기 대비 15.7퍼센트가 늘어났고, 순이윤은 475억 위안으로 전년 동기 대비 28.1퍼센트 증가했다.

체제의 문제, 기업가의 문제, 기술 발전 추세에 대한 판단의 문제, 경영 수준의 문제가 함께 뒤엉켜 천천히 다탕의 목을 조르고 있었다. 이로 인해 다탕은 재기에 대한 의욕은커녕, 가쁜 숨소리를 내쉬며 목숨을 겨우 부지하는 상황에 처하게 되었다. 거대중화의 한 구성원으로서 똑같이 주어진 기회 앞에서 4개 기업의 운명은 완전히 판이했다. 그중 '거대'는 앞선 기술을 보유한 채 창설되었지만 기술 갱신의 흐름을 따라가지 못해 결국 몰락하고 말았다.

1993년 이후의 런정페이는 '기술 돌파'가 화웨이에 미치는 거대한 추동력을 절실히 느끼게 되었다. 동시에 시시각각 기술 연구개발의 리스크와 압박감을 체감하게 된다. 화웨이가 상대하는 고객은 갈수록 수준이 높아지고, 경쟁상대도 점점 강대해지고 있다. 향후 몇 년 동안 화웨이는 상하이벨, AT&T, 중싱과 생사를 걸고 시합 무대에 오르게 될 것이다. 승자는 모든 것을 독식하고 패자는 나무가 쓰러지면 모든 원숭이가 뿔뿔이 흩어지듯 따르던 사람들도 모두 흩어지게 될 것이다. 또한 선진 기술을 장악하지 못하면 링 위에서 흠씬 얻어맞게 되고, 심각하게는 땅에 내동댕이쳐져 다시는 일어서지 못하게 된다. 런정페이의 말을 빌리면 다음과 같다.

"전자정보산업에 있어서는 선두주자가 되는 것과 도태되는 것
외에 갈 수 있는 제3의 길은 없다."

1993년에 화웨이는 미국 실리콘 밸리에 '반도체 연구소'를 세웠고, 1999년에는 댈러스(Dallas)에 연구소를 설립했는데, 그 의도는 화웨이의 기술 수준과 소프트파워를 향상시키기 위해서였다.

1994년 말, 화웨이는 베이징연구소 설립을 계획하고 진행했다. 1996년에 베이징으로 파견된 류핑이 베이징연구소 소장을 맡았다. 당시 런정페이는 연구소에 명확한 지시를 하달하지 않았고, 류핑 역시 당시에는 연구소에 많은 직원을 채용하지 않았다.

한번은 런정페이가 연구소 시찰을 마치고 류핑에게 "자네, 지금 왜 이곳에 약간의 인원만 있는 것인가? 내가 자네에게 사람들을 채용하

라고 말하지 않았나?"라고 물었다. 이에 류핑은 매우 조심스럽게 "사장님, 디지털통신과 관련하여 어떤 제품을 만들 것인지 아직 확정되지 않아 직원을 많이 채용하더라도 아직은 할 일이 없습니다"라고 대답했다. 그러자 런정페이는 다소 격앙된 말투로 "내가 자네에게 사람을 채용하라고 하면 자네는 바로 채용해야 하는 것일세. 할 일이 없다면 사람을 채용하여 모래를 씻게 해도 된다네"라고 말했다. 이리하여 류핑이 베이징연구소에서 해야 할 중요한 업무는 각종 수단을 통해 직원을 채용하는 것이 되었다.

직원을 채용해도 만약 그들이 만들 제품이 없다면 어떻게 해야 할까? 류핑은 곧 베이징연구소에 하나의 소프트웨어를 협의하는 부서를 설립한다. 왜냐하면 장래에 어떤 디지털통신 제품을 만들게 되던지 통신규약은 누락될 수 없는 것임이 분명했기 때문이다. 소프트웨어를 협의하는 부서는 각종 통신규약을 연구했다. 이는 곧 런정페이가 말했던 '모래를 씻는 일'에 해당된다. 나중에 이 부서는 화웨이의 통신규약 소프트웨어 스택(Software Stack)을 개발하여 화웨이 디지털통신 각종 제품의 플랫폼이 되었고, 화웨이가 나중에 협대역에서 광대역으로 넘어가는 데 있어서도 견실한 기초가 되었다.

1995년 설립부터 1997년까지 베이징연구소는 더디고 긴 축적의 시기에 처해 있었고 중대한 연구 성과는 없었으며, 설령 이와 같다 할지라도 런정페이는 해마다 태연하게 막대한 돈을 계속 투자했는데 이에 대해 결코 아까워하지 않았고, 추호도 그 뜻을 굽히지 않았다. 심지어 1996년 말에 그는 1억 위안의 돈을 투입하여 지상 6층짜리 연구소 빌딩을 사들였고, 또 거의 1억 위안의 돈을 들여 내부 리모델링을 했는데, 1999년이 되어서야 비로소 완공되었다. 그만큼 런정페이가 연구 개발에 있어서 거액의 돈을 쓰는 '큰손'이자 호탕하고 박력 있는 인물이라는 것을 알 수 있다.

1997년에 이르러 베이징연구소는 높은 수익을 올리는 시기로 들어섰을 뿐만 아니라 여러 중대한 프로젝트를 잇달아 돌파했다. 이후 화웨이의 STP(신호 전송점), ISND(종합 정보 통신망) 단말 제품, 광대역망, ADSL(비대칭 디지털 가입자 회선), 광대역 서버 등은 모두 베이징연구소의 기술 축적에서 비롯되었다.

베이징연구소에서 연구개발한 접속 서버 관련 제품인 Quidway A8010가 출시된 이후, 직접 연결 서버의 가격은 모 외국 회사의 매 회선당 1만 2,000달러에서 수백 위안으로 떨어졌고, 화웨이의 시장 점유율은 한때 70퍼센트 이상으로 중국의 조기 인터넷망 보급에 지대한 공헌을 했다.

설사 화웨이의 숙적인 시스코라고 해도 접속 서버는 용량 및 호환성에 있어서 화웨이의 A8010에 비교될 수 없었으므로 중국 전신 시장의 수요에 부합되는가는 더욱이 말할 필요도 없었다. 1999년 우전부 전수소는 A8010를 참조하여 국가 차원의 접속 서버 관련 표준을 제정했다. 이렇듯 중국의 접속 서버 관련 시장은 기본적으로 화웨이에 의해 통제되었고, 줄곧 국제 표준이라며 자부해왔던 시스코는 중국에서 화웨이에 의해 매우 어려운 상황에 처하게 되었다.

2000년에 이르러 류핑이 베이징연구소를 떠날 때 연구소의 인원은 이미 1,000명을 넘어섰다. 화웨이는 베이징연구소와 같은 연구소를 전 세계적으로 14개나 갖고 있었다. 거대중화 및 도태되어버린 수백 개의 소형 교환기 기업의 입장에서 볼 때 거액의 자금을 투입하여 연구개발을 했는지 안했는지의 여부만으로도 그들의 운명은 이미 결정되었다고 말할 수 있다.

한번은 렌샹 그룹의 양위안칭(楊元慶) 총재가 화웨이를 방문하여 런정페이에게 렌샹 그룹이 '하이테크 렌샹' 전략을 추진하려 한다고 말하자, 런정페이는 선호하지 않는다는 표정으로 다음과 같이 말했다.

"렌샹 그룹이 기술형 기업으로 발전하고자 하는데 이는 무척 어려운 일이다! 화웨이는 1년에 수십 억 위안의 연구개발 비용을 투입하고 있지만 이를 통해 겨우 수십 억 위안을 벌어들이고 있을 뿐이다. 이와 같은 '높은 투입, 높은 산출'의 업무 방식은 이미 형성되었다. 렌샹 그룹이 충분한 연구개발 비용을 투입한다고 해도, 만약 고가에 팔지 못하고 단기적으로 수익을 거두지 못하면 주주와 투자자는 승낙하지 않을 것이니 역시 어려운 일이다!"

사실 렌샹 그룹은 '기술 개발을 통한 무역'의 길로 나아갈 수 있는 기회가 있었고, 화웨이의 유력한 경쟁상대였던 적이 있다.

1992년 렌샹 그룹은 니광난(倪光南)의 주도 하에 국용 SPC 교환기의 연구개발 프로젝트를 시작했고 전신 시장에 뛰어들었다. 1994년 1월 1일에 이르러, 렌샹의 첫 번째 교환기인 LEX 5000이 허베이성(河北省)

랑팡(廊坊)에서 순조롭게 개국했는데, 수용할 수 있는 이용자 수는 화웨이 C&C08 2000의 2.5배였다. 11월 15일, 중국의 쩌우자화(鄒家華) 국무원 부총리와 후치리(胡啓立) 전자공업부 부장은 렌샹 그룹을 시찰했고, 그다음 해에 LEX 5000은 중국의 톱 레벨의 단위, 즉 중난하이(中南海) 안의 중국공산당 중앙위원회 판공청(사무 기관)과 국무원 판공청에 구매되어 조달되었다.

렌샹 그룹은 브랜드, 자금과 기술 등의 각 방면에서 화웨이에 비해 우월했지만 이때 '내부 갈등'이 벌어지면서 1995년 니광난은 렌샹 그룹의 모든 업무에서 배제되었다. '기술 개발을 통한 무역'의 길도 이로써 중단되었고 렌샹 그룹의 두 번째로 큰 사업이던 SPC 교환기 부문 또한 연기처럼 사라져버렸다.

그 이후 주도권을 잡은 류촨즈는 렌샹 그룹의 몸집을 불리기로 결정했다. 일단 단 시간 내에 IBM 합병, Dell 서버 부문 합병, 모토로라 합병 등을 통해 전 세계를 향해 나아가며 확실히 이를 성취해냈다. 흡사 재물 운이 일어나는 것처럼 보였으나 그만큼 무거운 부담을 어깨에 짊어지게 되었다. 그러나 그것을 자신의 진정한 실력으로 전환시키지 못했다.

2008년 이전까지만 해도 규모가 확대되던 렌샹 그룹은 줄곧 화웨이를 억누르고 있었다. 그러나 화웨이는 뒷심이 갈수록 강해져 2014년 이후 렌샹 그룹과의 거리를 확실하게 벌려놓았다. 2017년 렌샹 그룹의 매출액은 3,162억 6,300만 위안이었는데, 이것은 화웨이의 절반 수준이었고 순이윤은 겨우 50억 4,800만 위안(그중 매출액이 차지하는 비중이 가장 큰 렌샹 그룹이 렌샹홀딩스 측에 가져온 순이윤과 회사 이익상관자가 보유해야 하는 순이윤은 모두 마이너스였다)으로 대략 화웨이의 10분의 1 수준이었다.

이렇게 수년 동안 렌샹 그룹은 단지 2퍼센트의 연구개발 비용을 투입(화웨이는 장기간 10~15퍼센트 정도를 유지했다)하여 겨우 전통적 개인용 컴퓨터(PC)사업의 세대교체와 업그레이드를 유지했고, 반도체와 하드 디스크, 패널 등의 상관 영역에서는 제로 상태로 머물렀다.

1997년 런정페이는 성탄절 무렵 미국의 휴스(Hughes), IBM, 벨 실험실 및 휴렛팩커드(Hewlett-Packard)를 방문했다. 그 후 〈우리는 미국인으로부터 무엇을 배워야 하는가〉라는 한 편의 글을 작성하여 중국과 미국의 기술 개발에 있어서의 거대한 차이점을 다음과 같이 밝혔다.

"IBM은 매년 약 60억 달러의 연구개발 비용을 투입한다. 각 대기업의 연구개발 비용은 매출액의 10퍼센트 정도로 이를 통해 기회를 창조한다. 우리 중국은 이 방면에 있어서는 비교적 낙후되어 있고, 종종 기회가 이미 발생한 이후에 기회에 대한 필요성이 나타나곤 한다. 화웨이만이 정확한 판단을 하여 기회를 잡고 성공을 취한다. 그런데 이미 선두에 서 있는 세계의 저명한 기업들은 연구개발에 의지하여 기회를 창조해내고 소비를 유도한다. 그들은 '기회의 창문'이 열려 있는 단시간 내에 이윤을 석권하며 더욱 큰 기회를 창조하기 위해 자금을 투입한다. 이것이 바로 그들이 우리보다 발전이 빠른 근본적인 원인이다."

수많은 중국 기업은 요령을 피우는 데 능숙하지만 황무지를 개척하는 사업은 하고 싶어 하지 않는다. 그러면서도 외국 기업의 등 뒤를 바짝 따라가는 것에 심취해 있고, 외국 기업이 먹다 버린 음식으로 배를 채우면서도 피곤한 줄 모르고 계속하여 그것에 탐닉한다.

화웨이는 고되고 힘들더라도 살아있는 먹잇감을 잡아먹는 독수리가 될지언정, 썩은 고기를 주워 먹는 독수리가 되지는 않을 것이다. 비용을 따지지 않고 연구개발에 투자하는 런정페이가 있기 때문이다. 덕분에 '화웨이의 대폭발'이 존재했고 화웨이는 아주 깔끔하게 상하이벨과 AT&T, 루슨트를 압도할 수 있었다.

2

상하이벨과 맞붙다

상하이벨은 일찍이 휘황찬란하고, 운명이 파란만장하며, 오늘날까지 미래를 쉽게 점칠 수 없는 회사다. 1984년 중국 우전부와 벨기에의 벨이 연합하여 회사를 세웠는데, 이를 약칭으로 '상하이벨'이라 불렀다. 이는 중국 통신 영역에 있어서 첫 번째 합자기업이자 1980년대 및 1990년대 중국 SPC 교환기의 대표적인 공급업체로 선도적 기업 가운데 하나였다.

1993년 저장성 이우(義烏)에서 화웨이의 C&C08 2000문 디지털 교환기가 상하이벨 시장에 충격을 가하기 시작했다. 비록 당시 화웨이의 C&C08에 작은 문제가 끊임없이 발생하고 있었지만 상하이벨의 설비는 업데이트가 느리고, 화웨이의 민첩함과 융통성에 비해 여러 면에서 현격히 뒤처져 있었으며, 서비스 의식도 크게 부족했다. 이는 자연스럽게 화웨이가 발전할 수 있는 기회를 제공해주었다.

상하이벨에 초점을 맞춘 런정페이는 《마오쩌둥 선집》에서 배운 지혜, 즉 '농촌으로 도시 포위하기' '큰길은 내버려 두고 양쪽 점령하기' 전략을 활용하여 우회하며 포위 공격을 시도했다. 화웨이는 상하이벨의 역량이 미칠 수 없는 광대한 농촌으로 동북, 서북, 서남 등지의 낙후한 도시에서부터 착수하여 저가 전략을 구사함으로써 '가격 내리기' 경쟁을 유발했다. 점차 상하이벨의 시장에 압박을 가하며 영역을 축소시켰다. 급기야 1998년에 이르러 화웨이의 매출액은 처음으로 상하이벨을 넘어섰는데 71억 8,000만 위안으로 전자정보 계통의 100대 기업 중 10위에 랭크되었다. 1999년에는 120억 위안의 매출액을 올려 10위 자리를 유지했다.

베이징연구소의 기술 돌파에 힘입어 화웨이는 디지털통신 시장에 대거 진군했고 스스로를 '광대역 도시 지역 네트워크'의 선도자로 규정했다. 앞서 화웨이 베이징연구소가 STP(신호망의 핵심 설비)를 개발해 냈다고 언급했는데, 당시 국내 네트워크에서 사용되는 STP는 주로 노텔과 상하이벨 것으로 당시 화웨이의 설비는 주로 전신망의 말단, 즉 C4, C5 단국(현향국)에 설치되었다. 만약 화웨이의 STP가 전신망에 진입할 수 있다면 단번에 전신망의 첨단 수준에 오를 수 있으므로 중요한 전략적 의의를 갖고 있었다. 따라서 비록 화웨이가 몇 대의 STP도 판매할 수 없을 것이라는 예측, 즉 리이난은 기껏해야 10대 정도 팔 수 있을 것으로 보았지만 베이징연구소는 온 역량을 집중하여 연구를 계속했다.

인촨(銀川)에서 순조롭게 개국한 이후 화웨이는 하이난(海南)의 STP

경쟁 입찰 중 상하이벨과 맞붙게 되었다. 입찰 평가 회의에 박사 한 명이 상하이벨 측을 대표하여 왔는데 입찰 평가 인원이 그에게 상하이벨의 STP가 화웨이 것과 비교하여 어떠한 강점이 있는지 물었을 때, 그는 여봐란듯이 "화웨이의 설비와 우리 것은 근본적으로 동일한 레벨에 있지 않다"라고 대답했다.

상하이벨은 화웨이를 전혀 안중에 두지 않았지만 반대로 화웨이는 상하이벨의 STP에 대해 완벽하게 연구하여 그 약점을 제 손금 보듯 훤하게 파악하고 있을 줄 누가 알았겠는가? 절치부심하며 준비해온 화웨이 측과 교만하고 안하무인인 상하이벨 측을 비교해보면 상하이벨의 실패는 누가 봐도 당연한 것이었다.

화웨이의 STP가 세상에 나온 이후, 국가의 핵심 네트워크 외 각 성급 구역의 통신 설비는 모두 화웨이 것이었고, 각 성의 선택형 모델에 있어서도 가는 곳곳마다 성공을 거뒀다. 아울러 중국이동 STP 경쟁 입찰을 수주하여 중국 신호망의 절반 이상을 차지하게 되었다. 화웨이는 이로써 전신망의 주도권을 장악했고 동시에 중국이동 시장에 진입했다.

1997년, 당시 쓰촨성에서 상하이벨의 시장 점유율은 90퍼센트였고 가히 한 손으로 하늘을 가릴 수 있는 위세였다. 화웨이는 상하이벨의 날카로운 창끝을 피하며 화웨이 접속망을 고객이 무료로 사용하도록 했고, 이를 계기로 쓰촨성 각지의 네트워크에 분산 설치되었는데, 상하이벨은 어찌된 일인지 줄곧 무관심했다. 곧이어 화웨이는 새롭게 용량이 증가한 접속망을 확보했고, 규모를 점진적으로 확대시켰으며, 최후에 접속망 영역에서 보유하고 있는 강점을 교환기 영역으로 확장시켰다. 이러한 방법을 통해 쓰촨성 시장에서 화웨이는 점유율 70퍼센트를 확보했고 뒤늦게 상하이벨이 상황을 파악했을 때는 이미 돌이킬 수 없는 상황이었다.

화웨이의 마케팅 공세에 휘청거린 건 상하이벨뿐만 아니라 에릭슨도 심각한 상황에서 벗어나기 어려웠다. 헤이룽장성(黑龍江省)에서 화웨이는 경쟁상대의 10여 배가 넘는 기술 인원을 파견하고 모든 현의 전신국에서 육탄전을 전개했다. 가령 문제가 발생하면 그곳이 어디든 즉각 화웨이맨이 현장으로 달려갔다. 하나의 프로젝트를 확보하기 위해 화웨이는 7~8개월의 시간을 소비했고 수익률을 불문하고 투입을 감행했다. 이렇게 비용을 고려하지 않는 공격적 경영을 통해 화웨이는 국제적 대기업으로부터 점유율을 빼앗고 고객을 확보했다.

화웨이의 이리 떼와 같은 대오가 맹렬하게 공격적으로 움직이는 상황에서, 그리고 화웨이의 기술이 부단히 진보되고 있는 압박감 속에서 상하이벨은 감당할 능력이 없었고 점차 쇠퇴하게 되었다.

2002년, 결국 알카텔과 상하이벨은 합병하여 '상하이벨알카텔'로 명칭을 바꾸었다. 알카텔은 '50퍼센트+1'로 지주회사가 되었다. 그 이후 상하이벨은 알카텔의 경영 전략에 따른 몇 번의 실수 및 과오로 인해 손실을 입었을 뿐만 아니라 여러 차례 비즈니스 기회를 놓쳤다. 시장 점유율은 더욱 심각하게 축소되었고, 과거의 휘황찬란했던 모습은 더 이상 찾아볼 수 없게 되었다.

2006년, 알카텔은 루슨트와 합병하여 루슨트의 중국에서의 업무를 상하이벨알카텔에 통합시켰다. 2009년 상하이벨알카텔은 다시 '상하이벨'로 개명되었다. 2015년 노키아는 156억 유로의 가격으로 알카텔루슨트와 합병에 성공했고, 상하이벨은 또다시 '노키아상하이벨'로 개명되었다. 노키아상하이벨이 어려운 상황을 타개하고 기사회생할 수 있을지, 그리고 지주회사 노키아의 힘과 5G의 바람을 타고 다시 화려한 과거의 모습을 되찾을 수 있을지는 시장에서의 검증을 통해 판가름 나게 될 것이다.

3

난공불락의 AT&T와 루슨트

AT&T와 루슨트에 대해 이야기하자면 관심을 가져야 할 세 번의 시기
적 타이밍이 있다. 바로 1877년, 1995년, 2006년이다. 1877년은 전화
발명자 벨이 AT&T를 창립한 해다. 매우 자연스럽게 AT&T는 창립된
첫날부터 바로 업계의 우두머리가 되었다.

1925년 AT&T는 역사상 가장 성공적인 사유 실험실이라고 일컬어
지는 '벨 실험실'을 보유했는데, AT&T는 매상고의 3퍼센트를 염출하
여 실험실의 연구개발 경비로 삼았다. 벨 실험실은 통신 영역에서 전
파 천문학, 트랜지스터, 반도체, 컴퓨터 영역에서 모두 세계를 선도했
고 전파 천문 망원경, 트랜지스터, 디지털 교환기, 컴퓨터의 Unix 운
영 체계 및 C언어를 발명했다. 또한 전자적 파동을 발견하고, 정보론
을 창립했으며, 첫 번째 통신위성을 조직하여 발사했고, 최초의 상용
케이블을 부설했다. 하나의 실험실에서 차례로 11명의 노벨 물리학

상, 화학상, 의학상을 수상한 인물이 나왔으며, 9개의 미국 국가과학상과 8개의 미국 국가과학기술상을 수상하기도 했다.

상당히 긴 시간 동안 벨 실험실은 정보 영역에 종사하는 과학자들에게 있어 마음속 성지였다. 1997년 말, 런정페이는 벨 실험실을 방문했는데 그때 그가 했던 첫 마디가 "나는 젊었을 때 벨 실험실을 대단히 숭배했는데, 우러러보고 흠모하는 감정이 애정을 초월했다"였다. 줄곧 기념사진을 찍지 않았던 런정페이는 그를 수행하기 위해 따라온 리이난을 데려와 유명한 삼극 트랜지스터의 발명자인 존 바딘(John Bardeen)의 기념 장소 앞에서 함께 사진을 찍기도 했다. 실험실을 참관할 때는 숭배하며 존경하는 심정으로 바딘이 50년 전에 삼극 트랜지스터를 발명했을 당시에 썼던 작업대 앞에 한참을 서 있었다. 벨 실험실의 관계자가 바딘의 삼극 트랜지스터 발명 50주년을 기념하는 기념품을 건넬 때 런정페이는 마음에서 진정 우러나오는 모습으로 자신이 크나큰 영광을 느낀다고 표현했고, 아울러 바딘은 벨 실험실의 바딘일 뿐만 아니라 전체 인류의 바딘이라고 칭송했다.

AT&T의 막강한 독점적 지위로 인해 1984년 미국 정부는 '반독점법'에 근거하여 AT&T를 분해해버렸다. 하지만 새로운 AT&T는 여전히 막강했고 세계 제일이었으며, 1994년 AT&T의 매상고는 무려 700억 달러였다!

1995년 AT&T 매출은 그야말로 최고조에 달했다. 비록 2000년 눈사태처럼 무너지기 전에 AT&T의 주가는 급상승했지만 비즈니스 측면에서 보자면 1995년부터 시작하여 AT&T는 스스로 파멸했다. 즉 미국 경제가 전체적으로 회복되는 형세 아래 주가가 폭등하자 주주(투자 기금, 은행 등)들은 주식을 통한 단기적 이익 확보를 위해서 AT&T를 세 부문으로 분할했다. 전신(電信) 서비스 업무에 종사하는 AT&T, 설비 제조 업무에 종사하는 루슨트, 컴퓨터 업무에 종사하는 NCR로 분리된 것이다. 벨 실험실은 주체적으로 루슨트를 추종했고, 점차 혁신 능력을 상실했으며, 더 이상 세계를 떠들썩하게 만드는 발명이 나오지 않고 있다.

재미를 조금 보자 AT&T와 루슨트는 다시 각각 분할되었다. 2000년 주식시장의 거품이 터지기 전에 4년간 루슨트의 주가는 13배가 되어 시가 총액 2,440억 달러에 도달했다. 하지만 곧 눈사태처럼 무너졌는데, 루슨트의 주식은 약 100달러까지 갔다가 0.55달러로 하락했다! 2001년, 루슨트는 벨 실험실의 거의 모든 연구 부문을 폐쇄했고, 과학자와 엔지니어들이 구글 등 신흥 인터넷 회사로 흘러들어가면서 벨 실험실은 유명무실하게 되었다.

2006년 루슨트는 알카텔에 의해 111억 유로의 가격에 합병되어 알카텔루슨트로 개명되었다. 그로부터 10년이 지난 2015년, 알카텔루슨트는 다시 노키아에 의해 156억 유로의 가격에 합병되었다. 특별히 짚고 가야 할 것은 우리에게 익숙한 노키아 휴대폰이 비록 성공을 거두지는 못했지만 노키아는 결코 사망하지 않았다는 점이다. 노키아는 휴대폰 사업부를 마이크로소프트에 매각하여 54억 4,000만 유로의 현금을 획득했고, 매년 특허권으로 얻는 수입도 있다. 현재의 노키아는 이미 통신 설비를 위주로 하는 과학기술 회사로 전환되었고 이 업종에서 유럽의 전통적인 거두 에릭슨을 초월하여 세계 3위를 달리며 화웨이와 시스코 바로 뒤에 랭크되어 있다.

루슨트가 쇠락해지자 AT&T는 오히려 더욱 용맹해졌다. 이는 AT&T에 있어서 역사적 전통이 있는 것이다. 역사상 AT&T는 여러 차례 분할을 겪었지만 분할될수록 더욱 강해졌다. AT&T에서 분열되어 나온 수많은 '작은 벨 회사'는 점차 지역 차원의 통신 거두가 되었고, 최후에는 점차 MCI, Sprint, Verizon 및 T-Mobile 등의 새로운 거두로 진화했다.

2005년 원래 '작은 벨 회사' 중 하나였던 사우스웨스턴벨은 160억 달러의 가격으로 AT&T를 합병했다. 합병 이후 기업은 AT&T의 사명을 계승했지만 로고는 바꾸었다. 2007년, 새로운 AT&T는 글로벌 500대 기업 중 86위에 랭크되었다. 2018년, AT&T는 글로벌 500대 기업 중 20위에 랭크되었고, 영업 수입은 1,605억 5,000만 달러였고, 이윤은 294.5억 달러였다.

합병에 큰 관심을 갖고 있던 AT&T는 2016년에 854억 달러로 워너미디어를 합병하여 내용상 배급회사가 되었고, 각종 미디어 선전의 활용을 통해 고객용 설비를 독점적으로 차지하고자 했다.

2017년, AT&T는 또한 390억 달러로 T-Mobile과의 합병을 시도했다. AT&T와 T-Mobile은 각각 미국의 2위, 4위인 이동통신사업자로 합병이 된 이후 AT&T는 장차 현재 미국 1위의 통신사업자인 Verizon(주목해야 할 것은 T-Mobile과 Verizon 모두 AT&T에서 분할된 회사라는 점이다)을 초월하게 될 것이었다. 그런데 미국의 반독점 부문의 확고한 반대에 부딪혀 AT&T는 최종적으로 합병을 포기한다.

1994년 AT&T는 중국에 진입한다.

AT&T에 대한 다소 장황한 소개 내용을 살펴보고 나면, 화웨이가 마주하고 또 도전해야 했던 상대가 얼마나 무서운 적수였는지 알 수 있을 것이다.

화웨이는 상하이벨, 캐나다 노텔(Nortel, 가공할 만한 것은 캐나다 노텔도 또한 AT&T에서 분열되어 나온 회사라는 점이다)을 물리친 이후, 곧이어 AT&T와 정면으로 충돌하게 되었다. 1995년에 AT&T가 분열되면서 중국에서의 설비 제조 업무는 루슨트에 의해 계승되었고, '루슨트차이나'로 불리게 되는데 이는 곧 화웨이의 새로운 경쟁상대였다.

벨 실험실이라는 강력한 뒷받침이 있었기 때문에 루슨트차이나는 제멋대로 시장을 선점했다. 8개의 지구 사무처를 설립했고, 두 개의 벨 실험실 지부, 4개의 연구개발센터 및 상당 수의 합자기업 및 독자기업을 설립했다.

대응 전략으로써 런정페이는 '지리(지리적 이점)'에 기초하면서 '인화(인적 화합)'의 카드를 대대적으로 구사했다. 화웨이의 엘리트 요원들은 런정페이의 지시에 따라 사방팔방에서 PR을 했고, 백 번 꺾여도 굴하지 않으며 루슨트의 많은 고객을 집요하게 빼앗았다.

2000년 중국은행 총부는 전국적인 콜센터를 건설하기 시작했다. 루슨트와 중국은행은 수년간의 협력 관계가 있었고, 이 프로젝트가 결실을 맺으면 루슨트는 순조로울 것으로 예상되었다. 하지만 화웨이맨은 그 어려움을 알면서도 박차고 나갔고, 중국은행 총행 행장은 화웨이의 실력을 인정할 수 밖에 없었다. 가장 핵심이 되는 부분을 성사시켰으므로 나머지 일은 곧 파죽지세의 형국이 되었다.

2000년 인터넷 거품 붕괴의 영향을 받아 루슨트의 주가는 눈사태처럼 폭락한 이후 원상회복하지 못했다. 루슨트차이나도 개척의 발걸음을 멈추게 되었고, 연이어 패배하여 물러났다. 화웨이와의 100차례 이상에 걸친 교전 가운데 루슨트차이나는 대부분 실패하는 것으로 결말이 났다.

어쨌든 2006년이 되어서야 루슨트는 알카텔에 의해 111억 유로의 가격으로 합병되었고, 알카텔루슨트로 개명되었는데, 심지어 그로부터 10년 후에 다시 노키아에 의해 합병되었다. 합병된 이후의 알카텔루슨트는 여전히 런정페이의 경쟁상대가 되지 못했다.

2008년 중국전신의 첫 번째 CDMA 공개 입찰 중 화웨이는 베이징, 광저우, 원저우를 포함하는 여러 핵심 도시의 CDMA 무선망 관련 수주를 확보했고, 중싱은 중서부 18개 도시의 네트워크 구축 및 용량 확대 관련 수주를 지켜냈다. CDMA 전문기업 알카텔루슨트는 입찰 가격이 높았던 탓에 패배했고, 광둥성 시장에서의 점유율 50퍼센트의 비중을 지키지 못하면서 화웨이가 1위를 차지하게 되었다.

그로부터 수년 후, 알카텔루슨트의 CEO 미셸 콤브(Michael Combes)는 '2013년 알카텔루슨트 기술 대회'에서 에릭슨과 화웨이는 모두 알카텔루슨트의 잠재적 경쟁상대이며 화웨이가 최대의 강적임을 인정했다. 하지만 싸움에서 패배한 장수인 콤브는 이미 화웨이의 예리한 안목을 따라가지 못했다. 2013년 화웨이의 전체 매출액은 392억 달러였고 알카텔루슨트는 단지 190억 달러였는데, 이는 화웨이의 절반에도 미치지 못하는 것이었다.

그 이듬해, 화웨이의 매출액은 465억 달러로 증가했고, 알카텔루슨트는 부진과 후퇴로 인해 매상고가 159억 달러로 줄어들어 화웨이의 3분의 1 수준이 되었다. 설령 노키아를 합병했다고 하더라도 2017년, 이 '실패자 연맹'의 매출액은 여전히 화웨이의 3분의 1도 되지 못했다.

이때 중국 국내에서는 이미 화웨이에 대항할 수 있는 외국 기업은 존재하지 않았다. 일찍이 중국에서 아무 거리낌 없이 갑질 횡포를 부리며 수많은 돈을 착취했던 여러 다국적 거두는 기본적으로 화웨이와 중싱에 의해 국경 바깥으로 축출되었고, 중국 국내 브랜드의 제품이 주요 시장을 장악하게 되었다. 당초 '7국8제'로 인해 외국 기업에 의해 통제를 받았던 국면은 이제 더 이상 존재하지 않게 된 것이다!

하지만 이야기는 끝나지 않았다.

모든 세상 일이 돌고 도는 것처럼, AT&T는 화웨이에 패배를 당한 이후 2018년 1월에 이르러 미국 본토 시장에서 미국 정부의 압력을 받아 화웨이와의 협력을 포기함으로써 미국에서는 화웨이의 휴대폰을 판매하지 않는다. 미국 시장에서 90퍼센트가 넘는 스마트폰은 모두 통신사업자의 채널을 통해 판매되고 있기 때문에 AT&T와의 협력이 무산된 것은 화웨이의 입장에서 매우 큰 손실이다. 화웨이가 미국에 대대적으로 진입하고자 시도했지만 아직은 먼 길을 걸어야 할 것이다.

그들의 원한은 아직 끝나지 않았다.

4

F7과 26,
중화 20년 원한

'F7'은 화웨이를 지칭하고, '26'은 중싱을 지칭하는데 각각 상대방의 입에서 만들어진 호칭으로 상당히 조롱하거나 비웃는 듯한 의미를 가지고 있다.

화웨이의 한자 병음인 HuaWei의 약자는 HW인데 공교롭게도 영어의 부부, 즉 Husband&Wife와 동음이며 이로 인해 중싱 직원들은 'F7(구체적으로 F7는 부부를 의미하는 중국어의 부처(夫妻, fuqi)의 표기 중에서 fu의 F와 qi의 동음어인 칠(七, qi), 즉 7을 조합하여 명명된 것이다-옮긴이)'이라는 말로 화웨이를 대신 지칭한다. 한편 중싱의 영문 약칭은 ZTE인데, Z는 알파벳 중에서 26번째 글자이므로 화웨이맨은 이것으로 중싱을 대신 지칭한다.

F7과 26이 서로 사랑하고 서로 상처준 지도 어느덧 눈 깜짝할 사이에 20여 년이 되었다. 하나의 산에서 두 마리의 호랑이가 호령할 수는

없는 법인데, 공교롭게도 화웨이와 중싱은 기화와 인연이 딱 들어맞아 모두 선전이라는 쇼윈도 도시에서 탄생한 마치 일란성 쌍둥이 같았다.

둘은 거의 동시에 스타트했고, 기본적으로 동일한 제품 라인을 만들어왔으며, 같은 시장 환경에 직면해왔다. 공교롭게도 둘 다 발전 과정은 그런대로 괜찮았지만 초기에 중싱은 기술에 편중했고, 화웨이는 마케팅에 강점을 갖고 있었다.

자원은 항상 부족했기에 화웨이와 중싱이 각자 일정한 정도로 성장하고 난 이후에는 두 마리 호랑이가 서로 다투는 국면을 맞이했다. 서로 조화를 이룰 수도 피할 수도 없었다.

결국 칼자루에 피를 묻혀야 하는 순간이 도래했다. 1998년 후난성, 허난성(河南省) 등 두 성의 교환기 경쟁 입찰에서 화웨이는 특별한 입찰 문서 하나를 건넸다. 이 입찰 문서에서 화웨이는 자신의 제품을 중싱의 제품과 상세히 비교했고, 아울러 화웨이 제품이 성능에 있어서 중싱보다 훨씬 더 우수하다는 것을 완곡하게 표현했다.

그러나 런정페이가 예상하지 못했던 것은 이튿날, 중싱이 화웨이의 방식을 그대로 차용해 전면적으로 화웨이에 타격을 가하는 입찰 문서로 교체하고, 최후에 거액의 주문서를 강탈하듯 따냈다는 것이다.

이것은 모든 곳에서 경쟁을 통해 선점할 것을 요구하는 런정페이의 견지에서 볼 때 참고 용납할 수 있는 것이 아니었다. 그는 신속하게 '법률 무기'를 꺼내들어 허난성 고급인민법원과 창사시(長沙市) 중급인민법원에 중싱을 기소했다. 고발장에 '중싱전원'과 '화웨이전원'에 대해 사람들로 하여금 오해를 유발할 수도 있는 비교 자료를 만들어 이를 각 언론 미디어가 앞다투어 보도하도록 만들었다.

중싱의 허우웨이구이도 "눈에는 눈, 이에는 이"로 되갚아주었다. 최종적으로 사방에서 소송이 일어났고 화웨이와 중싱은 각각 절반의 승리를 거두었다. 화웨이는 중싱에게 180만 5,000위안을 배상하도록 요구받았고, 중싱도 화웨이 측에 89만 위안을 배상하도록 요구받았다. 배상금의 액수로만 볼 때는 화웨이가 좀 더 손해였다. 그러나 화웨이는 소송에서는 졌지만 오히려 브랜드와 시장을 얻음으로써 지명도를 크게 높였다.

1998~2000년까지 중싱의 연간 매출액은 41억 위안에서 102억 위안으로 증가했는데, 이때 화웨이의 연간 매출액은 89억 위안에서 220억 위안으로 증가했다. 중싱에 대한 화웨이의 우세는 격차가 크게 벌어졌고, 일거에 왕자로서의 지위를 구축했다. 그러나 이후 화웨이는 연이어 두 차례 패배했고, 중싱은 화웨이를 바짝 따라잡았다. 화웨이의 왕좌에 가까이 접근하자 형세는 일시에 미묘해졌고 이는 런정페이를 매우 우울하게 만들었다.

1998년, 화웨이와 중싱은 모두 중국롄통(中國聯通, 차이나유니콤)의 제1차 CDMA95 프로젝트 공개 입찰 경쟁을 준비했지만 퀄컴과의 지식재산권 문제가 아직 해결되지 않아 잠시 미루었다. 'CDMA95 프로젝트를 계속 보류할 것인가, 아니면 중심을 다른 쪽으로 이동할 것인가?' 화웨이와 중싱은 모두 전략적 취사선택을 감행해야 했다. 선택이 올바르면 한걸음에 비상할 수도 있고, 선택이 잘못되면 실패하여 돌이킬 수 없는 상황이 될 수도 있었다. 런정페이는 중국롄통이 단기간 내에 CDMA 프로젝트에 착수할 수 없을 것으로 보았고, 또한 WCDMA 는 유럽의 표준이므로 미래에 3G 시장에서의 가장 큰 파이가 아닐 수도 있다고 보았다. 그래서 반드시 더욱 앞선 기술인 CDMA2000을 선택해야 한다고 보았다. 그래서 화웨이는 신속하게 원래의 CDMA95 팀을 해체시키고, 대대적인 자금을 투입하여 CDMA2000을 공략하기로 방향을 전환한다.

그런데 중싱의 허우웨이구이는 화웨이와 반대되는 결정을 내리고는 CDMA95를 연구개발하고 동시에 적은 자원을 투입하여 CDMA2000을 연구했다. 허우웨이구이의 분석은 중국렌통이 분명히 CDMA 프로젝트에 착수할 수 있을 것이고, 95 표준은 GSM에 비해 손색이 없다고 판단했다. 또한 안정성을 고려할 때 모바일 네트워크는 95 단계의 테스트 검증을 거치지 않고 곧바로 2000으로 뛰어넘어갈 수 없다고 보았다. 설령 2000의 연구개발로 방향을 전환하게 되더라도 95 표준이 필요하다고 생각한 것이다.

2001년 5월, 중국렌통은 다시 입찰 공고를 냈다. 최종 선택은 중싱의 CDMA95였다. 이로써 중싱은 일거에 10개 성에서 모두 7.5퍼센트의 점유율을 획득했다. 곧이어 1기 우세를 몰아 중싱은 다시 '렌통 CDMA 2기 구축' 공개 입찰에서 승리하며 12개 성에서 총 15억 7,000만 위안 규모의 설비 조달 계약을 추가로 획득했다. 중싱의 강력한 반격으로 화웨이는 두 차례 입찰 선정에서 단 한 푼도 얻지 못하게 됐다. 그러나 런정페이를 더욱 우울하게 만든 것은 이것이 아니었다.

2000년 일본에 유행했던 '시티폰' PHS 기술이 UTStarcom에 의해 중국에 도입된 이후, 런정페이와 화웨이는 다시 한번 중대한 선택 앞에 직면하게 된다. 시티폰은 곧 PAS(Personal Access Phone System) 통신 방식으로 조금 더 간단히 말하자면 전화선이 없는 고효율로, 기존의 전화 회선으로 전체 시를 커버하는 기지국을 구축하여 무선 신호를 발사하는 것이었다. 당시 중국에서 국내 휴대폰 통화 요금과 단말기의 가격은 비교적 비쌌는데, 시티폰은 번호가 길지 않고 송신자가 요금을 부담했기 때문에 휴대폰을 사용하는 것보다 더욱 편했다. 물론 시티폰도 결점이 있었다. 커버하는 권역이 넓지 않고 신호가 약하여 이용자로부터 "시티폰을 손에 들고 비바람을 맞은 채 서서 고개를 들고 가슴을 펴면 통화가 되지 않는다"는 핀잔을 듣곤 했다.

런정페이는 PHS 기술이 낙후되어 미래의 3G로 진화할 수 없을 것이며, 앞으로 5년 안에 도태할 것으로 보았다. 따라서 화웨이는 전략적으로 PHS 기술을 포기했고, 대량의 자금을 당시 전 세계적으로 아직 상용화되지 않았던 3G 사업에 투자했다. 3G 제품을 연구하고 개발하기 위해 화웨이는 직원 약 2,000명을 투입했는데, 이것은 화웨이 전체 인원의 절반에 해당하는 것이었다.

2001년에 이르러, 화웨이는 최초로 업계의 우두머리와 동시에 3G 제품을 출시하여, 전 세계에서 소수만 가능한 일련의 상용 시스템을 제공할 수 있는 업체 중 하나가 된다. 그러나 전 세계적으로 IT 거품이 꺼지면서 중국의 3G 면허는 기약도 없이 막연해지게 될 거라고는 예상하지 못했다. 화웨이의 3G 사업은 오직 인풋(Input)만 있고 아웃풋(Output)이 없었는데, 3년 동안 단 한 푼도 벌지 못했던 것이다!

결국 3G 면허를 더 이상 기다릴 수 없게 되자 런정페이는 오직 해외 시장에서만 전전할 수 있을 뿐이었고, 큰맘 먹고 해외 통신 거두에 무리하게 대들어 숨을 쉬지 못할 정도로 뭉개지게 되었다.

런정페이는 몹시 조바심이 나서 3G 프로젝트가 있다는 소리가 들리기만 하면 그곳이 어디든 곧바로 비행기를 타고 날아갔다. 2003년 말에 이르러 화웨이의 3G 제품은 결국 파천황처럼 UAE의 한 프로젝트를 경쟁 입찰을 통해 따내면서 '0'의 돌파를 실현했고, 그렇게 화웨이의 3G 제품은 기사회생하게 되었다.

공교로운 점은 화웨이가 시티폰 사업을 포기한다고 선포한 지 며칠이 지나 허우웨이구이가 전 직원들에게 향후 시장에서 중싱의 주요 제품은 바로 시티폰이라고 말했다는 점이다. 중싱은 또 한번 화웨이가 포기한 밭(시장)을 주워 정성들여 갈고 조심스럽게 희망의 씨앗을 심었던 것이다.

중싱은 UTStarcom과 함께 중국 전신 시티폰의 공급업체가 되었고 일본 교세라(京セラ)의 시티폰을 '주문자 상표 부착 생산(OEM)' 형태로 판매했다. 그런데 예상하지 못했던 것은 시티폰이 중국에서 강대한 생명력을 발산하고 대유행을 하여 중싱, UTStarcom 및 루슨트로 하여금 셀 수 없을 정도의 어마어마한 돈을 벌어들이게 만들었다는 것이다. 2004년 말에 이르러 시티폰 이용자 수는 이미 6,000만 명에 달했다.

중싱이 CDMA와 시티폰 시장을 획득한 이후 화웨이와의 격차는 초고속으로 좁혀졌다. 2003년 중싱은 연간 매출액 251억 위안을 달성했는데, 그중 시티폰 사업이 3분의 1을 차지했고, 화웨이의 매출액은

317억 위안으로 두 기업 간에는 겨우 66억 위안의 차이만 존재할 뿐이었다!

UTStarcom은 심지어 화웨이를 겨냥해 업무 범위를 확장했다. 시티폰의 높은 이윤을 토대로 소프트 교환, 광네트워크(Optical Network) 및 무선 제품의 판매를 잡아놓고, 기회를 엿보아 화웨이의 기반을 빼앗을 계획을 세웠다.

이에 런정페이는 철저히 각성하고 참혹한 실패를 반성하며 결국은 시티폰 사업을 시작하기로 결정한다. OEM 판매 방식이기 때문에 기술상의 어려움은 존재하지 않았다. 런정페이는 2억 위안을 투입하면서 한 가지만을 요구했는데 "높은 이윤은 필요 없고, 손해를 보는 것도 안 되며, 스스로 자신을 돌보면서 발전을 위해 자금을 굴려라!"라는 것이었다.

통신사업자와의 관계망은 화웨이의 강점으로, 이러한 전략이 결정된 이후 판로를 개척하는 것은 대단히 쉬웠다. 2003년 11월, 화웨이는 자체의 시티폰을 출시했다. 또한 화웨이는 제품에 대해 판매 이후 보장을 하지 않는 창의적인 전략을 채택했다. 휴대폰을 출하할 때 파손율에 따라 추가로 통신사업자에 일정 수량의 휴대폰을 제공했고, 고장이 나면 곧바로 새것으로 교환해주었다.

빠른 속도로 화웨이는 시티폰 시장에서 점유율 25퍼센트를 달성했다. 화웨이의 참여는 시티폰의 가격을 빠르게 하락시켰고, 사람들은 매우 환영했지만, 시티폰 폭리 시대 또한 이로써 끝나게 된다.

한 시기 좋은 시절을 보냈던 UTStarcom은 2003년의 순이익이 2

억 달러나 되었지만 화웨이의 저격 하에 2004년에는 7,000만 달러까지 뚝 떨어졌고, 2005년과 2006년에는 각각 4억 8,700만 달러와 4억 8,200만 달러의 손실을 입게 된다. 2007년에 이르러 중국전신(中國電信)은 시티폰 PHS 네트워크를 폐쇄했고, 시티폰은 철저히 흘러간 역사가 되어버렸다.

시티폰 사업에서의 실수와 오류는 단말기 사업을 화웨이의 중점 업무가 되도록 했고 독자적인 휴대폰 부문을 구축하도록 만든다. 오늘날 명성이 자자한 화웨이 휴대폰은 여기서부터 출발한 것이다.

여기에서 런정페이와 허우웨이구이의 큰 차이점이 드러난다. 즉 런정페이는 군인 기질을 갖고 있어 탁월함을 추구하고, 모든 것은 오로지 승리를 쟁취하기 위한 것이며, 집체주의를 추앙하고, 절대 복종을 중시한다. 또한 경영에 반드시 일정한 틀이 있음은 물론 엄격하고, 상벌이 분명하며, 효율을 추구하고, 집행력이 막강하며, 대규모의 자금을 리스크가 높은 영역에 진취적으로 투자하고, 시행착오를 격려하며, 용인과 마케팅에 있어서 하나의 방식에 얽매이지 않고 일을 과감하게 처리한다. 화웨이는 사실 하나의 상업화된 대군영인 것이다.

한편 허우웨이구이는 전형적인 지식분자에 속하는데 유아(기품이 있는 것)하고 온화하며, 온건하고 중용을 중시하며, 과격한 행위를 하는 경우는 매우 적다. 또한 기술의 발전 궤적을 좇아가는 것을 좋아하지만, 화웨이처럼 기술을 창조하지는 않는다. 허우웨이구이의 경영은 상대적으로 느슨하며, 수도(물이 흘러 도착하는 것)하면 자연스럽게 취성(도랑이 생기는 것)하게 되는 것으로 즉 조건이 성숙되면 일은 자연히 이루어진다는 논리다.

이 기술 간부 출신의 기업가에게는 자신만의 투자 철학이 있었는데 그것은 "나는 수많은 것을 뒤쫓아 왔는데 이 기회가 대단히 크다는 것을 인식하게 되면 곧 속도를 내지만, 기회가 크지 않다고 인식하게 되면 금세 포기하게 된다"는 것이었다. 그는 확실히 수많은 사안에 대해 정확하게 살피지만 그와 상응하게 강렬한 공격성이 결여되어 있고, 지나치게 침착하거나 적극적으로 나아가려고 하는 정신이 부족하다. 그 결과 화웨이와 동일한 출발선 위에 서 있었지만 추후 화웨이와의 격차가 갈수록 벌어지게 된다.

허우웨이구이와 런정페이에게 몇 가지 공통점이 있다면, 그들 모두 일 이외에는 그 어떤 취미도 없다는 것과 공개적인 미디어와의 인터뷰를 극도로 꺼리고, 매우 내성적이라는 점이다. 허우웨이구이는 일찍이 "나는 한 명의 연극배우가 아니어서 무대 위에 등장하는 일에 서툴다. 따라서 더욱 견실하고 착실하게 기업의 경영과 관리 업무에 종사하기를 원한다"라고 말한 적이 있다.

인터넷에 다음과 같은 문장이 올라온 적이 있었는데 이로써 런정페이와 허우웨이구이의 차이점을 간단하게 귀납할 수 있을 것이다.

· **왕도(王道)란 무엇인가?**
  상대방이 말을 듣지 않으면 짓밟고 지나가는 것이다.
· **패도(霸道)란 무엇인가?**
  상대방이 말을 잘 듣는다고 해도 짓밟고 지나가는 것이다.

· 유도(儒道)란 무엇인가?

상대방을 짓밟고 지나가기 전에 그에게 말로 알려주는 것이다.

런정페이는 대체적으로 패도에 편중되어 있고, 허우웨이구이는 유도에 더욱 접근해 있다. 중싱 집행부총재를 맡고 있을 당시 허스유(何士友)는 허우웨이구이와 런정페이에 대해서 다음과 같이 묘사한 적이 있다.

"1992년 내가 처음으로 허우웨이구이를 만났을 때 국영기업의 공장장, 한 명의 원로 엔지니어라는 느낌을 받았다. 그는 사람에 대해 비교적 자애롭고 우호적이었으며 인성화(人性化)의 일면을 비교적 강조했다. 반면 내가 만난 런정페이는 완전히 군사화(軍事化)의 방식에 따라 사람을 관리하며 상벌이 비교적 명확했다. 그는 좋은 일은 스스로 매우 신속하게 할 수 있다고 보았고, 만약 당신이 일을 잘 해낸다면 그는 당신을 하늘 높이까지 추켜세울 것이다. 하지만 잘 해내지 못한다면 아마도 당신을 발로 짓밟을 것이다. 이는 화웨이 직원 간의 경쟁을 매우 격렬하고 잔혹하게 만들고 있고, 모든 직원이 각자 거대한 업무의 압력을 받고 있는 탓에 화웨이에서 일하는 친구 한 명은 매일같이 잠을 자면 악몽을 꾼다고 말한 적이 있다."

한편 류핑도 다음과 같이 비슷한 평가를 내리고 있다.

"화웨이의 '책임자' 런정페이는 일견 한 명의 늙은 농민처럼 보인다. 그는 또한 수시로 자신을 '농민'이라고 자처하기도 한다. 어떤 때에는 해맑게 웃으면 그의 얼굴 전체에 주름이 가득해진다. 한번은 내가 런정페이와 함께 우전국에서 방문한 손님을 접견한 적이 있는데, 그는 말하는 도중 감정이 북받쳐 오르면 격앙되어 손님들에게 강연을 하곤 했다. 중싱의 책임자 허우웨이구이는 겉보기에는 흡사 한 명의 은퇴한 원로 엔지니어와 같은데, 온화하고 세련되며 늘 침착하게 말한다. 한 차례 중국이동의 계약서 서명을 기념하는 연회에 참석했을 때 나는 허우웨이구이 및 중국이동의 리더와 같은 테이블에 앉을 기회가 있었다. 자리에 앉아 있는 동안 허우웨이구이는 단지 빙그레 웃기만 할 뿐 말수가 매우 적었다. 두 사람의 성격은 이렇게 매우 다르지만, 이러한 사실은 그들이 성공한 기업가가 되는 것을 결코 가로막지 못한다. 성공한 사람들은 서로 각기 차이점이 있는 것이다."

창업자의 성격은 두 회사의 성격과 기질을 결정했다. 중싱의 직원은 종종 자유롭게 의복을 착용하며 분위기도 편안하다. 반면 화웨이의 경우는 금세 분위기가 '엄숙하고 긴장되며, 단결하고 활발하다'는 것을 느낄 수 있다. 직원들은 양복 차림에 가죽 구두를 착용하고 재빠르고 민첩한 상태로 언제라도 곧바로 전쟁터에 투입될 수 있도록 정신 무장을 하고 있어야 한다.

업계 인사는 "만약 당신이 한데 모여 무리를 이루고 있는 사람들이 나타나는 것을 보게 된다면 그것은 분명히 화웨이맨일 것이다. 만약 홀로 말을 타고 적진에 뛰어드는 사람이 있다면 그는 아마도 중싱의 사람일 것이다"라고 종종 말한다.

업계에 따르면 '화웨이는 이리(狼)고, 중싱은 소(牛)'다. 화웨이를 이리라고 말하는 것이 결코 과도한 것이 아니듯, 중싱도 '황소고집'이 만만치 않고 시장을 선점하기 위해서는 이리와 마찬가지로 사납고 맹렬하며, 추호도 양보하지 않는 것은 물론 상대방을 반드시 사지로 내몰아버린다.

해외 시장에서 화웨이와 중싱은 여전히 천적으로 처참하게 경쟁하며 장기간 피비린내 나는 쟁탈전을 벌이고 있는데, 다시 말해 중싱 직원이 있는 곳에는 늘 화웨이 직원이 있다고 말할 수 있다.

중싱과 화웨이는 거의 동시에 해외 시장에 대한 탐색과 개척을 시작했다. 2000년에 이르러 화웨이는 이미 아시아, 아프리카, 라틴아메리카에서 안정적으로 자리를 잡고 유럽과 미국을 향해 용감하게 전진했다. 2003년 인도의 MTNL(Mahanagar Telephone Nigam Limited)이 실시한 한 차례 공개 입찰 중 화웨와 중싱은 각각 인도의 현지 협력 파트너와 동시에 프로젝트 경쟁에 참여했다. 화웨이의 입찰 신청 가격은 34억 5,000만 루피였고, 중싱의 입찰 가격은 이보다 조금 더 높았는데 최후에 MTNL이 선택한 것은 화웨이였다.

허우웨이구이는 분노했고, 빠르게 화웨이의 입찰 문서 중에서 누락된 부분 한 군데를 찾아내 이와 관련된 통계 자료를 MTNL 측에 송달했다. 비록 이 행동이 화웨이가 낙찰받는 결과를 바꾸지는 못했지만 화웨이로 하여금 매우 번거로운 상황을 초래했고, MTNL이 하나의 특별 조사팀을 파견하는 바람에 런정페이를 노발대발하게 만들었다.

2004년 중싱은 네팔 시장을 공략하기로 결정했다. 그곳은 화웨이가 가장 먼저 진입하여 장기간 공을 들이며 가장 삼엄하게 방어하고 있던 해외 시장이었다. 이를 위해 중싱은 본전을 까먹으면서도 400만 달러에 100만 회선 CSM 네트워크 건설과 관련하여 경쟁 입찰을 통해 수주를 따냈는데, 이 금액은 화웨이가 제시한 입찰 가격의 절반에 불과했다!

런정페이는 노여움을 참지 못했고, 쌍방 간의 도살은 갈수록 맹렬해졌는데, 가격에 있어서 부단히 서로의 목줄을 조였기에 해외 통신사업자가 이미 급소를 찾아내는 데 이르렀다. 즉 공개 입찰을 실시할 때마다 화웨이와 중싱을 부르기만 하면, 반드시 가격이 내려가게 되었던 것이다. 쌍방 간의 경쟁은 진흙탕 속 난투극이 되었고, 가격 전쟁에 있어서 극단적인 수단을 쓰지 않는 때가 없었으며, 결국 모두 마지막 한 방울의 피까지 흘리게 되는 처참한 지경에 이르렀다.

최악의 가격 경쟁은 화웨이와 중싱에 모두 참혹하고 심각한 손실을 가져왔다. 2003년 화웨이의 순이익율은 14퍼센트였는데 2007년에 이르러 비록 영업이익이 대폭 증가했지만 순이익율은 도리어 5퍼센트로 하강했고, 중싱은 2007년 순이익율이 4퍼센트도 채 되지 못했다.

2008년, 중국의 통신 설비 관련 업자들은 결국 가장 민감한 시기인 3G 전야를 맞이하게 된다. WCDMA, CDMA2000, TD-SCDMA의 3대 표준을 도대체 어떻게 선택할 것인가?

앞날은 점칠 수 없었고, 중싱과 화웨이 모두 3대 표준에 투자를 늘릴 뿐이었다. 런정페이는 WCDMA는 유럽 표준이며, GSM과 일맥상통하므로 필경 3G 시장의 최대 파이가 될 것이라고 보았다. 이를 위해 수백 억 달러와 수천 명의 연구개발 인력을 아끼지 않고 투입하는 등 WCDMA를 향해 집중 공략을 펼쳤다.

허우웨이구이는 큰 도박을 할 기개가 없었기에 '중용지도(中庸之道)'로 대응했는데, WCDMA를 포기하지 않고 적당하게 투입했고, CDMA95 표준의 대규모 상용 기초에 의거하여 평온하게 CDMA2000을 향해 과도했으며, TD-SCDMA 방면에 있어서는 업계 내부의 국가급 기업인 다탕전신(大唐電信)을 끌어들여 공동으로 TD-SCDMA 국제 표준을 기초하여 정부의 지지를 이끌어냈다.

2008년 7월, 중국전신은 솔선하여 270억 위안을 출연하여 CDMA 네트워크에 대한 공개 입찰을 진행했는데, 이것은 중국전신이 'C망'에 접속한 이후의 첫 번째 움직임이었다. 이러한 성찬을 앞에 두고, 중싱과 화웨이가 검과 활을 뽑아 들며 육탄전을 벌이는 것은 피할 수 없는 흐름이었다.

화웨이와 중싱이 베이징에서 CDMA 관련 대규모 수주를 둘러싸고 격렬한 쟁탈전이 벌어지고 있던 이튿 날, 하나의 소식이 전해진다. 화웨이가 장차 중국의 전국에 대폭 설비를 무상 증설하고, 아울러 화웨이가 이번에 약 100억 위안의 설비 공개 입찰 중에 6억 9,000만 위안의 '최저 가격'을 제시했다는 것이다. 이것은 입찰 가격이 가장 높았던 알카텔루스트의 20분의 1에 불과한 금액이라는 전언이었다.

소식이 전해진 그날, 중싱의 주가는 A주와 H주 모두 하락했다. 첫 번째 쟁탈전에서 화웨이는 성공적으로 국내에서의 CDMA 시장 점유율을 25퍼센트로 제고시켰다.

2009년 초, 기다려왔던 WCDMA 표준 3G 면허의 중국렌통이 공개 입찰을 공고했다. 중싱과 화웨이는 다시 부딪혔다. 그들은 직원을 감축한다는 연막탄을 치면서 여론을 이용해 상대방을 억누르고자 시도했다. 심지어 중싱은 보기만 해도 몸서리 치게 만드는 공격적인 카드를 꺼냈는데, 다름아닌 입찰 가격이 '0'이었다!

그러나 중싱의 WCDMA 영역에서의 실력은 사실상 보통이었다. 연구개발 및 시장에서 우세했던 화웨이에 훨씬 못 미쳤기에 결국에는 20퍼센트의 시장 점유율을 가졌을 뿐이다. 한편 화웨이는 31퍼센트의 점유율에 해당하는 수주를 따냈다. 이로써 화웨이는 과거에 중싱에 당했던 것을 설욕했다! 차가운 바람 속에서 이를 악물며 수년간 뜻을 견지한 런정페이가 최후의 승리를 거머쥔 것이다.

하지만 화웨이와 중싱 간의 각종 경쟁 및 공방전은 아직 끝나지 않았다.

2005년 보다폰 그룹에서 마케팅을 주관하는 한 명의 고위급 경영인이 화웨이를 방문하여 3G 데이터 카드가 있는지의 여부를 물었다. 그런데 무심코 던진 이 질문은 곧 엄청난 이윤을 가져오는 프로젝트로 이어졌다. 당시의 데이터 카드는 이용하기가 무척 어려웠는데, 설치하기 위한 프로세스가 필요했고 또한 복잡한 설치를 진행해야 했으며, 구동도 오직 CD를 이용해야만 가능했다. 이때 화웨이맨의 초강력 창조성이 발현되었다. 화웨이의 연구개발 인원은 구동과 설치가 필요 없도록 데이터 카드 내부에 메모리 카드를 장착함으로써 컴퓨터가 해당 설치 절차를 자동적으로 처리하는 것은 물론 설치를 직접 내장된 설치 프로그램 안에서 해결하여 복잡한 설치 과정을 간소화하는 방안을 구상해낸다.

이러한 작고 작은 개진을 거치며 화웨이의 데이터 카드는 매우 빠르게 글로벌 데이터 카드 시장에 불을 붙여 활활 타오르게 했고, 시장 점유율은 70퍼센트까지 올라갔다. 이는 이를테면 "당신이 했던 것처럼 나도 똑같이 되돌려 준다"의 방식이었다. 당초에 런정페이가 중싱의 시티폰을 방해했을 때와 유사하게 허우웨이구이에게 '후발제인'(後發制人)을 선사한 것이다.

허우웨이구이는 공격적인 '저가 가격' 카드를 대동하고 유럽 데이터 카드 시장에서 한 차례의 가격 혼전을 일으켰다. 2009년 화웨이의 데이터 카드 전 세계 출하량은 3,500만 개에 달했고, 중싱의 출하량도 2,000만 개를 넘었다. 화웨이와 중싱이 가격 전쟁을 크게 벌여 데이터 카드의 이윤율은 1년에 90퍼센트 이상 떨어졌고, 200유로였던 데이터 카드의 판매가격이 17유로로 떨어지면서 화웨이는 막대한 손실을 입었다.

가장 일찍 데이터 카드를 만들었던 벨기에 회사 Option은 분노했다. 2006년 Option의 시장 점유율은 72퍼센트였는데, 화웨이와 중싱이 데이터 카드 시장의 대문을 발로 걷어차며 진입한 이후 Option의 시장 점유율은 27퍼센트로 폭락했고, 2009년에 이르러서는 가련하게

도 5퍼센트로 대폭 추락하게 되었다. 심각하게 손실을 입은 Option은 유럽 연합(EU)에 중국에서 생산된 데이터 카드에 대해 '반덤핑' 조사를 요구했고, 2010년 유럽 연합은 중국에서 수입되는 데이터 카드에 대해 반덤핑 조사를 진행했다. 만약 덤핑으로 인정될 경우, 화웨이와 중싱은 장차 재난적인 징벌에 직면하게 될 것이었고 심지어 유럽 시장에서 퇴출될 가능성도 있었다. 화웨이는 Option과 두 번의 '쓸모없는 거래'를 빌미로 Option 측에 3,500만 유로를 지불하며 이 일을 종결시킬 수밖에 없었다.

당시에 어떤 사람은 중싱도 수익자이므로 마땅히 함께 돈을 지불해야 한다고 제기했다. 이에 대해 런정페이는 거절하며 "화웨이로 하여금 중국의 전자통신 산업을 위해 한 차례 전심을 기울일 수 있도록 해주길 바란다!"라고 말했다.

오늘날 중싱은 이미 화웨이에 의해 격차가 현저히 벌어졌다.

2017년 중싱의 영업이익은 약 1,088억 위안으로 전년 동기 대비 7.49퍼센트 증가했고 순이익은 53억 위안, 순이윤율은 4.8퍼센트였다. 연구개발비는 129억 6,200만 위안을 투입하여 영업이익의 11.9퍼센트를 차지했다. 이와 비교하여 화웨이는 2017년 전 세계에서 매출액 6,036억 위안을 실현하여 전년 동기 대비 15.7퍼센트 증가했고, 순이익은 475억 위안으로 전년 동기 대비 28.1퍼센트 증가했다. 연구개발비는 897억 위안을 투입하여 영업이익의 14.9퍼센트를 차지했다.

중싱뿐만 아니라 기타 국제적 통신 업계의 우두머리(선두주자)를 화웨이와 비교해보아도 부족함이 드러나는데, 즉 에릭슨의 2017년 영업이익은 약 255억 9,200만 달러, 순손실액은 44억 7,600만 달러였다. 시스코의 영업이익은 480억 달러, 순수입은 96억 달러로 전년 동기 대비 11퍼센트 감소했다.

이러한 경쟁기업에 대해서 화웨이의 전 이사장 쑨야팡(孫亞芳)은 일찍이 격정으로 가득찬 총결산을 한 적이 있다.

"중싱이 존재했기 때문에 화웨이는 감히 잠을 더 잘 수 없을 만큼 내몰렸고, 생사를 걸고 앞을 향해 나아갈 수 있었다. 객관적으로 볼 때 이는 우리와 서방 기업 간의 격차를 단축시키는 데 촉진 작용을 했다. 따라서 중싱의 존재는 화웨이에게 있어서 유익한 것이었다. 중싱이 바짝 추격해옴으로써 우리로 하여금 살 찐 양과 게으른 양이 태어나지 않도록 했고, 위기감으로 충만하고 민감성을 가지도록 했다. 게으른 양이 폐를 끼치지 않는 회사는 반드시 생존할 수 있다. 양의 무리는 우두머리 양의 인솔에만 의존해서는 안 되고 외부의 위협에도 의존해야만 양의 무리가 비로소 단단하게 단결하여 앞을 향해 나아갈 수 있다. 중싱뿐만 아니라 또한 많은 경쟁상대가 모두 화웨이로 하여금 진보하도록 만들었다.

특히 최근 10년간, 서방의 유명한 회사가 중국에 진입했는데 그들은 경쟁자일 뿐만 아니라 우리의 교사이자 롤모델이었다. 그들이 자신의 집 문 앞에서 무엇이 국제 경쟁인지, 무엇이 진정한 세계 선진인지를 가르쳐주었기에 우리는 알 수 있었다. 그들의 판매 전략과 직업화 소양, 상업 경영 품덕 등은 모두 우리에게 적지 않은 교훈과 이익을 주었다. 우리는 바야흐로 학습 중에 성장하고 경쟁 중에 강력해지고 있다. 지구촌 경쟁자들의 신속한 진보와 발전은 마찬가지로 우리로 하여금 기세 등등함을 깊이 느끼게 하고, 실로 조금이라도 해이해질 경우 그 격차는 다시 벌어지고 더욱 커질 것이다. 국내의 동종 업계 형제들이 바짝 추격해온 것 역시 우리를 조금이라도 나태할 수 없도록 만들었고, 객관적으로 우리의 신속한 진보를 촉진시켰다. 경쟁은 모든 사람으로 하여금 부단히 혁신하도록 압박하며, 협력과 혁신을 더욱 빠르고 효과적으로 만든다."

2016년 74세를 맞이한 허우웨이구이는 정식으로 은퇴했다. 중싱을 30년간 관장하며 비즈니스 세계에서 부침을 겪었고, 과거에 남하하여 창업했던 용맹스럽고 재기 넘치던 중년 인물은 비록 여전히 온화하지만 세월이 엄습해오는 것을 막기는 어려웠다. 인생이 원만해야 신양천년(頤養天年, 몸과 마음을 보양하며 천수를 누리는 것)을 할 수 있으므로 허우웨이구이는 은퇴 이후 중싱과 관련된 구체적인 모든 업무에 대해 더이상 참여하지 않을 것이라고 선언했다. 또한 참여할 필요도 없어졌으며, 물러난 이후의 생활이 더욱 풍요로워지기를 희망했다.

그러나 "나무는 고요하게 있고 싶지만 바람이 멈추지 않는다(樹欲静而風不止)"고 하는 것처럼, 모든 일이 그의 희망대로 되지는 않을 것임을 어찌 짐작이나 했겠는가? 그로부터 겨우 2년이 지나 중싱이 미국의 제재를 받게 되면서 이 76세의 노인은 부득불 강호 세계에 다시금 발을 담글 수밖에 없었고, 자신의 여위고 약한 몸을 이끌고 위급한 상황에 처해 있는 중심을 다시 지탱하고 있다. 인생에서의 '운'이란 무상한 것으로 실로 뭐라고 말하기가 참으로 어려운 것이다.

3장

내일을 위해 반드시 오늘을 바꿔라

HUAWEI

나는 각지의 '유격대장'들이 자유롭게 실력을 발휘하도록 그들의 이야기를 가만히 듣는다. 사실 나도 그들을 이끌 수 없다. 수십 년 전만 해도 거의 판공회 등과 같은 회의는 개최한 적이 없고, 항상 각지로 날아가서 그들의 보고를 청취하며 그들이 말하는 대로 했고 그들을 이해하고 아울러 지지했다. 연구개발 인원의 자유분방한 생각과 뒤죽박죽인 모습의 이른바 연구개발 관련 이야기를 들으면서 당시에는 그야말로 명확한 방향을 가질 수 없었다. 흡사 유리창 위의 파리처럼 도처에서 벽에 부딪혔고, 고객으로부터 일부 개선해달라는 요구를 들으면 분발하여 기회를 찾아 나설 뿐이었다. 그러니 재무 관리와 관련해서는 말할 나위도 없었다. 나는 근본적으로 재무를 이해하지 못했고, 이는 내가 재무 방면의 일을 잘 처리하지 못했던 것과 관련이 있다.

1997년 이후, 회사 내부의 사상이 혼란해지고 각종 주장이 난립했다. 이른바 각 제후들은 모두 자신의 실력을 드러내어 회사가 어디를 향해 가야 할 지에 대해 요점을 파악할 수 없게 되었다. 그래서 나는 인민대학 교수들에게 하나의 '기본법'에 대해서 토론할 것을 요청하여, 많은 사람들이 발산하는 사유를 모으는 데 활용하고자 했다. 하지만 수차례 오고 간 토론에서 나도 모르는 사이에 흡사 춘추전국과 같았던 상황은 소리 소문도 없이 사라지게 되었던 것이다.

_런정페이, 《화웨이의 붉은 깃발은 얼마나 오래 펄럭일 수 있을까》(1998)

1

처음 혼란을 겪다

일반적으로 보면 창업한 지 10년이 지난 런정페이는 이미 성공한 기업가였고, 화웨이 또한 기업으로서 그 미래는 밝고 형세는 매우 좋은 편이었다.

1996년, 화웨이는 한 해 동안 매출액 26억 위안을 달성했다. 이때의 화웨이는 이미 고속도로를 달렸고 당시의 발전 속도대로라면 몇 년 지나지 않아 중국 최대의 통신 설비 제조회사로 우뚝 설 것이 분명했다.

모두가 춤추고 노래하며 태평하게 있는 가운데 런정페이는 옆에서 냉정하게 지켜보는 사람 역할을 했다. 그의 눈에 비치는 화웨이는 앞날이 밝으면서도 동시에 위기가 사방에 도사리고 있었다. 다시 말해, 화웨이는 7명이 맨손으로 일으킨 것이고 살아남겠다는 이상을 위해 모든 사람의 심사는 제품을 만들어내는 것에 있었다. 직원들 모두 자발적으로 목숨을 걸고 일했고, 식사와 생활 모두를 회사 안에서 해결했으며, 어떤 때는 제대로 된 숙소를 생각할 수조차 없었는데 화웨이의 이른바 '매트리스 문화'는 이 시기에 형성된 것이다.

화웨이의 판매원은 천남해북(톈진·난징·상하이·베이징)으로 바쁘게 뛰어다녔다. 대부분의 대상 지역은 멀리 떨어진 궁벽한 곳에 위치한 도시 및 마을이었지만 수고를 마다하지 않았다.

화웨이가 창업 초기 생사의 갈림길을 통과하며 의존했던 것은 전체 연구개발 인원과 판매 인원들의 '목숨을 걸고 나아가는 정신'이었다. 열정으로 창업할 수는 있지만 열정만으로는 기업의 순조로운 발전을 유지하게 할 수 없다. 마치 도덕이나 법률과도 같은데, 도덕이 비록 좋더라도 치국은 반드시 법률을 중시해야 하며 도덕에만 도움을 구할 수는 없는 것이다.

화웨이 초기 제품 개발은 다른 회사와 대동소이했는데, 엄격한 제품 생산 프로세스 개념이 없었을 뿐만 아니라 과학적 제도와 생산 공정도 없었다. 하나의 프로젝트가 성공을 거둘 것인지의 여부는 주로 리더의 '영명함'과 개인적 영웅주의에 달려 있다. 운이 좋으면 엄청나게 큰돈을 벌어들일 수 있고 운이 좋지 않으면 본전을 날리게 되는 것으로 그 불확정성과 우연성이 대단히 크다.

화웨이 초기의 JK1000 교환기 실패야 말로 이것의 예증이다. 만약 런정페이가 동시에 C&C08 2000문 디지털 교환기의 연구개발을 가동하지 않았다면 화웨이는 일찍이 도태되었을 것이다.

생사의 문을 통과한 이후, 이전에는 존재하지 않았거나 또는 경미했던 문제의 일부가 현저히 드러나기 시작했고 시간이 흐르면서 차차 치명적인 문제가 되었다. 비록 해마다 화웨이의 매출액은 갑절로 늘었지만 낭비 역시 매우 컸고, 총수익율은 점점 하강하기 시작했다. 심지어 제품 생산을 늘렸지만 수익이 늘지 않는 '수익 체감 현상'이 발생하기도 했다.

국제적으로 유명한 전신 설비 제조회사와 비교하여 화웨이 제품은 매우 많은 영역에서 조잡하고 품질이 낮다는 사실이 두드러졌다. 연구개발 주기는 업계 최고의 약 2배였지만 제때 납품하는 비율은 겨우 50퍼센트였고(국제 평균 비율은 94퍼센트), 재고 회전율은 단지 1년에 3.6차(국제 평균 수준은 1년에 9.4차)였으며, 주문서 처리 이행 주기는 20~25일(국제 평균 수준은 10일)이었다.

더욱 심각한 것은 화웨이가 서서히 '대기업병'에 걸리게 되었다는 것인데, 자기 중심으로 생각하기 시작하여 더 이상 고객의 수요에 관심을 갖지 않으려 했다. 나중에 심각하게 몇 차례 넘어지고 나서야 다시 정신을 차리게 되었다.

런정페이는 몹시 가슴 아파하며 이 시기를 다음과 같이 회고한 적이 있다.

"1990년대 후반 회사가 곤경에서 벗어난 이후, 스스로의 가치가 팽창하기 시작했고 이에 자기중심주의에 빠졌던 적이 있다. 우리는 그때 항상 고객에게 그들이 응당 무엇을 해야 하고 무엇을 하면 안 된다는 것 등을 말했고 (중략) 우리가 어떤 좋은 물건을 갖고 있고, 당신들이 어떻게 사용해야 하는지 등을 말했다. 예를 들면 NGN을 널리 알리는 과정에서 우리는 우리의 기술 이정표를 통해 반복해서 통신사업자를 설득했을 뿐 통신사업자의 수요를 듣고 반영하려 하지 않았다. 그 결과 최후에 중국에서의 모델 선택에 있어서 우리는 도태되어 아웃되었고 한 차례의 테스트 기회마저도 제공받지 못하는 상황에 이르렀다. 천신만고 끝에 우리는 비탈 밭의 기지를 시험국으로 삼을 수 있게 해달라고 요청했지만 모두 고생했음에도 불구하고 비준을 받지 못했다. 이로 인해 우리의 잘못을 깨닫게 되었고 '진흙탕에서 기어올라온 자가 성인(聖人)이다'라고 하는 자아비판 문화를 대대적으로 제창하며 스스로를 정돈하며 개선해나갔다."

1994년 화웨이의 직원 수는 모두 600명이었는데, 1995년에는 800명, 1997년에는 5,600명, 1998년에는 8,000명으로 늘었다. 그러나 '제멋대로 방임하는 식'의 방만한 경영의 폐단이 현저히 드러났다. 머리와 몸체가 분리될 지경에 이르게 된 것이다. 런정페이는 자신과 중간층의 거리가 갈수록 멀어지고 있다고 느꼈다. 그들의 생각과 업무상황을 이해할 수 없게 되었으며, 하위층 직원 또한 런정페이가 지금 무엇을 생각하고 있는지 전혀 알지 못했다. 당시 런정페이는 '천마가 하늘을 날고 있으니 땅에 곧 착륙하지는 않을 것'이라고 생각했는데 이것은 당시의 상황을 보여주는 하나의 정신적 상징이 되었다.

비록 과거의 재래식 방법을 활용하며 생존을 도모할 수 있었지만 이것만으로는 화웨이가 향후 계속해서 살아남는 것을 보장할 수 없었다. 창업은 기업가의 첫 번째 관문이고, 정규화는 두 번째 관문으로 런정페이에게 남아 있는 시간은 많지 않았다. 즉 지금 당장 착수하여 해결하지 않으면 팽창한 회사는 매우 빠르게 무너지게 될 것이었다.

기업을 설립하여 대기업으로 성장시키기 위해서는 몇 가지 단계를 거쳐야 할까?

첫 번째 관문은 모든 비용을 치르더라도 무조건 살아남아야 한다는 것이다. 이 단계에서 커다란 이상은 실제로는 의미가 없는 것이며, 단지 그것은 직원을 격려하는 데 이용할 수 있을 뿐이다. 안목과 속도가 가장 중요하고, 목숨을 걸고 일하는 팀웍이 모든 것을 결정하며, 생산 프로세스가 너무 표준화되면 오히려 이롭지 않다. 이는 하나의 영웅주의 단계고, 가치관에 의거하여 구동되는 단계며, 가장 손에 땀을 쥐게 만드는 단계이기도 하다.

두 번째 단계에 도달하게 되면 기업은 반드시 자신의 기업 문화를 형성해야 하며, 경영에 있어 관리가 필요하고 일정에 따라 직업화와 프로세스화로 향하게 된다. 기업은 매우 평범하게 출현하는데 잘 싸우는 자는 혁혁한 공을 내세우지 않고, 훌륭한 의사는 휘황찬란한 이름을 내세우지 않는다. 영웅이 출현하여 위험한 국면을 만회시키는 일이 적은 것은 바로 기업이 성숙을 향해 나아가고 있음을 보여주는 것이기도 하다. 그런데 나날이 발전했던 많은 기업이 이 단계에서 자신의 몸무게(회사 규모)를 질량(품질)으로 전환시키지 못하면서 '중국 기업의 평균 수명은 3년에 불과하다'는 징크스 속에 사망한다.

세 번째 단계에 도달하면 기업은 이미 성숙기에 접어들지만 생산 프로세스가 경직화되고 효율이 떨어지는 문제가 점점 부각되며 분투 정신과 근검의 풍조가 사라지고 퇴색하며 기업가는 종종 온 세상을 얻은 듯한 만족감에 '계속 혁명'의 내재적 동력을 상실하게 된다.

이에 따라 기업은 초안정과 타성에 빠지게 되고, 일종의 '고정 불변'의 경직화된 모델 아래 매일 스스로를 복제하며 내부로부터 와해되기 시작한다. 만약 이 단계에서 효과적으로 개혁을 할 수 있다면 생명을 연장할 수 있지만 개혁을 하지 않거나 또는 개혁이 실패할 경우 기업은 '사망'이라는 결과만 얻게 될 뿐이다.

세밀하게 생각해보면 기업의 역사는 사실 왕조의 역사와 기본적으로 일치한다. 런정페이가 직면했던 것은 두 번째 관문이었다. 회사를 일으키는 것은 제품에 의존하는 것이고, 강대해지는 것은 제도에 의존하는 것이다. 기업의 창립에서 대기업으로 발전하기까지 반드시 없어서는 안 될 변혁과 모델링이 장차 해당 기업이 순조롭게 다음 단계로 진입할 수 있을지의 여부를 결정하게 되는 것이다. 생사를 가르는 관문을 통과한다면 드넓은 세상에서 큰일을 도모할 수 있지만 만약 통과하지 못한다면 쇠락을 향해 나아가게 되며 연기처럼 덧없이 사라지게 될 것이다. 상당히 많은 기업이 바로 이러한 타이밍에 요절하여 사람들을 매우 탄식하게 만들었다. '2차 혁명'의 중요성은 모든 기업에 있어 이와 같은 것이다.

1996년을 돌이켜보면 런정페이가 두 번째 관문에서 어떻게 난관을 극복했는지 살펴볼 수 있다.

참혹한 실패를 맛본 뒤 뼈저리게 반성하고 쓸데없는 오만함을 없애버린 이후 런정페이는 화웨이의 기업 문화를 다음과 같이 명확히 규정했다.

"화웨이는 하나의 공리 집단으로 우리는 모두 상업적 이익을 추구하고 있다. 따라서 우리의 문화를 기업 문화라고 부르며 그것은 기타 문화 또는 정치가 아니다. '화웨이 문화'의 특징은 서비스 문화다. 서비스가 있어야만 비로소 우리는 상업적 이익을 얻을 수 있기 때문이다."

런정페이의 두뇌는 매우 깨어 있었다. 1996년에 발표한 〈교만을 배척하고 자만심을 없애는 것을 다시 논하며, 사상적으로 더욱 분투하는 것에 관하여〉라는 글에서 그는 다음과 같이 논했다.

"우리는 우선 살아남아야 하는데 계속 생존하기 위한 필요충분조건은 시장을 보유하는 것이다. 시장이 없으면 규모가 없게 되고 규모가 없으면 최소한의 밑천을 확보할 수 없게 된다. 최소한의 밑천이 없어지면 높은 품질을 유지할 수 없게 되고, 경쟁에 참여하기 어렵게 되며 반드시 쇠락하게 된다."

그는 '살아남기'라고 하는 하나의 바텀라인을 강조했을 뿐만 아니라 생존하기 위해서는 반드시 대규모로 시장을 확보해야만 경쟁에서 이길 수 있고 살아남을 수 있다는 것을 명확히 설명했다. 이 시점부터 런정페이는 회사 운영, 품질 체계, 재무, 인력 자원 등 4가지 주요 방면에서 지속적이며 부단한 변혁을 진행하면서 국제적으로 통용되는 경영 시스템의 구축을 준비해나갔다.

1997년, 런정페이는 정식으로 "고객을 지향하는 것은 기초이고, 미래를 지향하는 것은 방향이다", "고객이 없다면 화웨이가 존재해야 할 아무런 이유가 없으며 따라서 고객을 위해 기여하는 것이 화웨이가 존재하는 유일한 이유다"라고 말했다.

화웨이는 반드시 제품 기술 중심으로 바뀌어야 했고, 고객을 지향점으로 삼아야 했으며, 사업 투자를 중심으로 직업화와 전체 공정의 프로세스 유동화를 실현해야 했다. 또한 무엇보다 영웅주의적 색채와 특히 리더, 창업자의 색채를 옅게 해야 했다.

런정페이의 '2차 혁명'은 이렇게 시작되었다.

2

팔뚝을 잘라 생존을 도모하다

런정페이가 들어올린 첫 번째 횃불은 마케팅부를 조준했고, 그 강력한 풍격이 유감없이 드러나 보였다. 이 사안도 중국의 전체 통신 설비 업계에 큰 충격을 안겨주었다. 1996년 2월, 마케팅부 책임자 쑨야팡의 인솔 아래 26개 각지의 사무처 주임이 동시에 화웨이를 향해 두 가지 보고서를 올렸다. 하나는 사직 보고였고, 다른 하나는 술직(업무 상황) 보고였다. 회사는 개혁의 필요에 따라 그중 어떤 것을 받아들일지 결정해야 했다. 런정페이는 회의 석상에서 다음과 같이 말했다.

"나는 오직 하나의 보고서에 서명할 수 있을 뿐이다."

업계의 다른 인사들은 화웨이가 잘난 척을 하고 있다고 비웃었는데, 예상과 달리 진짜로 6명의 사무처 주임이 교체되었다. 그중에는 마케팅부 대총재 마오성장을 포함해 대략 30퍼센트의 간부가 교체되었다.

이와 같이 팔뚝을 잘라 생존을 도모한 것은 어쩔 수 없는 상황에 내몰렸기 때문이었다.

이전에 화웨이의 주요 제품은 소형 교환기였고, 그 가격은 불과 350위안이었으며, 현급 우전국 처장, 과장 및 호텔 책임자는 곧 구매 및 조달을 결정할 수 있었다. 그러나 1996년에 이르러 만문기가 출현하면서 1건의 계약 성사는 종종 수천만 위안, 심지어 수억 위안의 규모가 되었다. 이 금액은 이미 하위급의 주관 부문이 결정할 수 있는 사항이 아니게 되었고, 때때로 공개 입찰을 통과해야 했다.

따라서 지방 사무처 주임은 기술을 중시하던 것에서 경영과 판매를 중시하는 것으로 전환해야 했고, '농촌'에서 '대도시'로 진입해야 했다. 화웨이 간부는 충전이 필요했다. '1차 창업'에서 '2차 창업'으로 사고방식을 바꿔야 했고, 유격대에서 정규군으로, PR 형태에서 시장 기획형으로 전환해야 했다. 이러한 이치는 모두 다 명백히 알고 있었지만 해낼 수 있는가의 여부는 또 다른 일이었다.

일부 사무처 주임은 '유격전'을 벌일 때는 매우 훌륭한 명사수였지만 도시에 진입하여 정규군으로 전환했을 때는 당황하여 어찌할 바를 몰랐고 역량이 턱없이 모자라 마음먹은 대로 되지 않는 현상이 두드러졌다. 많은 간부들은 현대적 경영의 경험이 결여되어 있었다. 지식 구조가 회사의 발전 속도를 따라가지 못했으며, 시장에 출시되는 새로운 제품에 대한 이해가 매우 부족했다. 아울러 그들 뒤로 매년 200퍼센트 이상 패기 있는 신입 직원이 들어오고 있었다. 이러한 모순을 해결하지 않으면 경영상의 '병목 현상'이 나타날 것이었다.

어떻게 하면 화웨이를 위해 피를 흘리며 노력한 공신들을 새로운 형세에 발맞춰 따라오도록 협조시킬 수 있을까? 그들을 계속 수용하면서 '인의'라고 하는 하나의 명성과 바꿀 것인가, 아니면 회사의 미래를 위해 모질게 마음 먹고 칼을 휘둘러 고통스럽지만 자신의 팔뚝을 잘라 생존을 도모할 것인가?

런정페이가 선택한 것은 송나라 태조 조광윤(趙匡胤)이 했던 것처럼 '가볍게 부하의 병권을 제거하는 것'도 아니었고, 명나라 태조 주원장 (朱元璋)이 했던 것처럼 철혈 수단을 사용하는 것도 아니었다. 그가 행한 방식은 '대대적인 물갈이'로, 새로운 피를 스스로 수혈하며 갱신하는 것이었다. 이러한 대대적 물갈이는 화웨이 내부에 이리 떼의 희생정신을 충만케 했다.

이리의 3대 특성은 민감하고 날카로운 후각, 불요불굴의 제 몸을 돌보지 않는 공격적인 정신, 집단적 분투 의식이다. "승리자는 잔을 들고 서로 경축하지만, 패배자는 필사적으로 목숨을 보존하기 위해 서로 돕는다", "좁은 길에서 서로 만나게 되면 용감한 자가 승리하게 된다" 등의 말은 이 대규모 사직 풍파 속에서 유감없이 발현되었다.

"내일을 위해 우리는 반드시 오늘을 바꿔야 한다."

더욱 강대하고 변화하는 이리 떼가 되기 위해 이리의 일부는 희생되어 사라졌고, 또 어떤 이리는 주동적으로 희생되는 것을 선택했다. 어떤 사무처 주임은 한 편의 글을 통해 "나는 단지 한 마리의 새이며 이 작렬하는 불꽃 속에서 불타버릴 수도 있지만, 나의 불타버린 날개의 깃털은 뒤에 오는 사람들이 전진하는 길을 밝게 비춰줄 수 있을 것이다"라고 말했다. 이러한 정경에 사람들은 모두 감동했고 현장에서는 대단한 비장함이 감돌았다.

당시 런정페이는 마케팅부 총사퇴식 연설에서 다음과 같이 말했다.

"마케팅부 간부들의 총사퇴는 곧 그들이 사상적, 정신적 차원에서 개척한 자아비판이며, 회사 간부의 직위가 유동적이라는 선례를 열었다. 그들의 이기적이지 않은 위대한 영웅적 행위는 반드시 회사 건설의 역사에 있어서 길이 빛날 것이다."

2001년 1월, 런정페이는 '총사퇴' 4주년 기념 연설에서 또 한번 이 사건에 대해 높은 평가를 내리며 다음과 같이 말했다.

"마케팅부 간부들의 총사퇴가 회사의 오늘과 미래를 건설하는 데 미치는 영향은 대단히 깊고 위대한 것이다. 그 어떤 민족, 그 어떤 조직도 신진대사가 이루어지지 않으면 그 생명은 곧 멈춰버린다. 만약 우리가 각 공신의 역사를 일일이 모두 고려한다면, 회사의 앞날은 사장되고 말 것이다. 만약 마케팅부 간부들의 총사퇴가 화웨이 기업 문화에 영향을 미치지 않았다면, 그 어떤 선진적 경영, 선진적 시스템도 화웨이에서 모두 뿌리내리지 못할 것이다."

그 이후 마케팅 이론 관련 지식을 갖고 있고 또한 실천 경험을 지닌 '본토 간부'와 '낙하산 부대(외국 기업에서 온 간부를 포함)'가 화웨이의 중앙 무대에 서게 되었다. 몇몇 일부는 충전을 거쳐 임명된 직위에서 다시 공헌했고, 최종적으로 다시 지도자급 직위로 돌아왔으며, 직위가 더욱 승격되었다. 런정페이가 보기에 간부에게 있어 기능보다 중요한 것은 품덕이고, 품덕보다 중요한 것은 의지며, 의지보다 중요한 것은 마음가짐이었다. 양호한 마음가짐이 없다면 일개 작은 풀에 불과한 것이며, 그러한 작은 풀에 아무리 물을 준다고 해도 큰 나무로 성장할 수는 없는 일이었다.

마오성장은 열반에 든 '봉황'의 모범적 사례라고 할 수 있다. '총사퇴'가 있던 당시 마오성장은 2개월째 총재를 맡고 있었는데, 단번에 직위가 내려가게 된 상황에 조금도 개의치 않았다고 하면 거짓말이겠지만 그것을 견뎌내는 길을 택했다.

1998년, 마오성장은 산둥(山東) 대표처 대표, 산둥화웨이의 총경리로 인사이동이 되었다. 1년이라는 짧은 기간 내에 산둥 사무처의 매출액은 전년 동기 대비 50퍼센트 증가했고, 순이익율은 90퍼센트에 접근했다. 산둥 사무처는 그의 인솔 하에 활기차게 번성하는 모습을 보였고, 여러 명의 핵심 간부들을 배출해냈다.

2000년, 마오성장은 화웨이의 집행부총재로 승진했고, 이는 사람들의 심금을 울리는 '영웅의 귀환'과도 같았다. 이후 런정페이는 당시의 마케팅부에 대해 다음과 같은 총결을 진행했다.

"지난번 간부들의 총사퇴 때 일부 사람이 내려간 것은 잘못 내려 간 것이고, 경쟁을 통해 초빙하여 지도자급 직위로 올라온 간부 역시 일부는 나중에 보아하니 그리 우수하지 않았다. 하지만 장기적으로 보면 또한 나쁜 일은 아니다. 왜 그러한가? 바로 이 과정에서 간부들을 단련하고 검증할 수 있었기 때문이다. 즉 일부 간부로 하여금 좌절을 경험하고 그것을 통해 자신을 연마할 수 있게 만들었다. 단련과 검증을 거친 간부만이 비로소 회사의 기둥을 짊어질 수 있고, 회사도 더욱 중요한 업무를 그에게 맡길 수 있다. 그렇지 않다면 겨울 혹은 좌절에 직면했을 때 그가 여러분을 이끌고 이러한 고비를 넘어갈 수 있겠는가?"

그 이후에도 화웨이의 '물갈이'는 계속되어 3, 4차례 더 진행되었는데 모두 화웨이라는 큰 나무가 계속해서 건강하게 자라는 것을 보장하기 위해서였다. 즉 메마른 상태로 노화된 나뭇가지와 잎은 반드시 가차 없이 가지치기의 대상이 되어야 했다.

"만약 4년 전에도 화웨이에 '문화'라는 것이 존재했다면 이러한 문화는 가랑비 속에 부는 봄바람처럼 온화하고 따뜻한 문화였다고 할 수 있지만 각각의 사람들에게 큰 영향력을 발휘하지는 못했다. 반드시 혹한과 혹서의 단련과 검증을 거쳐야만 우리의 신체가 건강해지는 것이다. 따라서 마케팅부 간부들의 총사퇴는 실제로 우리 직원들 사이에서 '영혼의 대혁명'이 발생한 것이며, 이후 자아비판이 전개될 수 있도록 만들었다."

이러한 물갈이를 거쳐 화웨이는 '하이에나'에서 '사자'로 탈바꿈했고, 아울러 2008년 후에는 '거대한 코끼리'로 진화했다. '하이에나'는 부랑자 단계에 속하는데 판매원은 배고픔을 참는 이리처럼 함께 움직이며 각지를 돌아다녔다. 사냥감을 발견하면 바로 맹렬하게 공격했고, 이익이 되는 것이라면 쟁탈을 일삼았으며, 심지어 은혜를 원수로 갚는 짓도 서슴지 않았다. 과거에 시장을 선점하기 위해 런정페이는 다수의 중간층 간부에게 "자네를 일단 연대장으로 봉했으니, 병사가 없을 경우 모집을 하면 되지 않는가?" 하고 말하곤 했다.

그러고는 "나는 각지의 유격대장들이 자유롭게 실력을 발휘하도록 그들의 이야기를 가만히 듣는다. 사실 나도 그들을 이끌 수 없다"라고 덧붙였는데 그가 말하는 것은 바로 2단계다.

'사자'는 자신의 근거지를 갖게 되면서 명확한 규칙과 심사 제도를 구축한다. 그것을 깊이 또 정성껏 가꾸며 영지를 경작하고 아울러 서서히 협동 작전을 펼치기 시작한다. 역대 농민의 거사를 예로 들어 중앙정권의 관점에서 말하자면, 각지에서 유랑하고 있는 한 무리의 폭민(폭도)은 단지 손쉽게 처리할 수 있는 사소한 문제에 불과하다. 한 차례 일어났다가 다시 해산되는 등 들쑥날쑥했기 때문에 우려할 만한 일은 아니었다. 그러나 종교를 토대로 삼게 되면 여기저기서 동시다발적으로 들고 일어나게 되어 그것을 박멸하기가 대단히 어려운데 백련교 및 그 변종이 그러했다. 지도 사상이 있고 또한 근거지가 있게 되면

이는 가까운 곳에서 발생하는 우환이 되는 것이다.

1995년, 쥐런 그룹(巨人集團)의 스위주(史玉柱)는 보건품 업계의 폭리를 꿰뚫어 보았고, '2차 창업'을 시작하여 기존의 컴퓨터 업종으로부터 전력을 다해 진입했다. 그는 중국의 100개가 넘는 주요 신문에 전면 광고를 내고 한번에 12개 품종의 보건품을 출시했는데, 단지 보름 만에 15억 위안의 주문서를 확보하기에 이른다.

그러나 단점은 양호했던 시작 단계의 상황을 매우 빨리 혼란스럽게 만들어버렸다. 쥐런 그룹의 '마케팅 대군'은 주로 두 가지 부류의 사람으로 구성되었다. 하나는 학교를 졸업한 지 얼마 되지 않은 청년 학도로서 열정은 뜨거웠으나 경험이 없었고, 다른 부류는 각 보건품 회사에서 이직하거나 또는 영입한 용병으로서 경험은 있지만 충성심이 없어 '이익으로 뭉쳤다가 이익으로 떠나듯' 상황이 여의치 않으면 신속하게 한탕을 치고는 곧 철수했다.

쥐런 그룹이 무너질 때 시장에서는 빈번하게 개인 자회사들이 재산을 횡령하는 일이 발생했고, 그룹의 내부 신문 〈거인보(巨人報)〉는 "우리 쥐런 그룹 내부에 놀랍게도 이렇게 많은 위법위규 사건이 있었으며 수만 위안, 수십 만 위안, 심지어 수백만 위안의 자산이 해가 비치지 않는 곳에서 유실됐다"라고 폭로했다.

쥐런 그룹과 마찬가지로 한 시기 세상을 시끄럽게 했던 싼주 그룹(三株集團)도 그것을 답습하고 만다. 싼주 그룹은 화웨이보다 더욱 불가사의한 회사라고 할 수 있는데 1994년 싼주 그룹의 매출액은 1억 2,500만 위안이었고, 1995년에는 20억 위안에 도달했으며, 1996년에 이르러 80억 위안으로 훌쩍 뛰어오른다. 싼주 그룹의 〈인민일보〉에 게재한 5년 규획에 따르면 1999년까지 매출액은 900억 위안에 도달할 태세였다.

싼주 그룹의 광고는 당시 쥐런 그룹, 아이둬(愛多), 친츠(秦池) 등과는 다른 점이 있었다. 브랜드와 관련된 이야기를 더 많이 강조하고 위생국 혹은 병원과 이익 공동체를 결성하여 '전문가가 말하게끔 하고 환자에게는 확인을 요청'하는 방식을 택했다. 또한 광고가 한 번 나오면 십여 분 동안 계속되어 반복적으로 선전을 시끄럽게 해댔다.

뿐만 아니라 싼주 그룹은 처음으로 4급 판매 시스템을 구축했다. 즉 지급 자회사, 현급 사무처, 향진급 선전참, 촌급 선전원에 따라 전술을 택하고 표어를 모든 곳에 인쇄하여 붙이는 등 대단히 창의적이었다. 그로부터 20년 후 광대한 농촌의 건물 벽에는 이러한 종류의 방식을 모방하는 자의 행태를 여전히 볼 수 있었다.

당시 싼주 그룹은 마케팅을 이처럼 기가 막히게 했지만 마케팅 시스템의 결점을 보완하지는 못했다. 싼주 그룹이 1995년에 투입했던 3억 위안의 광고 비용 중에서 1억 위안은 사용하지도 못한 채 낭비해버린 셈이 되었다. 적지 않은 기층 단위에서 광고지의 투입율은 20퍼센트가 되지 못했고, 어떤 것은 바로 폐지로 팔려버렸다.

한 차례의 총결산 회의에서 싼주 그룹의 회장 우빙신(吳炳新)은 "현재 아주 나쁜 현상이 발생하고 있는데, 임시 직공이 집행경리를 향해 소리를 지르고, 집행경리가 경리를 향해 소리를 지르며, 최후에는 총부를 향해 소리가 들려오고 있다. 우빙제(吳炳杰, 우빙신의 남동생)가 농촌에 가서 현장을 직접 살펴보았는데, 결국은 화가 나서 중풍에 걸려 버렸다. 실제 상황이 그에게 보고되었던 것과는 완전히 달랐던 것이다. 그는 전화로 내게 '안되겠습니다. 모두 서로에게 소리를 치고 있습니다'라는 말을 전했다"라며 성토했다.

싼주 그룹이 위기 국면에 진입하자 곧 대규모의 인원이 도망치기에 열을 올렸고, 결국 뿔뿔이 흩어지게 된다.

1990년대 중반, 이러한 현상은 중국 도처에서 발생했다. 만약 '2차 혁명'을 진행하지 않았다면, 화웨이 역시 그들의 전철을 밟게 될 것이었다.

일단의 사람들이 내려가고, 또한 일단의 사람들이 올라왔으며 이러한 극적인 혼란 속에서 쑨야팡의 활약은 매우 눈부셨다. 이를 계기로 화웨이의 핵심부에 진입했고, 이른바 '좌비우방(왼쪽에 런정페이, 오른쪽에 쑨야팡)'의 시대를 열게 된다.

1955년에 출생한 쑨야팡은 1982년에 전자과기대학을 졸업하여 학사 학위를 취득한다. 1989년에 화웨이에 들어와 마케팅부 엔지니어, 훈련센터 주임, 구매부 주임, 우한(武漢) 사무처 주임, 마케팅부 총재, 인력자원위원회 주임, 변혁관리위원회 주임, 전략과 고객위원회 주임, 화웨이대학교 교장 등을 역임했다.

한 보도에 따르면, 쑨야팡이 국가기관에서 일할 때 화웨이가 자금 방면에서 매우 큰 어려움에 직면했는데, 쑨야팡이 자신의 관계망을 가동하여 대출을 받을 수 있도록 도우면서 화웨이가 가장 위급할 때 '화웨이를 구해냈다'고 한다.

화웨이에 입사한 이후, 쑨야팡은 발군의 능력을 발휘했다. 1998년을 전후로 화웨이는 마케팅 전술, 주주권, 대출 등의 문제로 외부로부터 상당한 의혹의 눈초리를 받았고, 이는 런정페이의 몸과 마음을 극도로 지치게 만들었다. 대외 소통의 중요성을 절감한 런정페이는 쑨야팡에게 이사장이 되어 외부와의 소통과 협조를 책임지도록 제의하고, 자신은 총재로서 내부 경영에 전념하고자 했다. 회사의 이사장을 선출할 때 후보자는 쑨야팡 단 한 명이었는데, 런정페이는 친히 쑨야팡의 이력과 업무 경험을 소개하면서 다음과 같이 말했다.

"쑨야팡 동지는 젊고 기력이 왕성하며 각종 복잡한 사회관계 문제를 잘 처리한다. 장차 나는 모든 정력을 집중해 회사 내부의 경영 업무를 잘 처리하고자 한다. 여러분이 쑨야팡을 회사의 이사장으로 선출해줄 것을 정식 요청한다."

투표 결과 모든 표를 얻은 쑨야팡은 정식으로 화웨이 이사장이 되었다. 쑨야팡의 모습은 화웨이의 수많은 대외활동 중에 볼 수 있었고, 사교활동을 좋아하지 않았던 런정페이는 더욱 막후로 물러나게 된다. 런정페이가 고려해야 할 일이 너무 많았고, 그는 솔직할 뿐만 아니라 작은 것에 구애받지 않았기에 쑨야팡은 곧 런정페이를 대신해 화웨이의 대외 관계에 있어서 일종의 '명함'이 되었다.

쑨야팡은 하버드대학에서 수학했는데 유능하고 기질이 출중했으며, 영어 실력도 뛰어나 이러한 것들이 그녀로 하여금 런정페이 가까이에 머무는 것이 가장 좋은 선택지가 되게 만들었다.

런정페이는 쑨야팡의 최대 공적을 시장 마케팅 시스템을 구축한 것이라고 말한 적이 있다. 한 외부평론가는 "쑨야팡은 언변과 기품이 훌륭하며 품행이 우아한 외교 고수다"라고 평가했다.

쑨야팡은 단지 '화웨이의 얼굴'에 불과하지 않았다. 화웨이가 그녀에게 의지하고 있는 것은 그녀의 강하고 용맹한 능력이었다. 실제로 쑨야팡은 여성의 신분으로서 화웨이의 시장과 인력자원을 20년간 관리해왔다.

그녀는 화웨이의 모든 부문 가운데 시장, 연구개발, 인력자원의 세 부문에 있어 가장 큰 공헌을 했다. 화웨이가 경쟁상대로 하여금 가장 간담을 서늘하게 만드는 것은 엄밀한 시장 시스템이지 단순한 기술상의 우세가 아니다. 상대와 기술 수준이 막상막하인 상황에서 화웨이는 항상 시장을 통해 그 우세를 차지할 수 있었다.

일찍이 화웨이에서 인력자원 관련 업무에 종사하며 선진화된 심사 시스템과 임직 자격 시스템을 구축했던 탕성핑(湯聖平)은 〈화웨이에서 나오며〉라는 제목의 글에서 화웨이 직원들을 다음과 같이 묘사하고 있다.

"화웨이 판매원은 '당신이 하루 종일 만나주지 않는다 해도 당신을 하루 종일 기다릴 수 있고', '당신이 일주일 동안 만나주지 않는다 해도 당신을 일주일 내내 기다릴 수 있으며', '당신이 출근하게 되어 당신을 찾아낼 수 없다고 해도 그는 휴가를 써서라도 당신을 찾아낼 것이다'. 화웨이 판매원은 심지어 당신이 어느 작은 섬에서 열리고 있는 회의에 참석하고 있음을 알게 되면, 손으로 그곳을 더 들어서라도 당신을 찾아낼 것이다."

화웨이의 '랑성(이리의 특성)' 시장 마케팅 시스템은 화웨이가 1996 년 이후 고속성장하는 데 있어서 큰 공을 세웠다. 쑨야팡의 지도 하에 1997년 화웨이는 국제 경영 시스템을 전면적으로 도입하기 시작했는데 거기에는 직위, 임금 체계 및 영국 국가직업자격 관리시스템(NVQ) 등이 포함되어 있다. 이는 화웨이가 인재 대오를 구축하는 데 있어서 상대적으로 경쟁상대보다 명확한 강점을 차지하게 만들었고, 장점은 갈수록 많아졌으며 단점은 갈수록 적어졌다.

1999년, 화웨이 마케팅부는 상무위원회(화웨이는 위원회 제도를 실행하고 있고, 이에 따라 마케팅부의 지위로 인하여 몇 개의 상무위원은 모두 회사 차원의 부총재급에 해당함)를 개최했는데, 안건 가운데 한 가지는 마케팅부의 간부 문제를 토론하는 것이었다. 상무위원들은 마케팅부의 일부 중간 리더가 현재의 상황에 안주하며 투지와 랑성이 결핍되어 있는데, 그 원인은 압박이 부족하고 위기의식이 결여되어 있기 때문이므로 '대규모 사직'을 다시 한번 가동하자는 것에 의견을 함께했다. 그러나 쑨야팡은 이야기를 모두 들은 뒤 단호하게 말했다.

"동의하지 않습니다. 경쟁을 통한 초빙은 당시 우리의 특수한 방식이었고 우리가 정확하게 한 사람을 판단할 수 없었기에 부득이하게 행했던 작은 회사로서의 방식입니다. 화웨이는 최근 수년간의 인력자원 시스템 건설을 통해 평가 시스템이 비교적 완비되었고 우리는 응당 시스템적인 운용을 통해 간부를 심사해야 합니다. 압박 부족은 우리가 평가 시스템을 집행하지 않았기 때문이지 경쟁을 통한 초빙을 진행하지 않았기 때문이 아닙니다."

화웨이에서 런정페이는 옳은 일에 대해서는 의견을 굽히지 않는 인물로 생각하는 속도가 대단히 빠르고 성격 또한 다소 거칠었다. 수시로 직원들에게 고압적인 말을 내뱉었기 때문에 그에게 감히 맞설 수 있는 인물은 오직 쑨야팡뿐이었다.

한번은 마케팅부 고위층이 시장 책략 및 인력자원과 관련된 사안을 토론하고 있었는데 그 자리에는 쑨야팡도 함께 있었다. 각 부총재들이 토론하고 있는 가운데 런정페이가 갑자기 밖에서 걸어들어와 다짜고짜 서 있는 채로 "자네들, 마케팅부에서 간부를 선발할 때는 반드시 그러한 랑성이 있는 간부를 선발해야 하는 것이네. 예를 들면 ○○○(당시 사무처 주임)과 같은 간부는 내가 보기엔 승진할 수 없어"라며 자신의 의견을 밝혔다.

런정페이의 발언이 끝나자마자, 쑨야팡은 "사장님, ○○○는 그런 사람이 아닙니다. 사장님은 그를 이해를 하지 못하고 있어요. 그러한 안목으로 그를 바라서는 안 됩니다"라고 말했다. 런정페이는 일시적으로 말문이 막혀 흡사 마실 가는 것처럼 몸을 돌려 바깥으로 나갔고, 다음과 같이 중얼거렸다. "그럼 자네들, 계속해서 토론하기 바라네."

그로부터 시일이 지나 ○○○는 화웨이의 고위급부총재로 승진되었다. 쑨야팡보다 런정페이에 대한 영향력과 이해력이 높은 직원은 화웨이에서 아마 나오지 않을 것이다. 그녀는 런정페이의 가장 가까이에 있는 인물로 그를 완전히 빼다 박은 런정페이의 '여성 버전'이었다. 일설에 따르면 대부분의 간부는 그녀에 대해 존경심을 보이면서도 그녀가 지나치게 매서운 까닭에 비교적 그녀를 무서워하고 멀리하는데 이러한 점이 쑨야팡의 성공을 방해하지는 않았다.

1998년, 쑨야팡은 런정페이에게 하나의 보고서를 통해 자신의 세 가지 관점을 제기했다.

① 지식경제 시대에 진입하면서 사회 재부의 창조 방식에도 변화가 발생했는데 주로 지식 및 관리를 통해 창조되고 있으므로 체제 혁신이 필요하다.
② 개인적 성취 욕망이 있는 자는 영웅이 되도록 만들고, 사회적 책임감이 있는 자는 관리자가 되도록 만들어야 한다.
③ 하나의 기업이 장기적인 안정을 도모하기 위해서는 후계자가 회사의 핵심 가치관을 공유하고, 아울러 자아비판할 수 있는 능력을 갖춰야 한다.

런정페이는 이러한 세 가지 관점에 대단히 찬동했고, 나중에 이것을 《화웨이의 붉은 깃발은 얼마나 오랫동안 펄럭일 수 있을까》라는 제목의 글에 인용하기도 했다.

2004년 5월, 쑨야팡은 간부 공작회의의 폐막 무렵에 '작은 승리는 지(智)에 의지하고, 큰 승리는 덕(德)에 있다'는 뜻의 〈소승고지, 대승재덕(小勝靠智, 大勝在德)〉이란 제목의 연설을 진행했다. 그런데 말투, 심각함, 실무적인 측면, 매서움에 있어서 모두 런정페이와 대단히 비슷한 면을 보였다.

"우리의 임직 자격 심사 및 핵심사건·과정·행위에 대한 평가는 발탁되어야 할 간부들을 면밀히 조사해야 하며, 그들은 응당 다른 사람보다 더 많이 심사받을 기회를 가져야 한다. 우리는 어떤 사람을 발탁하고 싶어 하는가? 성과가 좋지 않고 품덕이 좋지 않은 자를 발탁하지 않는다는 것은 명확하다. 성과가 좋으면 심사 대상으로 진입할 수 있다. 우리는 일찍부터 화웨이의 각급 후계자에는 오직 두 가지 기준이 있을 뿐이라는 것을 명확히 해왔다. 하나는 화웨이의 핵심 가치관을 공유하는 것이고, 또 다른 하나는 자아비판의 정신을 갖고 있는 것이다. 우리는 그러한 품덕이 좋고, 책임진 결과가 좋으며, 리더의 풍격을 갖추고 있는 간부를 선발하여 각급의 일인자를 맡기고자 한다. 더불어 성과가 좋지 않고 업무 소질도 높지 않은 간부들은 깨끗하게 물러나주기를 바란다. 또한 업무 소질이 대단히 좋지만 성과가 좋지 못한 사람에게 관리 간부를 맡도록 선발할 수는 없다. 그들이 무대에 오르게 되면 한 부문의 사실에 기반하지 않은 거짓된 번영을 초래할 가능성이 있고, 회사의 수많은 기회와 자원을 낭비하게 될 것이며, 또한 전투력이 있는 단대(팀)를 이끌어내지 못할 것이다. 그들이 구체적인 업무를 계속해서 하고자 한다면 그 업무를 통해서 자신의 소질을 능력으로 전환시키고 책임의 결과를 실현해야 한다.

회사가 가장 판단하기 어려운 것은 책임의 결과는 대단히 좋지만 리더의 품격이 없는 사람이다. 즉 인재를 선발할 때는 높은 소질과 단결을 이끌어낼 수 있는 호소력, 명확한 목표 설정 및 목표를 실현하는 경영 템포 등이 고려되어야 한다. 이러한 사람은 화웨이의 영웅적인 모범 인물일 수 있다. 그들은 관리자가 되고 싶어 하는데 우리는 두 가지 방향에서 이 문제를 해결해야 한다. 본인이 더욱 학습하고, 주변 동료와의 교류를 통해 사례에 대한 자신의 분석과 귀납 능력을 풍부하게 하며, 자신의 현재 상황에 만족하지 않고 스스로에 대해 엄격한 요구를 적용해야 한다. 실제로 자신의 소질을 향상시키지 못한 사람은 태연한 마음으로 일반 직위를 받아들여야 하며, 자신보다 나이 어린 지도자와 함께 일해야 한다.

동시에 회사는 최대한 이러한 간부에 대한 훈련을 더 많이 하여 그들로 하여금 스스로 학습하는 방법을 장악할 수 있게 해야 한다. 리더의 품격이란, 스스로 깨닫는 것이며 실천 중에 연마되어 나오는 것으로 리더의 육성은 훈련을 통해 가능한 것이 아니다. 따라서 스스로 본인을 개조하는 것이야 말로 가장 중요한 방법이다. 속어에 이르기를 '개인의 운명은 자신의 손에 달려 있다'고 했다. '당신 최대의 적은 바로 당신'이라는 말 역시 이러한 의미다. 이것이 바로 인재의 '사상한도(四象限图)'다. 우리는 조직 개혁 및 간부 배치에 있어서 회색 지대를 주의해야 하고, 탄력이 있어야 하며, 극단으로 나아가지 말아야 한다. 또한 저조 시기의 합리화만을 일률적으로 추구해서는 안 되며, 고조가 도래했을 때 자신의 능력이 부족함을 한탄하며 엽공호룡(葉公好龍)처럼 '말과 실제가 다른' 사례가 되어서는 안 된다.

실사구시(實事求是)와 합리적 탄력성을 견지하는 것을 통해 우리는 3G 시대의 물결에 적응하지 못하는 것을 면할 수 있고, 아울러 질서 있는 수방을 유지할 수 있게 된다. 우리는 교조주의를 반대할 뿐만 아니라 경험주의 또한 반대한다."

이후 런정페이는 쑨야팡의 '소승고지, 대승재덕(小勝靠智, 大勝在德)'이란 여덟 글자를 석비에 새겨 회사 내부에 세웠다.

3

IBM에서 온 '서양 스님'

1997년, 런정페이는 미국의 IBM을 방문하여 깊은 전율을 느꼈고 화웨이 자체의 한계와 개혁의 절박함을 명확히 인식하게 되었다.

"한 기업이 어떻게 하면 장기적으로 안정을 유지할 수 있을까? 이것은 동서고금을 막론하고 기업에 있어 최대의 문제다. 우리는 이 문제에 대해 충분히 관심을 가져왔고 또한 연구해왔는데, 다시 말해 화웨이를 전진하도록 추동하는 주요 동력은 무엇이고, 이러한 동력을 어떻게 하면 장기적으로 안정되게 운행할 수 있으며, 부단히 스스로 최적화시킬 수 있는가 하는 것이다."

사실 이 문제를 국가 차원에 놓게 되면 그 유명한 '흥망 주기율(흥망성쇠는 계속 반복된다는 것)'이 되는데 여기에는 일체 예외가 없다.

1945년, 황옌페이(黃炎培)는 국민정부 참정원의 신분으로 옌안(延安)을 방문했을 때 중국공산당의 영수 마오쩌둥을 만나 다음과 같은 대화를 나누었다.

• 마오쩌둥: 런즈(황옌페이) 선생, 최근 며칠 동안 당신이 보고 들은 바를 통해서 무엇을 느끼셨나요?

• 황옌페이: 제가 이제까지 60여 년을 살아왔는데 귀로 들은 것은 말하지 않아도 직접 눈으로 본 것은 실로 '그 흥성이 매우 빠르고, 그 멸망 또한 매우 빠른 것'이라고 할 수 있습니다. 한 사람, 한 가정, 한 단체, 한 지방 그리고 한 국가 등 적지 않은 단위는 모두 이 주기율의 지배력으로부터 벗어날 수 없었지요. 무릇 최초의 시기에 정신을 집중하여 노력하지 않은 일이 하나도 없고, 모든 힘을 다하지 않는 사람이 한 명도 없으며, 아마도 그러한 시기에는 아무리 힘들고 어렵다고 하더라도 만사일생(萬死一生)을 찾아낼 수 있을 것입니다.

그런데 환경이 점차 호전되면 그러한 정신도 곧 방만해지게 됩니다. 어떤 것은 시간이 오래 지나면서 자연스럽게 타성에 젖게 되며, 소수의 사람에서 다수의 사람이 그러한 풍조에 휩쓸려 비록 커다란 힘을 갖고 있지만 이를 되돌리지 못하고 아울러 돕거나 구제하지 못하게 됩니다. 또한 구역을 조금씩 확대시키고자 하는데 그것의 확대는 어떤 것은 자연적인 발전에서 기인하기도 하고 어떤 것은 업적을 세우고자 하는 욕심에 의해 추동되기도 합니다. 하지만 발전을 너무 강제적으로 요구하면 간부 및 인재가 점차 곤궁하고 고달픈 상황에 처하게 되며 제대로 대응하지 못할 때는 환경이 도리어 복잡해지고 통제력도 약화되는 흐름을 면할 수 없게 됩니다.

하나의 역사 속에는 '정사를 태만히 하여 환관이 발호하는 것'도 존재하고, '한 인물이 사망하여 정치가 종식되는 것'도 존재하며, '영예로움을 추구했지만 모욕을 당하는 것'도 존재합니다. 종합하여 논하자면 이 주기율을 뛰어넘을 수 없었던 것이지요.

화웨이의 기반은 갈수록 확대되었고, 신속한 굴기(崛起, 부상)는 수많은 사람들을 흥분하게 만들거나 자부심을 갖게 했는데, 런정페이는 도리어 이를 대단히 우려했다. 간단했던 매우 많은 일들이 복잡해지기 시작했고 서로 얼기설기 뒤엉켜 근본적으로 관리할 수 없게 되었기 때문이다. 모든 사람이 목숨을 걸고 일했지만 쓸모없는 소모가 갈수록 많아졌고 효율도 점점 낮아졌다. 런정페이는 화웨이의 토대가 아직 안정되지 못한 상태고, 기초가 튼튼하지 못하기 때문에 만약 유격대에서 정규군으로 전환하지 않고 계속 닥치는 대로 먹어대면 스스로 자신을 짓눌러 붕괴시킬 것이라는 점을 명확히 알고 있었다. 런정페이는 남아 있는 시간이 많지 않았기에 망설일 틈이 없었다. 유일하게 벤치마킹할 수 있는 것은 외국의 회사였다.

IBM 방문은 런정페이에게 하나의 명확한 답안을 제시해주었는데 즉 '짚신을 벗고 한 쌍의 미국 신발로 바꿔 신는 것'이자 '서양 스님을 초청하여 불경을 외우도록 하고 IPD를 실행하는 것'이었다. 런정페이의 관점에 따르면 그것은 다음과 같은 것이었다.

"화웨이는 이러한 대기업으로부터 진지하게 학습해야만 비로소 많은 수고를 덜 수 있고, 지불해야 할 수업료를 적게 지불할 수 있다. IBM의 경험은 그들이 수십 억 달러의 대가를 지불하고 총결해 낸 것으로 그들의 겪은 고통은 인류의 보배와 같은 재산이다."

IPD는 '통합 제품 개발(Integrated Project Delivery)'의 약칭으로 고객의 수요를 제품 개발의 구동력으로 삼는 것을 강조하며, 제품 개발을 하나의 투자로 삼아 관리하는 것이다. 그것은 한 제품의 개념 형성에서 부터 최종 완성에 이르기까지 전체 과정에 미치는 것으로, 그 핵심은 생산 프로세스의 재조정과 제품 재조정이다. 다시 말해, 이러한 일련의 시스템은 하나의 채널을 수립하는데 각각의 사람들은 방향이 없는 '브라운 운동'에서 동일한 방향으로 유도되어 하나의 합력을 형성하게 되고, 쓸모없는 에너지 소모를 감소시킨다.

1999년 3월, 화웨이의 IPD 프로젝트가 정식으로 시작되었다. 최대한 신속하게 회사를 정상 궤도에 올리기 위해 런정페이는 강경한 수단을 이용해 회사가 자신의 발걸음을 따라 모두 서구화되도록 강하게 압박했고, 그는 이를 위해 '발을 깎아서 신발에 맞추는' 삭족괄리(削足适履)와 같은 불합리한 방법을 억지로 적용하는 것을 마다하지 않겠다는 자세로 다음과 같이 말했다.

'미국 신발'을 제대로 신기 위해 삭족괄리와 같은 감당해야 할 고통이 있겠지만 그 반대급부로 얻게 되는 것은 시스템이 순조롭게 그리고 시원하게 운행되는 기쁨과 환희일 것이다."

외부에서 온 고문은 직원들에게 고압적으로 이래라저래라 했고, 화웨이 내부에서는 자연히 이를 불쾌하게 생각하여 저항하는 사람도 적지 않았다. 런정페이는 다음과 같이 큰 소리로 외쳤다.

"일체 고문의 말을 들어야 한다! 복종하지 않고 말을 듣지 않으며 자신의 '작은 총명함'을 드러내려고 하는 자는 프로젝트팀에서 퇴출시키고 직위를 강등시키는 것은 물론 월급을 감봉 처리할 것이다. (중략) IBM의 경영은 아마도 전 세계에서 가장 좋은 것은 아닐 것이고, 우리 직원 중에서도 일부 IBM을 초월하는 인물이 출현할 수 있다. 하지만 나는 오직 IBM이 필요할 뿐이다. IBM보다 높은 녀석의 목도 도끼로 잘라낼 것이고, IBM보다 낮은 녀석의 목도 도끼로 잘라낼 것이다. 오직 겸허하고 진지하며 성실하고 개방적으로 IBM을 학습해야만 이 변혁은 비로소 성공할 수 있다."

런정페이의 구상은 강화(고착화), 우화(최적화), 고화(고정화) 세 가지였다. 즉 앞의 2~3년간은 이해와 소화를 위주로 하고, 그 이후 적당하게 개진하고 중국화를 실현하며, 최종적으로 고정시켜 화웨이 자체의 경영 모델이 되게끔 하는 것이다. 마르크스주의가 중국에 도래하여 실천되기 전에는 효과적인 개진 책략을 제기하기가 매우 어렵다. 오직 중국 국정(國情)과 결합되어야만 비로소 마르크스주의의 중국화가 실현되고 중국 특유의 '마오쩌둥 사상'이 탄생하게 되는 것이다.

그런데 일단 자신의 모델이 탄생하게 되면 동시에 자체 진화의 길이 열리고 능동적으로 진화하게 된다. 서방의 기술을 받아들이는 것은 용이했지만 서방의 경영 모델을 받아들이는 것은 매우 어려웠다. 모든 것을 통째로 서구화하는 경영 모델이 갑자기 본래의 경영 모델을 대체함으로써 삭족괄리가 가져온 혼동과 어려움은 다행히 화웨이를 큰 혼란에 빠지게 하지는 않았다. 하지만 새로운 모델의 추진은 역시 매우 어려운 것이었고, 시종일관 돌파하는 형태의 전진을 이루지 못했다. 이에 대해 런정페이는 일찍부터 심리적으로 준비가 되어 있었다.

"IBM이 어떻게 했는지를 배워야 한다. 타인의 선진 경험을 학습하고, 고문의 의견을 많이 청취해야 한다. 우선 고위층 및 중간층 간부가 훈련을 받고 깨달아야 하며, 이해하기 전에는 고문을 오도하지 말아야 한다. 그렇지 않으면 곧 자승자박하게 될 것이다. 우리는 현재 IT라고 하는 명사의 개념만 알고 있을 뿐 IT의 진정한 함의를 이해하지 못하고 있다. IT의 함의를 이해하기 전에는 절대로 타인을 개진시키려는 생각을 가져서는 안 된다."

위안으로 삼을 수 있는 것은 런정페이가 2년간 강력하게 추진함으로써 화웨이 역시 경영에 존재하는 근본 문제와 해결 방안을 찾게 되었다는 점이다.

그다음은 장장 10년간의 우화(최적화) 단계로 화웨이는 철저하게 '유격대'에서 '정규군'으로 전환되었다.

연구개발에 있어 지난 몇 년 동안의 '문을 걸어 잠그고 자기 혼자서 제멋대로 수레를 만드는 식'의 상황은 점차 사라지고, 고객의 수요를 지향점으로 삼는 형태로 변했다. 그 어떤 제품도 시장, 개발, 서비스, 제조, 재무, 구매, 품질로 구성되는 하나의 제품개발팀(PDT)이 성립되어 전체 개발 과정에 대해 관리와 결정이 진행되고, 제품 연구개발 과정의 투명성 및 고객 수요와의 일치를 확보하게 되었다.

시장 수요의 지향은 점차 화웨이맨의 혈액 속에 녹아들어가게 되었고, 연구개발과 마케팅 간에 서로 관심이 없던 현상은 IPD 모델 아래 기본적으로 해결되었다. 쌍방 간에 효과적인 협력이 형성되면서 각자 제멋대로 일을 하여 머리가 없는 파리처럼 '브라운 운동'을 하지 않게 된 것이다.

수량과 질량을 동시에 중시하게 되면서 화웨이의 전반적인 실력은 크게 향상되었다. 또한 영국 전신과 보다폰의 인증을 통해 유럽 시장을 개척했으며 국제적인 일류 전신 설비 제조업체의 행렬에 진입하게 되었다. IPD 등이 없었다면 화웨이가 중국 바깥으로 나아가 유럽, 아프리카, 남미에 진입한다는 것은 하나의 허언에 불과했을 것이다.

2003년, IBM 전문가는 화웨이에서 철수했다. 5년 동안 화웨이는 해당 전문가에게 시간당 300~680달러를 지급했고, 지불한 누적 학비는 사람들은 놀라게 만들고 말문이 막히게 만들었다! 하지만 런정페이는 여전히 이것을 다음과 같이 매우 가치 있는 일이라고 여겼다.

"우리는 비록 매우 비싼 자문 비용을 IBM에 지불했지만, IBM은 우리가 어떻게 나무를 기어 올라갈 수 있는지 가르쳐주었다. 우리는 나무 위로 올라가 사과(Apple)를 따게 되었는데, 이것은 바로 교사가 역할을 발휘했기 때문이다. 교사라고 할지라도 완전무결하게 가르칠 수는 없으며, 그는 그저 하나의 열쇠를 주고 문을 열 수 있도록 가르쳐주는 것이다."

최적화 단계가 끝나고 2009년에 화웨이는 환골탈태하여 정식으로 혁신 변혁의 원년에 진입하게 된다.

2014년, 런정페이는 언론 인터뷰에서 이 시기의 경험을 다음과 같이 개괄한 바 있다.

"1998년부터 IBM 등 세계적으로 저명한 여러 컨설팅 회사들을 초청하여 차례로 ITS&P, IPD, ISC, IFS, CRM 등의 경영 혁신 프로젝트를 진행했다. 그 과정은 우선 강화(고착화)하고, 그런 뒤에 우화(최적화)했으며, 다시 고화(고정화)했다. '고착화'란 생산 프로세스로 하여금 우선 가동되도록 하는 것이고, '최적화'란 프로세스 이해의 기초 위에 이를 지속하는 것이며, '고정화'란 뛰어가는 과정 중에 프로세스를 이해하고 학습하는 것이다. 프로세스에 대한 깊은 이해가 없을 때의 최적화를 방지해야 한다. 십여 년 동안 지속적인 노력을 거쳐 화웨이는 현저한 성과를 올렸고, 기본적으로는 전사적으로 통합된 경영 플랫폼과 비교적 완벽한 프로세스 시스템을 구축하여 회사가 ICT 영역에서 선두에 진입하도록 뒷받침했다."

개혁 초기에는 이해하지 못했던 많은 사람들이 수년이 지나 화웨이의 규모가 커지고, 주문 수주량이 점점 많아지며, 인원이 복잡해지고, 특히 해외 시장에서 국제적인 회사와의 협력이 필요할 때 비로소 엄밀한 표준 생산공정과 신속하며 강력한 플랫폼이 얼마나 중요한지 이해하게 되었다.

중싱과 비교해보면, 화웨이는 생산공정 방면에서의 표준화 관리에서 명확하고 현저하게 한 수 위에 있었다. 이것은 중싱과 화웨이가 해외 시장에서 경쟁할 때의 결과에 영향을 미쳤다. 화웨이가 단기 이윤을 추구하던 작은 회사에서 장기적이며 멀리 내다보는 안목을 갖춘 대기업으로 성장할 수 있었던 것, 그리고 2000년 이후에 부단히 '기적'을 창조하고 '다다익선'의 효과를 실현하며 신속하게 나아갈 수 있었던 것은 IBM의 IPD 공헌이 실로 지대했던 것이다.

그러나 생산공정 관리는 '양날의 검'이기도 했다. 서방 경영 시스템 중에 너무 많은 생산 프로세스의 제어는 운행의 효율을 낮추었을 뿐만 아니라 관료주의와 교조주의가 쉽게 자생하도록 만든다. 그것은 엄격한 절차로 '규정'을 표준화하여 불확실성을 제거하고 안정성 및 안전성을 대대적으로 증가시키는 밑받침 같은 것이었다. 하지만 불가피하게 유연성이 희생된다.

프로세스화 변혁 이래, 불완전한 통계에 의하면 화웨이가 공표한 생산 프로세스 관련 문건은 모두 15만 2,803건이었다. 처음 시작할 때 생산 프로세스가 없었던 것에서부터 생산 프로세스 자체를 지나치게 신봉하고, 경영을 맹목적으로 믿는 상태로 변했으며 생산 프로세스 및 경영 행위가 눈에 띄게 증가했다. 또한 매우 많은 부서와 리더가 증가했고 점차 '머리가 손과 발보다 커지는 상황'이 벌어졌다.

권세에 빌붙어 이익을 꾀하는 재능이 있거나 또는 말은 청산유수처럼 하지만 실제 일처리 능력은 없는 일부 사람이 리더 그룹에 섞여 들어왔다. 반면 일처리 능력은 있지만 말을 청산유수처럼 하지 못하고 번거로운 프로세스에 적응하지 못하는 기술 골간(주요 간부)과 마케팅 골간은 오히려 인사 평가에서 떨어지거나 승진을 하지 못해 뒤로 밀려나면서 일선 조직의 작전 능력과 적극성은 손해를 입게 되었다.

화웨이가 비교적 성숙하다는 것을 그들이 자랑스럽게 여기는 IPD 프로세스를 사례로 설명해보려 한다. 이 프로세스와 관련해서는 얼마나 많은 문건이 존재하고 있을까? 어떤 이가 작성한 불완전한 통계에 따르면 6,631건이었다. 하나의 완벽한 IPD 프로젝트를 해내려면 최대 얼마나 많은 문서 작업을 해야 할까? 그것은 664편이다. 하나의 완벽한 프로세스는 얼마나 많은 정책 결정의 관문과 고리를 통과해야 할까? DCP 결정은 4개고, 각 영역의 KCP는 51개였으며, KCP의 하위층 분해 및 심사와 검사는 300항이 넘었고, 각종 XR 평가·심사는 35개, XR 평가·심사의 구성 요소는 500개 항이 넘었다. XR 평가·심사의 관문을 지키고 있는 수문장은 과연 몇 명이나 될까? 가장 많을 때는 30명이 넘는다.

화웨이의 한 직원은 "당신은 마이크로소프트의 모든 리더들이 매우 바쁘다는 사실을 발견할 테지만, 정책 결정을 하는 것에서 그런 것이 아니라 정책 결정을 진행하는 과정에서 그러하다. 마이크로소프트의 각 '전문가'들 역시 매우 바쁜데 평가·심사를 하는 것에서 그런 것이 아니라 평가·심사를 진행하는 과정에서 그러하다. 사람들은 모두 다양한 절차로 인해 바쁘며 그 분주함은 실로 이루 말할 수 없을 정도로 극심하다"라고 말했다.

2017년 12월 18일, 런정페이는 '일몰법'의 실천 등과 관련된 소조(小組)와의 좌담회에서 연설을 통해, 회사의 2, 3급 부문은 자의적으로 공문을 발송하지 말고, 한 개의 문건을 늘리면 두 개의 오래된 문건을 줄일 것을 요구했다. 또한 '일몰법'을 근거로 문건과 절차를 점차 감소시켰고, 최종적으로 회사 내부에서 전체적으로 서로 지켜보는 청군이 되도록 만들었다.

이른바 '일몰법'이란 미국의 한 가지 법규로, 그 취지는 한 행정기관에 입법권을 수여하고 한정된 시간이 지나면 권한을 부여받은 해당 행정기관의 입법권이 자동적으로 효력이 상실되는 것을 의미한다. 권한을 부여받은 기구 혹은 프로젝트의 종결 일시가 도래하기 전에 의회는 해당 기구의 공작 또는 해당 프로젝트의 집행 상황에 대해 전면 심사를 해야 하며 이를 통해 그것들을 계속할지의 여부를 결정한다.

런정페이는 '일몰법'을 감안하여 권한을 대폭 양보하여 일선의 직원들로 하여금 어떠한 프로세스가 겉만 번지르르하고 실용적이지 못한

지 또는 어떠한 것이 속임수인지, 어떠한 것이 쓸모없는 데이터인지 제기할 수 있게 했다. 그리고 증산에 도움이 된다면, 직원 1인당 평균 생산 효율이 향상되는 데 도움이 된다면 그것을 확인한 후에 곧 취소할 수 있도록 했다.

2018년에 런정페이가 했던 말을 빌리면 다음과 같다.

"생산 프로세스의 본질은 업무에 기여하고 형식주의를 근절시키는 것으로, 프로세스가 우리의 행위를 좌우하도록 만들어서는 안 된다. 서로 다른 업무 장면에 초점을 맞추어 질량의 차별화, 프로세스의 차별화를 실시해야 하며, 이래라저래라 미주알고주알 하지 말아야 한다. 우리에게 필요한 것은 결과다. 하지만 과정에도 관심을 많이 가져야 하는데, 프로세스의 노예가 되어서는 안 된다.

또한 우리는 회사 내부에서 정보 독점을 깨뜨려야 하며, 천군만마로 고지를 점령해야 한다. 우리는 작전 조직과 직능 조직을 구분해야 하는데 식량을 생산하고 직접 일할 수 있는 조직은 작전 조직이며, 식량을 직접 생산하지 못하고 공문을 발송하여 타인이 일을 하도록 요구하는 조직은 직능 조직이다. 공문 발송은 3급 부문 이상에서 하도록 수렴되어야 하고, 공문 발송은 하나의 명령 하달이라는 점을 인식해야 한다. 우리는 문서 처리, 즉 명령 하달을 간소화해야 하는 것이다. 만약 계속해서 세분되어 있는 부문에서 모두 공문을 발송할 수 있는 권력을 갖게 된다면 하나의 거미줄처럼 되어 서로 방해하게 될 것이다."

이것이 바로 런정페이의 사유로 긍정→부정→부정의 부정, 이렇게 순환하고 왕복하며 앞을 향해 나아가는 것이다.

4

'화웨이 기본법'의 비밀

앞에서 언급한 기초를 보유하게 되자 〈화웨이 기본법(이하 〈기본법〉으로 약칭)〉의 출현도 수도거성(水到渠成), 즉 물이 흐르는 곳에 도랑이 생기는 것처럼 조건이 성숙되어 자연스럽게 이루어지게 되었다.

이것은 중국 현대 기업 역사상 가장 규범적이고, 포괄적인 기업법으로서 기업 발전 전략, 기술 연구개발, 인력자원 배치, 부문 건설 등을 총괄했는데 중국인민대학의 6명의 교수가 기초를 세웠다.

일반적인 기업법과 달리 〈기본법〉의 초안을 작성하기 전에 런정페이는 자신의 요구 사항을 다음과 같이 명확하게 제기했다.

"우리는 점차 기술에 대한 의존, 인재에 대한 의존, 자본에 대한 의존에서 벗어나야 하며 기업으로 하여금 '필연의 왕국'에서 '자유의 왕국'으로 나아가도록 해야 한다."

이른바 '필연의 왕국'이란 사람들이 지식과 실천활동 중에서 객관 사물 및 규율에 대해 아직 진정한 인식이 형성되지 않아 자신과 외부 세계를 지배할 수 없는 사회적 상태를 말한다. 반면 '자유의 왕국'은 객관적인 사물 및 규율을 인식하고 자각하며 여전히 이러한 인식으로 자신과 외부 세계를 지배하는 사회적 상태를 지칭한다. 런정페이에 따르면 그것은 다음과 같다.

"사람들은 오직 '자유의 왕국'에 진입해야만 거대한 잠재적 능력을 발휘할 수 있고, 기업의 효율이 매우 크게 향상된다. 하지만 당신이 '자유의 왕국'에 걸어서 들어갈 때 당신은 새로운 영역에서 '필연의 왕국'에 진입하게 되기도 한다. 끊임없이 순환하며 인류는 하나의 문명에서 다시 하나의 더욱 새로운 문명을 향해 힘차게 나아가는 것이다."

화웨이는 미래에 과연 어떤 모습의 기업이 될 것인가?

〈기본법〉 제1장 제1절은 명확한 답안을 제공하고 있는데, 즉 머지않은 장래에 화웨이는 세계적인 선도 기업이 된다는 것이다!

이러한 목표를 실현하려면 반드시 항심(恒心)을 가지고 견지하며 분투를 유지해야 하는데, 런정페이는 시시각각 외부 압력을 유지하는 방법을 택했다.

"화웨이가 세계 일류의 설비 공급 회사가 되기 위해 우리는 정보

서비스업에 영원히 진입하지 않을 것이다. 의존하지 않았던 시장 압력이 전달되게 하는 것을 통해 내부 기제가 영원히 매우 활발한 상태에 처하도록 만들 것이다."

그런데 이러한 발상에 사람들은 매우 많은 의문을 던졌다. 화웨이는 정말로 정보서비스업에 영원히 진입하지 않을 것인가? 정보서비스업을 도모하면 얻을 수 있는 이익이 많은데 화웨이는 왜 강변에 서서 다른 사람이 고기 잡는 모습을 빤히 쳐다보고 있는가?

결국 런정페이는 그의 최종 결정권을 가동시켜 일추정음(一錘定音), 즉 '징을 한 번 쳐서 가락을 정하는 것'처럼 한마디의 말로 결정을 내렸다. 통신사업자와 이익을 놓고 다툼하지 않는 것 외에 또 런정페이는 특별히 고려해야 할 사항이 있었다.

"서비스업에 진입하는 것이 뭐가 나쁜지 모르겠다고 했는가? 자신이 직접 운영하는 네트워크를 통해 자신의 제품을 판매할 때 그 내부는 곧 압력이 없어지게 되고, 우수한 서비스가 기업의 생명이라는 것에 대한 이해가 희미해지게 될 것이다. 문제가 발생하더라도 이를 다른 사람에게 전가할 것인데, 이렇게 하면 의심할 바 없이 반드시 죽게 된다. (중략) 이것은 '살고자 하면 먼저 자신을 사지에 처하게 해야 한다는 것'으로 아마도 우리로 하여금 일류의 설비 공급 회사가 되도록 몰아부칠 것이다."

화웨이는 반드시 주업(핵심 사업)을 굳게 지켜야 하고, 유한한 자원을 '주항도(핵심 노선)'에 초점을 맞춰 집중시켜야 한다. 다원화의 추구에 모든 힘을 쏟거나 모든 힘을 다해 기업 규모의 확대를 추구해서는 안 된다. 다원화는 매우 위험한 것으로 새로운 업무가 '핵심 사업'과 관련이 크지 않을 때는 결과적으로 십중팔구는 사망하게 된다. 이러한 새로운 업무는 삼두육비(三頭六臂), 즉 '세 개의 머리와 여섯 개의 팔을 가지고 있는 것'처럼 신통력이 있는 것이 아니라 가짜 손에 불과하다.

화웨이는 반드시 영원히 용맹하게 전투를 치를 수 있어야 하고, 영원히 외부의 압력을 이용해 내부적으로 간고분투의 작풍을 유지하도록 촉진시키는 회사가 되어야 한다. 화웨이맨은 영원히 해이하고 게으른 이리가 되어서는 안 된다. 또한 화웨이는 영원히 힘들게 돈을 벌기 위한 준비를 갖추고 있어야 한다. 만약 어느 날 화웨이가 손쉽게 큰돈을 벌 수 있게 된다면 화웨이의 생명도 곧 끝나게 될 것이다.

당시 손쉽고 빠르게 돈을 버는 사업 중 가장 눈에 띄는 것은 바로 네트워크 서비스업이었다. 인터넷의 도래는 전 세계를 변화시켰고, 인류 역사상 하드웨어가 처음으로 중요하지 않게 되었다. 정보, 엔터테인먼트 및 서비스는 경제의 일극이 되었고, 무수한 자본이 굉음을 내며 몰려들어 왔으며, 한 무리의 스타 인터넷회사를 만들어냈다. 업계 내부에서는 이를 가리켜 "비지니스 기회가 도래하니 돼지도 날 수 있게 되었다"라고 비유하며 말할 정도였다.

그러나 인터넷 경제의 약점 또한 매우 명확했다. 런정페이 등의 고참 기업가는 비록 인터넷 시대 역시 끌어안았지만 훨씬 신중하고 보수

적이었다.

2000년, 우려하던 데로 IT 버블이 꺼졌을 때도 런정페이는 냉정했다.

"당시의 상황을 잘 생각해보기 바란다. 그때는 마치 철강 사업은 이미 끝났고, 자동차 사업도 끝났으며, 모든 사업이 다 끝난 것처럼 여겨졌다. 단지 정보를 다루어야만 돈을 벌 수 있고, 인터넷에 접속 해야만 돈을 벌 수 있으며, 인터넷 다루는 법을 모르면 승리할 수 없 는 것으로 여겨졌다. 모든 상장회사는 계란을 판매하든지 아니면 오리 알을 판매하든지 오직 하나의 닷컴을 갖고 있으면 수백 억 위 안, 수천 억 위안이 몰려들어왔다. 나는 당시 이것이 극히 비정상적 인 것이라고 생각했는데, 그 이치는 매우 간단하고 또한 매우 소박 한 것으로 사람들은 정보를 먹을 수 없고, 정보를 입을 수 없으며, 정보에 거주할 수도 없다. 식량이 필요 없어지고, 방이 필요 없어지 며, 자동차도 필요 없어진다면 그런 후에 사람들이 부유해진다는 것이 어떻게 가능하겠는가? 신(新)경제 '가상 재화'의 추동 하에 사 람들의 비이성적인 추종은 전 세계의 네트워크 관련 기업에 대한 거대한 거품을 만들어버렸다."

자본 시대의 도래는 인터넷 경제의 약점을 극단적으로 확대시켜버 렸다.

2017년 11월, 화웨이 수석관리과학자이자 〈기본법〉의 기초자 중 한 명인 황웨이웨이(黃衛偉) 교수는 경영 고위급 포럼에서 강연을 했는데,

그는 인터넷이 경영 목표의 단기화를 유발했고 후적박발(厚積薄發), 즉 '우선 내실을 다지고 함부로 드러내지 말아야 한다'는 것이 오늘날에 이르러서는 어리석은 일로 간주되고 있다고 언급했다. 그런데 화웨이의 성공 모델의 핵심 논리는 바로 후적박발이었다. 물론 최근 수년 동안 화웨이 역시 정보서비스업에 진입하여 '클라우드 BG(화웨이는 '클라우드 BU'라고 공식적으로 일컫고 있다-옮긴이)'를 개척하며 기존 〈기본법〉으로부터의 속박을 타파했다.

이는 마찬가지로 형세에 의해 내몰린 것이다. 5G 시대가 곧 도래하는데 화웨이는 5G 방면에서도 매우 이른 시기부터 속도를 내기 시작했고, 2016년 화웨이의 폴라코드(Polar Code) 솔루션이 최종적으로 승리를 쟁취하기 전에 독점적 지위를 갖고 있었던 퀄컴, 에릭슨과 같은 저명한 회사의 숏코드(Short Code) 솔루션을 제압하고 5G eMBB(Enhanced Mobile Broadband) 솔루션으로 등장하게 되었다. 하지만 통신사업자는 이미 포화상태에 도달했고, 이에 상응하는 기지국과 통신 설비도 포화상태였다. 2017년 화웨이의 통신사업자 사업과 관련된 성장은 기본적으로 정체되었기에 '정보서비스업에 영원히 진입하지 않는 것'은 이미 현재의 추세에 맞지 않는 것이 되었다.

사실 이보다 몇 년 앞서 통신사업자와 인터넷 기업의 우세는 이미 역전되기 시작했고, 양자는 서서히 고속도로와 마찬가지의 기초적인 통로로 전락하고 말았다. 하드웨어는 더 이상 중요하지 않으며 웨이신(微信), 알리페이(支付寶, Alipay) 등 그 응용에 있어서 주객이 전도되었다. 이 현상은 비단 중국에서만 벌어지고 있는 것이 아니었다. 상응하여 통신 설비의 중요성도 낮아졌다. 런정페이가 새로운 출로를 찾지 않으면 화웨이는 서서히 고사하게 될 터였다.

〈기본법〉은 화웨이의 명성을 자자하게 만들었다. 사람들은 갑자기 개혁개방의 선두에 있던 선전시에서 자생적으로 자란 민영기업이 매우 빠르게 성장하여 통신 설비 업계의 '소거두'가 되었을 뿐만 아니라 자신만의 독특한 기업 문화와 제도를 갖고 있고 아울러 원대한 이상을 갖고 있어 장래에 국제적으로 활약하게 될 잠재력이 있는 회사를 발견하게 된 것이다.

많은 기업과 정부의 지도자들이 화웨이를 '모범기업'으로 간주하여 잇달아 화웨이를 시찰 또는 견학하여 학습하곤 했다. 이는 아마도 런정페이가 〈기본법〉을 기초하기로 결정했을 때는 생각하지 못한 일일 것이다.

외부의 칭찬에 런정페이는 결코 개의치 않았다. 그의 본의는 결코 〈기본법〉을 화웨이의 외관으로 삼으려 하지 않았다. 광고 목적으로 화이부실(華而不實), 즉 '꽃만 피고 열매는 맺지 못하는 것'처럼 겉만 번지르르하고 실속이 없는 일을 하고자 했던 것도 아니었다.

"그것은 내부 동력을 정돈하고 발전시키는 기제로 원자력 동력, 전기 동력, 석유 동력, 석탄 동력, 메탄가스 동력 등을 촉진하고 함께 공동의 목표를 추구하며 화웨이로 하여금 지속적으로 발전할 수 있게 하는 일종의 정체성에 대한 기록이다."

만약 〈기본법〉을 단지 일종의 보여주기식 '겉치레 행정'으로 여긴다면 그것을 너무 얕본 것이며 또한 런정페이가 기울인 정성을 제대로 살피지 못한 것이기도 하다. 그것은 처음 시작부터 화웨이를 위해 각 방면의 기본 규범을 확립하고 사상과 풍격을 통일하며 전진의 방향을 명확히 제시해준 것이었다. 동시대의 많은 회사가 성장한 이후에 직면했던 발전 방향, 이익 분배, 경영 모델, 회사 문화 등의 난제를 화웨이는 처음부터 조용히 그리고 자연스럽게 풀어나갔던 것이다.

〈기본법〉의 실행은 점진적으로 진행되는 장기적인 과정이다. 2003년, 런정페이는 IBM의 전문가를 초청하여 화웨이에 점수를 매기도록 했고, 〈기본법〉이 화웨이의 변화에 얼마나 큰 영향을 미치고 있는지를 검증했다. 그러나 예상 밖에도 전문적인 평가와 테스트를 거쳐 화웨이의 평균 점수는 5점 만점에 고작 1.8점이었다. 경영에 있어 높은 효율성과 일정한 규격을 갖고 있다고 일컬어지려면 점수는 최소한 3.5점 이상이 되어야 했다.

1.8점은 런정페이가 당초 예상했던 최소 2.7점과 상당한 차이가 있는 것이었다. 이를 통해 이념이 사람의 마음에 깊이 들어가는 것이 얼마나 어렵고 시간이 많이 소요되는지를 알 수 있다. 그나마 다행스러운 일은 1년간의 계속적인 개진을 거쳐 2004년에 화웨이의 평균 점수가 2.3점으로 제고되었다는 것이다.

2006년, 〈기본법〉은 다시 수정되어 화웨이 제품 연구개발과 전략 규획의 주요 목적이 "사람들의 소통과 생활을 풍부하게 하는 것"에 있다는 새로운 내용이 포함되었다. 아울러 "고객의 관심 사항에 집중하고, 경쟁력이 있는 통신 솔루션과 서비스를 제공하며 지속적으로 고객을 위해 최대 가치를 창조하는 것"을 분투해야 할 사명으로 삼았다.

4장

기적은 노력의
또 다른 이름이다

HUAWEI

태평양의 동쪽에서 대서양의 서쪽까지, 북빙양(北冰洋)의 북쪽에서 남미의 남쪽까지, 볼리비아 고원에서 사해의 골짜기까지, 끝없이 펼쳐져 있는 열대 우림에서 붉은 태양이 타오르고 있는 뜨거운 사막까지 … 집과 고향을 떠나 가족과 멀리 떨어져 지구를 온통 네트워크로 덮기 위해 수만 명의 중외(중국인과 외국인) 직원들이 세계 각지에서 분투하고 있다. 우리는 약 30억 명을 위해 통신 서비스를 하는 직책을 어깨에 짊어지고 있는데 그 책임은 우리를 격려하고 우리를 고무시킨다.

우리의 앞길은 대단히 밝고, 우리의 앞날은 대단히 휘황찬란할 것이며, 우리가 이 웅장하고 아름다운 사업에 헌신하는 것은 더할 수 없는 행복이자 더할 수 없이 영광스러운 일이다.

_런정페이, '2013년 연례 간부 워크숍에서의 연설'(2013.12.30)

1

벽을 파괴하는 자

사실, 수천 년 동안 중국의 전통 문화는 중국인이 바다를 건너 원정하는 것에 대해 장려하지 않았고, 해외 개척이나 관심 또한 부족했다. 왜냐하면 그것을 관리하기가 쉽지 않고, 해외로 나가는 민중은 생각이 활발하고 규칙에 구애받지 않아 동란의 근원이 되기 쉬웠기 때문이다. 상인의 지위가 낮고 상업이 시종일관 장벽을 돌파할 수 없었던 원인 또한 이로부터 발원하는 것이다.

1740년, 이른바 강건성세(康乾盛世)의 시기에 네덜란드인은 자바 섬 바타비아(Batavia, 현재의 자카르타) 내의 화교에 대규모 학살을 감행했다. 학살은 1주일 동안 지속되었고, 1만 명 넘게 죽임을 당하여 그 피가 강을 이루었다. 운 좋게 도망친 자는 150명에 불과했는데, 역사에서는 이를 일컬어 '앙케 학살(Angke Massacre)'이라고 한다.

그 이듬해 여름, 이 소식이 알려지게 되었고 당시 청나라 조정은

1년간의 토론을 전개하여 살해된 화교는 "스스로 왕의 덕화를 포기하였고" "그곳에서 태어났으니 실로 번민(변방의 소수민족)과 다를 바 없으며" "그곳의 한족은 스스로 성화되는 것에서 멀어졌기에" 따라서 화교가 학살당한 것은 "슬픈 일이기는 하지만 사실 그 원인은 스스로에게 있는 것이다"라고 보았다.

최후에 건륭제(乾隆帝)는 취지를 하달하고 "천조의 유랑민은 조상의 여막과 분묘 등지는 일을 애석해하지 않았고, 바다로 나가 이익을 도모했는데 조정은 이에 대해 일체 알려고 하거나 묻지 않았다"라고 했다. 아울러 "남양(南洋) 일대의 여러 번(番)이 기존처럼 통상을 할 수 있도록 허가하며 이를 통해 우리 황상(황제)의 덕교(덕망, 가르침)가 널리 전파되고 사해에 넘쳐흐르게 되기를 바란다"고 선포했다.

한나라, 당나라 시대에는 그 강력함이 휘황찬란한 적도 있었고, 북쪽으로 흉노를 축출하기도 했다. 또한 서역(西域)을 개통했다. 정화(鄭和)가 서양으로 7차례 도항했던 일도 있었다. 하지만 중국의 역대 왕조는 사실 해양에 대해 그리 많은 관심을 보이지 않았다. 높은 산, 사막 등의 안전 보호막 속에서 안정된 생활을 영위했다. 영국의 함대가 중국에 도래하기 직전까지는 그러했다.

최근 수십 년 동안 구조가 변화하기 시작했다. 잇달아 중국 기업이 바다를 건너 원정을 하고 있고, 세계에 대해 '새로운 정복'을 시작했다. 하지만 안타깝게도 이 과정은 결코 순조롭지 못하여 진입하는 자는 적고 패배하여 물러서는 자는 많았다. 마치 눈에 보이지 않는 높은 벽이 중국 기업의 해외 진출을 가로막고 있는 듯했다. 흡사 '중국인은 해외로 갈 수 있지만 중국 기업은 갈 수 없다'는 것처럼 말이다.

벽이 있다면 자연히 벽을 뚫어버리는 사람도 있는 법이다. 벽을 파괴하는 자 중에 가장 눈에 띄는 이는 바로 화웨이의 런정페이였다.

1996년, 런정페이는 화웨이의 '대외 진출'을 위한 배치를 시작했다. 많은 우수한 판매원, 즉 영어를 하는 사람이든 영어를 하지 못하는 사람이든, 가고 싶어 하는 사람이든 가고 싶어 하지 않는 사람이든 마음을 모질게 먹고 해외로 내던져버렸고 그들과 결코 타협하지 않았다. 파견이 예정된 직원에게는 해외로 가는 것과 국내에서 두 계급 강등되는 것의 두 가지 길만 있을 뿐이었다.

원정 작전에서 천시, 지리, 인화를 점유하지 못한 화웨이맨이 목숨을 걸 수 있는 것은 오로지 자신뿐이었다. 경쟁상대보다 먼저 이를 악물었고, 그들보다 더 큰 고통을 견뎌낼 수 있었으며, 화웨이는 그것을 목숨을 걸고 해냈다. 영어를 제대로 구사하지 못하는, 또는 근본적으로 영어를 할 줄 모르는 화웨이맨이 이렇게 목숨을 걸고 노력하여 해외로부터 첫 번째 계약을 성사시킨 것은 1999년의 일이었다. 그들은 베트남과 라오스에서 낙찰을 받아 수주를 따냈다. 이 기간은 화웨이의 해외 시장 개척 인원이 굶주림을 견뎌내며 버틴 3년이었고, 살려고 바동거렸던 3년이었다.

2000년 말, 화웨이는 선전의 우저우빈관에서 해외 시장 개척을 위한 궐기대회를 연다. 2016년 10월 28일, 화웨이는 다시 대규모로 해외 원정을 했고, 런정페이는 '출정하여 연마하고 미래를 성공적으로 맞이한다'라는 주제의 연구개발 장사 출정대회에서 〈춘강수난압선지, 불파

루란서불환(春江水暖鴨先知 不破樓蘭誓不還)〉이라는 제목의 연설을 했다.

　"현재의 업계 디지털화 및 네트워크 전환의 시기에 우리는 연구개발에서부터 2,000명의 고급 전문가 및 간부를 결집하여 전쟁터로 분주하게 보내고 있다. 전쟁터에 익숙한 전방 병사들 수만 명과 결합하여 '강철 군대'를 만들었다. 기회의 창문이 열려 있는 동안 고지를 향해 올라가고 적군을 깨부수고 종적으로 발전하고 횡적으로 확장한다. 우리의 총전략은 바로 쉬즈쥔(徐軍直)이 프랑크푸르트에서 있었던 광대역 관련 회의에서 말한 바와 같이 '더 많이 접속시키고, 큰 통로를 밑받침하는 것'이다.

　우리가 언어 시대, 데이터 시대를 놓쳐버렸기에 세계의 전략적 고지를 점령하지는 못했지만 '영상 시대'마저 놓칠 수는 없다. 우리는 과거와 마찬가지로 새로운 직원을 채용하여 훈련시킨 뒤에 전쟁터에 들여보내 3~5년이 지나서 그들이 성숙해지기를 기다릴 수가 없다. 왜냐하면 그들은 이미 이것도 아니고 저것도 아닌 어중간한 상태에 있고, 우리는 또 다시 영상 시대의 전략적 고지와 클라우딩 시대를 점령할 수 있는 기회를 잃어버리게 될 것이기 때문이다. 따라서 우리는 단시간 내에 15~20년 동안의 연구개발 경험을 가지고 있는 고급 전문가 및 간부를 직접 선발하여 전쟁터에 투입시킨다. 그리고 그들의 기술에 대한 깊은 이해 능력이 전방 병사들의 전쟁터 장악 및 통제 능력과 함께 결합된다면 반드시 승리하게 될 것이다.

궐기대회는 나에게 매우 인상 깊은 것이다. 2000년 우저우(五洲賓館)에서 개최되었던 출정하는 병사에 대한 송별대회도 그러했다. "청산처처매충골, 하수마혁과시환(青山處處埋忠骨, 何須馬革裹尸還)"이라는 커다란 표어에는 일종의 비장감이 충만해 있다. 사실 우리는 그 당시에 말가죽조차도 없었다. 신분 증명을 위해 우리는 세계 시장에서의 성공이 필요했고, 세계를 완전히 이해하지 못하고 있는 상황에서 5주4양(五洲四洋)으로 뛰어 들어갔는데, 그때 아프리카는 아직 전쟁 중에 있었다. (중략) "바람은 휘몰아치고 역수는 차디차네"라는 말이 있는 것처럼, 당시 외환 거래가 통제되고 있던 시기에 우리 회사의 직원이 맥도널드에서 카드로 결제하지 못하는 어려운 상황이 발생하곤 했다.

오늘날 800여 억 달러의 판매 수입을 올릴 수 있게 되기까지 그 얼마나 많은 사람들이 그들의 청춘, 피와 땀, 그리고 생명을 바쳤겠는가? 우리가 오늘 성공했다고 해서 함께 분투했던 사람들을 잊어서는 안 된다. 공적인 이유와 사적인 이유를 불문하고 생명을 바쳤던 사람들을 잊어서는 안 된다. 오늘날 우리가 넓은 땅을 보유하게 되었으니 반드시 그들을 기념하기 위한 방법을 찾아야 할 것이다.

오늘 우리의 용사가 다시 출정하려고 하는데 우리는 이미 170개국에 발톱까지 무장한 강철 대오를 보유하고 있다. 프로세스화되어 있는 우리의 IT 기술은 이미 고립 작전의 수행을 뒷받침할 수 있다. 매년 우리는 100억 달러 이상의 자금을 계속 투입하여 제품과 작전 조건을 개선하고 있고, 한양조(청나라 정부가 독일의 1888식 보병용 총을 토대로 하여 '한양 병공창'에서 그것을 모방하여 제작했던 것을 일컫는 말이다-옮긴이)를 사용하던 것에서 '항공모함'을 운용하는 현대 작전 방식으로 전환했다. 우리는 데이터 용량이 증가한 전통적인 시장에서 대량으로 장군을 배출하고 성적을 올리며 양식(식량)을 많이 생산하는 것 외에 새로운 기회 영역에서 성장하기 위해 노력해야 한다.

클라우딩은 우리가 아직 익숙하지 못한 영역이다. 영상은 비록 우리가 앞서 나가고 있지만 해외에서는 독일이 대규모의 실천 경험이 있는 것을 제외하고는 기타 국가들이 아직 규모화에 성공을 거둔 바가 없다. 또한 하나의 성숙한 대오를 건립하지 못했다. 특히 대규모 동영상이 가져온 데이터 홍수 및 시간 지체(lag) 축소에 대한 요구와 관련하여 우리는 아직 궤도에 오르지 못하고 있다.

전략 예비대는 단지 학습하며 가르치고 행할 수 있을 뿐이다. '소교사(小老師)'를 점차 '대교수(大教授)'가 되도록 만들어야 하고 이등병을 전화 속에서 장군이 되도록 끌어올려야 한다. 대시대는 영웅 자제의 출현을 요구하고, 기회는 장차 준비되어 있는 사람의 머리 위로 도래하게 될 것이다. "대강동(大江東)의 파도가 모래를 씻겨내고, 하늘과 땅을 뒤집으니 강개무량(慷慨無量)하다"는 말처럼, 적극적으로 전투를 할 줄 모르는 주관(책임자)은 장차 직위에서 물러나게 될 것이다. 언제라도 자리에서 물러날 준비가 되어 있어야만 비로소 물러나지 않을 수 있다.

서비스는 우리의 진공 중에 있어 중요한 방어선인데 네트워크 용량은 갈수록 커지고, 복잡해지며, 그 유지 및 보수는 더 어려워지고 있다. 그 어떤 새로운 회사 블랙 스완(Black Swan)이라도 세계화를 염두에 두어야 하고 이러한 장애물을 그 누구도 피할 수는 없다. 다년간의 축적이 없으면 살아있는 '만리장성' '마지노 방어선'을 건립할 수 없듯이 역사가 28년이나 되는 우리의 서비스 시스템은 쉽게 초월할 수 있는 것이 아니다. 특히 이 방어선은 점차 인공지능(AI)화되고 있는 중이다. 최근 GTS의 진보는 우리에게 공고한 방어선을 건립하도록 하여 우리로 하여금 나아가면 공격할 수 있고, 물러서면 수비할 수 있도록 만들었다. 우리에게는 더욱 많은 전문가와 리더가 절박하게 필요하다. 미래의 복잡한 네트워크에 대해서 더욱 공고한 방어선을 건립해야 한다. "천하에는 재능이 뛰어난 인물들이 출현한다"라고 했는데, 서비스는 장차 우리에게 있어서 '불패'의 기초가 될 것이다.

20여 년 전, 우리는 국문을 열고 나아갔다. 그것은 신분 증명을 위한 것으로 우리는 일찍이 '2차 세계대전' 당시 소련 적군의 바실리 클로치코프(Vasily Klochkov)가 했던 한마디 구호, 즉 "등 뒤로는 바로 모스크바이며, 우리에게는 물러설 곳이 없다"를 인용했다. 그런데 모스크바는 우리의 것이 아니기에 근본적으로 우리는 그 어떤 물러설 수 있는 곳도 없는 셈이다.

우리가 앞을 향해 나아가는 것은 공산주의가 쳐들어오는 것으로 인식되며, 뒤로 물러서는 것은 자본주의가 맹아 단계에 있다고 인식되는데, 우리가 피로에 지친 몸을 이끌고 집에 돌아왔을 때 이러한 사안에 익숙하지 않은 가족에게는 한마디 말도 꺼낼 수가 없다.

왜냐하면 이미 고객에게 너무 많은 말을 했기 때문이었다. 가족과 함께하는 것이 필요하고 그들이 이야기나누는 것을 필요로 할 때 우리의 생명을 유지하고 있는 시간은 생존을 위한 전투를 위해 모두 소진되어버린 후다. 우리의 아들과 딸들은 언젠가 부모의 여한도 없고 후회도 없던 일생을 이해하게 될 것이고, 자신들의 부모가 '중앙 집중식 냉난방 시설'처럼 인류를 위해 난방을 제공했고, 전기로 돌아가는 선풍기처럼 그들의 위대한 감흥을 흩날리지 않았다는 사실을 이해하게 될 것이다. 물론 우리는 영원히 우리의 부모가 보여주었던 양심적인 행동에 보답할 수 없을 것이란 사실을 오랫동안 마음속에 간직하게 될 것이다.

우리는 시장 전선에서 성공을 획득해야 할 뿐만 아니라 기술 전선에서도 유소작위(有所作爲, 일정한 성과를 이루어내는 것)해야 한다. 우리는 매년 개발을 위해 80~90억 달러 이상의 연구개발 경비를 지불하고 있고, 장치 연구에 매년 30여 억 달러의 경비를 투입할 예정이다. 우리는 왜 기초 연구 영역을 확대하려고 하는가? 왜냐하면 이 시대의 발전이 너무 빨라 네트워크 진보의 가공할 만한 발전은 우리로 하여금 과거에 과학자가 논문을 발표하고 우리가 그것을 이해한 이후 실제 실험을 수행하고, 그 후 제품을 만들어내는 이러한 느린 트랙을 더 이상 따를 수 없게 만들고 있기 때문이다.

우리는 과학자들이 연구한 것을 어떻게 생산 공정을 통해 실현시킬 수 있는가에 대해 머리를 맞대고 생각해야 한다. 우리는 자체적으로 보유하고 있는 수십 개의 연구센터 소속 과학자와 엔지니어가 연구에 더욱 매진할 수 있게 실패하는 것을 겁내지 말아야 한다. '신분 카드 문화'를 초월하여 전 세계 같은 방향에서 일하고 있는 과학자들을 전폭적으로 지지해야 한다. 우리의 투자는 협의의 목적을 지니고 있는 것이 아니다. 내가 벨로루스 과학아카데미에서 말했듯이, 우리가 과학자를 지지하는 것은 공평무사한 것으로 투자는 결코 과학자의 논문을 차지하지 않고, 그의 특허 및 성과를 점유하지 않으며, 우리는 단지 '알권리'를 필요로 할 뿐이다. 성공한 것만이 아니라 실패 과정을 포함하는 '알권리'를 말이다. 등탑처럼 당신은 나를 비춰줄 수 있고, 다른 사람을 비춰줄 수도 있다. 그 등탑은 당신의 것이며 그것은 '산업화'에 전혀 영향을 미치지 않는다.

우리는 오늘 2,000여 명의 고급 전문가 및 간부를 결집하여 전쟁터로 내보내는데, 그들은 고객의 수요를 진정으로 이해하기 위해 자신이 제조한 낙하산을 등에 짊어지고 전화가 불타오르는 전쟁터로 공중에서 낙하하게 된다. "춘강수난압선지(春江水暖鴨先知, 봄에 강물이 따스한 것은 오리가 먼저 안다)"라고 하는데, 물속에 직접 들어가지 않고 날씨의 변화를 어떻게 알 수 있겠는가? 현재의 '날씨 예보'는 대다수가 미국이 만들어낸 것이다. 미국은 수많은 우수한 인재를 집중시키고 있을 뿐만 아니라 혁신 기제, 혁신 동력이 용솟음치고 있다.

우리는 진취적으로 목표에 초점을 맞춰 집중해야 하고, 최대한 공격을 가하며, 용맹스럽게 적진을 향해 돌격해야 한다. 밴 플리트 (Van Fleet)의 탄약을 아끼지 말고 사용하며, 성벽 출입구를 조준하여 수십 년 동안 견지하는 자세로 계속 공격해야 한다. 협의적 기술 영역에서 과감하게 전향적으로 나가야 할 뿐만 아니라, 인류를 위한 '날씨 예보'를 해내야 한다. 기초 과학에서 앞서려고 노력하는 것은 고객을 중심에 두는 것과 결코 모순되는 것이 아니다. 고객의 수요는 광의적인 것이지 협의적인 것이 아니다.

후허우쿤(胡厚崑)이 말한 바와 같이, 우리는 매년 파격적으로 4,000여 명의 직원을 발탁한다. 그들의 분투하는 역량을 활성화시키고 우수한 인재가 가장 좋은 시기에 가장 좋은 역할을 하며 공헌할 수 있도록 해야 한다. 인력자원의 평가 시스템은 일원화가 요구되며, 무엇을 이용해 심사·평가할 것인지 분명히 하여 목적이 없는 심사·평가로 전방의 병사들이 작전에 집중하지 못하게 해서는 안 된다. 인력자원과 관련해서는 열역학(熱力學) 제2법칙의 '엔트로피 현상'을 연구하여 화웨이가 너무 일찍 침전되어 사망하게 되는 결과를 피해야 한다.

궈핑(郭平)은 법률이 준수하는 확정성을 이용해 국제정치의 불확정성에 대응할 것을 제기하여 우리에게 국제 관계를 처리하는 방향을 제시해주었다. 우리의 재무 관리는 이미 업계의 선두 수준에 도달하여 재고가 많아 재고량을 조사할 수 없던 역사를 종식시켰다. 센터 창고에 보관되어 있는 재고의 장부상 기록과 실제 수량의 일치 비율은 99.89퍼센트였고, 배송 창고에 보관되어 있는 재고의 장부상 기록과 실제 수량 간의 일치 비율은 98.17퍼센트였다. 성공적 실천 경험이 있는 우수한 전문가 및 간부는 현재 대규모로 성장하고 있지만 이것으로 만족할 수는 없다. 금융 위기에 대응하기 위한 예방책을 마련해두고 있어야 하며, 장기간의 재고 및 대출을 줄여야 한다. 계약의 질을 높이는 것은 이를 위한 가장 근본적인 조치에 해당한다.

30년간의 분투를 거쳐 화웨이는 유아기에서 성숙기를 향해 나아가고 있는데, 성숙해지는 과정에서 게을러지고 타성에 젖게 만들 수 있다. 조직에 활력이 충만해야만 분투하는 사람의 정신이 충만하게 된다. 우리에게 승리하지 못할 가능성은 없다. 포화는 우리의 마음을 흔들고, 승리는 우리를 고무시킨다. 우리가 바친 청춘을 부끄럽게 여기거나 후회되지 않도록 해야 하지 않겠는가?

춘강수난압선지, 불파루란서불환(春江水暖鴨先知, 봄에 강물이 따스한 것은 오리가 먼저 알고, 不破樓蘭誓不還, 루란(樓蘭)을 파괴하지 못하면 맹세코 돌아오지 않겠다)"

화웨이는 1996년부터 '대외 진출'을 하기 시작했고 그로부터 10년 후인 2005년에 해외 매출액이 국내 매출액을 앞섰다! 2016년에 이르러 화웨이의 업무는 이미 170여 개국에 미치고 있고, 1,500여 개 네트워크의 안정적인 운행을 뒷받침하고 있다. 전 세계 3분의 1 이상의 인구에게 서비스를 제공하고 있는 것이다.

이러한 숫자의 배후에는 바로 '침묵 속에 전진하는' 화웨이 18만 명의 대군이 불변의 방향을 향해 산을 넘고 물을 건너며 걷고 있었기 때문이다. 질병이 기승을 부리는 아프리카든, 전쟁의 포연이 여전히 감돌고 있는 이라크든, 쓰나미 재난이 덮친 이후의 인도네시아든, 지진이 발생한 이후의 알제리든 세계 각지에서 화웨이맨의 분투하는 모습을 볼 수 있었다.

화웨이맨은 사막의 선인장과 같아서 깊게 뿌리를 내리고 참을성 있게 견디며 생존한다. 재무와 관련하여 해외에 파견됐던 어느 화웨이 직원의 말을 빌리자면, "만약 세상에 기적이 있다면 그것은 단지 노력의 또 다른 이름일 뿐이다." 실로 화웨이맨들은 그렇게 기적을 만들어 냈다.

2

헤엄을 치며
눈 속에서 개척하다

화웨이의 첫 번째 해외 개척 장소는 러시아였다. 러시아를 선택한 까닭은 런정페이의 민감하고 예리한 분석을 통해 러시아가 화웨이의 해외 개척에 있어서 매우 부합되는 곳이라는 점을 발견했기 때문이다.

당시의 러시아는 소련에서 해체된 이후의 허약한 시기로 보리스 옐친(Boris Yeltsin)의 '충격 요법'이 쇼크를 가져와 루블화가 폭락하고 러시아 전체에 경제 침체가 초래되었다. 이로 인해 매우 많은 대형 통신기업이 얼어붙은 땅에서 떠나도록 만들었다. 경쟁상대가 떠나게 되자 화웨이는 곧 그 빈틈을 노렸다.

1996년, 제8차 모스크바 국제통신전이 개막했고 런정페이는 직접 참가하여 대대적으로 화웨이를 선전했다. 시장에 공백이 생겼지만 화웨이는 러시아를 순조롭게 점령할 수 없었다. 러시아인은 보편적으로 중국 상품을 깔보았다. 특히 당시에 중국의 짝퉁 및 저질 상품은 러시아에서 악명이 높았던 탓에 대부분의 러시아인은 근본적으로 중국이 우수한 품질의 통신 관련 제품을 생산해낼 수 있을 것이라고 믿지 않았다.

비록 화웨이와 러시아 전신회사 및 러시아 현지 기업 베이퉈콘체른이 합자하여 베이퉈·화웨이를 설립했지만 그것이 화웨이에 있어 러시아에서의 어려운 처지를 개선시키지는 못했다.

1998년, 러시아의 금융 위기가 폭발했고, 러시아 전신 업계에 추가로 충격을 가져왔다. 집요한 런정페이는 중국에서 유력한 부하 장수한 명을 러시아로 불러왔는데, 바로 당시 후난성에서 돈을 긁어모으고 있던 리제(李杰)였다. 런정페이는 그에게 반드시 러시아 시장을 열어야 한다고 엄명했다.

나중에 리제는 인터뷰에서 그가 러시아 시장에 손을 댈 때의 상황을 설명하며 "소송을 하는 자도 있었고, 화물을 청산하는 자도 있었으며, 공무원들이 주마등처럼 눈앞에서 분주하게 왕래했는데, 나는 후각을 상실했을 뿐만 아니라 시선도 모호해지기 시작했다. 이리하여 나는 어쩔 수 없이 기다리게 되었고, 한 마리의 이리에서 한 마리의 겨울잠을 자는 '북극 곰'이 되었다"라고 말했다.

리제가 낙담하고 나태해질 것을 우려하여, 런정페이는 '매우 사납게' 리제를 일깨우며 다음과 같이 말했다.

"만약 언젠가 러시아 시장이 회복된다면, 화웨이는 문밖으로 쫓겨나 제지당하게 될 텐데 그렇게 되면 자네는 곧 이 건물 옥상에서 뛰어내려야 할 거야!"

런정페이의 군인 기질을 너무나도 잘 알고 있었던 리제는 단지 "좋습니다(好)!"라는 한 글자의 말밖에는 할 수 없었다.

1998년, 리제는 런정페이에게 올리는 보고서에 단지 네 글자만을 적었는데, 즉 "화웨이는 아직 존재하고 있습니다(華爲還在)"였다.

1999년, 화웨이는 러시아에서 여전히 아무것도 얻지 못했다. 화웨이의 첫 번째 개척 인원이 해외에서 받았던 고통은 일반인이 상상하기 어려운 것이었다.

고통스럽기가 어느 정도였을까? 시장 개척 당시의 상황을 잘 파악하고 있는 화웨이의 한 직원은 이때를 회상하면서 "화웨이는 개척 인원에게 6개월의 시간을 주고 생존 문제를 스스로 해결하도록 했다"고 말했다. 그렇다. 그것은 개인의 생존 문제였던 것이다. 의복, 식사, 주거는 그렇다고 쳐도 언어, 비자 발급, 직원 고용, 보안 유지 등 모든 것을 개척 인원 스스로 해결해야 했다. 물론 그들이 생존 문제를 해결하기만 하면 화웨이는 곧 장려금을 지급했다!

이어지는 6개월 동안 화웨이는 고객을 확보하고자 했다. 이 단계에서 회사의 심사·평가 기준은 1년 동안 얼마나 많은 고객을 만났고, 고객의 레벨이 어느 정도인지에 대한 것이었다.

하지만 언어가 통하지 않고, 현지 사람들은 낯설며, 지역은 무척 생소했다. 화웨이는 현지에 토대가 없었고, 현지인은 화웨이에 대해서 들어본 적도 없는데 어떻게 고객을 만나고 확보할 수 있을까?

다국적 기업에 비해 루슨트 또는 에릭슨의 모국에서 파견된 수석대
표들은 기본적으로 해당 국가의 모든 통신사업자 고위층을 만날 수 있
었다. 따라서 당시 루슨트와 에릭슨은 근본적으로 고객을 만나는 일로
고민할 필요가 없었지만, 화웨이의 개척 인원은 여전히 고객을 어떻게
하면 만날 수 있을 지에 대해 궁리하며 번뇌했던 것이다.

설령 건물의 문 앞을 지키고 있는 경비를 따돌리고 고객을 만나게
되더라도 종종 그 고객의 레벨이 높지 않았고, 아울러 화웨이에 대한
의심과 경멸로 충만해 있었다. 언어가 통하지 않았기 때문에 화웨이
는 공개 입찰 투표를 할 때 매우 많은 웃음거리를 만들어내기도 했다.
어떤 때는 건설 프로젝트를 전신 프로젝트로 잘못 알고 진행하기도 했
고, 심지어 인공위성과 관련된 공개 입찰에 참여하기도 했다.

그로부터 수년 후 많은 국가가 새로운 이동 면허를 발매했다. 면허
를 확보한 통신사업자는 설비 업체 측에 통신 설비의 성능 테스트는
물론 전력 공급, 철탑, 기계실, 에어컨 등의 기초 시설 구축을 책임지
도록 요구했다. 이러한 종류의 프로젝트를 '턴키(Turnkey)'라고 불렀다.
그런데 이때 컴퓨터와 정보 영역에만 익숙한 '애송이'가 심지어 벽돌
의 치수와 시멘트의 표기 방식을 알지도 못하는 이들이 1억 달러가 넘
는 프로젝트에 진출하겠다고 도전장을 내민 것이다.

처음 시작할 때 화웨이는 공정에 대한 경험이 없었기 때문에 입찰
시 제시한 가격이 에릭슨의 2, 3배가 되지 않으면 20, 30퍼센트정도가
되곤 했다. 높은 가격으로는 당연히 낙찰될 수 없었고, 그냥 돌아가면
회사로부터 욕먹을 것이었다. 낮은 가격으로 입찰에 응했을 때는 부처

님 혹은 조상님께 절대로 낙찰되지 않도록 해달라고 빌었었다. 일단 그렇게 낙찰이 되면 그 손실이 이루 말할 수 없을 것이기 때문이다.

화웨이에서 공표된 글 가운데 중요하게 여겨지는 〈천도수근(天道酬勤)〉에서는 당시 해외 개척에 있어서 '애송이' 단계인 화웨이를 다음과 같이 논하고 있다.

"우리는 엄폐물이었던 옥수수밭에서 나왔고, 머리 위에 두르고 있는 흰 수건을 아직 떼어내지도 못했다. 그런데 단번에 태평양을 건너게 되었고, 허리에는 지뢰를 매고 손에는 상자 폭탄을 든 채로 단번에 턴키 공정이라는 커다란 동굴 속으로 떨어져 들어가게 된 것이다."

리제는 런정페이에 의해 지목된 인물이라는 사실에 부끄러움이 없게끔 잠시 혼돈의 시기를 거친 이후 정신을 차리고 현지 판매팀을 구축하기 시작했다. 또한 한 무리의 통신사업자 경영진들과 교제를 하며 주요 고객 그룹을 형성하게 된다.

리제가 러시아 국가전신국으로부터 따낸 첫 번째 수주는 몇 개의 '전원모듈'로 그 가치는 38달러였다. 이처럼 작은 거래일지라도 리제로 하여금 스스로를 크게 고무시켰다.

리제는 화웨이만의 '목숨을 걸고 일하는 정신'을 해외로 가지고 왔다. 얼음 위를 기어오르고 눈 속에 누워 있기를 수년 동안 하며 마치 눈으로 덮여 있는 초원 위의 이리처럼 이를 악물었다. 그 결과 고생 끝에 낙이 오는 것처럼 러시아의 경제가 회복되자마자 화웨이는 러시아에서 봄날을 맞이하게 되었다.

2000년, 화웨이는 우랄(Ural) 전신교환기와 모스크바 MTS 이동통신 네트워크라는 두 개의 대형 프로젝트를 따냈다.

2001년, 베이퉈·화웨이는 러시아 우전부가 인정하고 허가한 러시아 국산 업체로서의 영예를 누리게 되었다. 화웨이는 러시아 국가전신 부문과 1,000만 달러가 넘는 GSM 설비 공급과 관련된 계약을 체결하게 된다.

2002년, 화웨이는 또한 3,797킬로미터의 초장거리 320G의 '페테르부르크에서 모스크바에 이르는 국가 광통신 간선 설치'를 수주하는 데 성공했다.

2003년, 러시아에서의 화웨이 매출액이 1억 달러를 초과했다!

2004년, 독립국가연합(CIS)에서의 화웨이 매출액은 4억 달러였고, 그 이듬해에는 6억 1,400만 달러로 증가했다!

2007년에 이르러, 러시아 시장에 진입한 지 10년 만에 화웨이는 결국 러시아 전신 시장의 리더 중 하나가 되었고, 러시아의 모든 일급 통신사업자와 긴밀한 협력 관계를 수립하게 되었다!

3

농촌으로 도시 포위하기

그 이후 화웨이는 모든 주의력을 아프리카에 집중했다.

2007년, 화웨이의 직원 한 명이 처음으로 아프리카에 파견되어 앙골라의 수도 루안다(Luanda)에 상주하게 되었다.

"해외 생활의 전반부 3개월은 실로 고통스러워서 살고 싶지 않을 정도였다. 생활 조건이 열악한 것은 차치하고, 나는 현지의 영어를 완벽히 이해할 수 없었고(공용어는 포르투갈어였다), 제품 관련 지식도 익숙하지 못했으며, 시장에 대한 경험도 전혀 없었기에 고객을 만나러 갈 엄두가 나지 않았다. 프로젝트 중에 사람들을 따라가지 못했고 리더의 압력, 동료의 질의들로 인해 나는 매일같이 포기하고 집으로 돌아가고 싶었다. 저녁 식사를 마치면 항상 주방장 자오(趙) 형님과 함께 뜰 안을 빙빙 돌았는데(외부는 안전하지 않았다) 나는 고

개를 숙인채 말을 하지 않았고, 끊임없이 걷다 보니 수개월 동안을 그렇게 걷게 된 것이었다."

루안다의 치안은 좋지 않았다. 도처에는 내전 기간에 남겨진 제거되지 않은 지뢰가 있어서 안전을 위해 그들은 '숙소-사무실-고객'이라는 단조로운 생활을 보냈으며 최대한 외출하는 것을 줄였다. 설령 이렇게 하더라도, 어느 날 외출하여 고객을 만나려고 하면 시의 중심에서 차가 막히고, 백주 대낮에 돌덩어리와 철제 곤봉을 손에 든 6, 7명에 의해 컴퓨터, 비자, 현금 및 카드 등을 강탈당하기도 했다.

전란, 폭동, 테러, 질병도 끝없이 일어났다. 화웨이의 수많은 사무처는 모두 괴한의 습격을 당한 적이 있었고, 심지어 폭탄 테러를 당하기도 했다.

콩고 공화국에서 화웨이는 두 도시 사이에 극초단파 네트워크망을 건설해야 했다. 관건은 두 도시 사이에 밀림지대가 있어 길이 없다는 것이었는데 수많은 현지의 하청업체들은 모두 건설이 불가능하다고 말했다.

그래서 화웨이는 중국의 하청업체를 찾을 수밖에 없었다. 그들과 함께 큰 나무를 밀어서 넘어뜨릴 수 있는 대형기기와 불도저를 이용해 땅을 밀어내고 다른 한편으로는 기지국을 건설했다. 약 2개월만에 하나의 길을 개통했는데, 최소한 1년 이상이 걸릴 것으로 예상했던 고객은 놀라지 않을 수 없었다. 이리하여 화웨이는 불도저로 닦아낸 이 길에 대한 '관리 서비스 프로젝트' 또한 순조롭게 획득하게 된다.

해당 길을 지키고 관리하려면, 이 노선을 지나다니는 지방의 무장 세력들과 일정한 관계를 구축해야 했는데, 그렇지 않을 경우 해코지를 당하기 십상이었다. 그런데 화웨이맨은 놀랍게도 설득해냈고, 매월 450달러의 가격(유지·보수에 드는 정규 가격보다 50달러가 더 저렴했다)으로 그들을 기지국에 고용하여 그곳을 지키면서 생활을 꾸려나가도록 했다. 흥미로운 것은 반정부 무장세력이 매우 진지하게 일을 했다는 것이다. 오히려 정규로 고용된 보안 요원보다 더욱 일에 전념했다.

말라리아 전염병이 다발하는 지역에서 첫 번째로 말라리아에 걸린 화웨이맨은 '말라리아 상금' 수령을 신청할 수 있었는데 상금 액수는 1만 위안이었다. 말라리아와 같은 종류의 치명적인 질병은 화웨이 직원들 입장에서는 감기와 유사한 흔한 질병이 되어버렸다. 말라위에 파견되어 주재하고 있던 직원들은 말라리아에 대해 그다지 신경쓰지 않았기에 수시로 말라리아에 걸리는 사람이 발생했다. 그중 어떤 '무선 제품' 책임자는 TNM 무선 제2기 프로젝트를 수행하는 한 달 동안 네 번이나 말라리아에 걸렸다. 매주 말라리아 전염병을 전파하는 모기에게 물렸던 셈이다. 일설에 의하면, "우기 기간이면 어떤 때는 저녁 무렵에 말라위 호수에서 '회오리'를 볼 수 있는데 새까만 모습을 띠며 하늘 위 구름 속으로 돌진합니다. 하지만 사실 그것은 '회오리'가 아니라 1억 마리가 넘는 모기들이 물속으로부터 날아오르는 것이랍니다." 라고 한다.

현지의 치안이 좋지 않았기 때문에 화웨이맨은 최대한 단독 외출을 피하려 했다. 주말에 장을 보러 갈 때도 반드시 동료 직원 몇 명과 함께 갔다. 조심하고 또 조심했지만 많은 화웨이맨이 강도에 의해 습격을 당했고, 심지어 집에서도 고용한 정원사에 의해 금품을 강탈당하기도 했다.

아프리카 지역의 대부분은 기초 시설이 취약하고 사람들이 많이 지나다니는 큰길이 없다. 프로젝트가 모두 야외에서 기지국을 설치하고 테스트하는 것이었기 때문에 엔지니어 기술자들은 3, 4일을 달려서 야외에 위치해 있는 거점에 도착하여 시공을 했다. 주위는 황량하고 사람의 모습은 찾아볼 수 없었다. 그들은 가져온 몇 통의 물과 일부 말린 음식으로 허기와 갈증을 달랠 수 있을 뿐이었다. 식사와 거주는 주로 탑승했던 차량 내부에서 해결했다.

화웨이의 아프리카 개척 여정은 현대판 《서유기(西遊記)》라고 일컬을 수 있다. 그야말로 '구구팔십일난(九九八十一難,《서유기》에서 81개의 어려운 문제를 풀었다는 것에서 유래된 말로 온갖 고난을 뜻한다-옮긴이)'을 모두 견뎌내야 했다.

지금까지 전해지는 유명한 일화가 있다. 차드(Chad)에서 직원이 그어떤 오락 프로그램도 없어서 너무 심심한 나머지 뜰에 있는 닭을 쫓아 뛰었는데, 나중에 그 닭이 너무 피곤해서 죽어버렸다고 한다. 또한모 해외 대표처는 해변 가까이에 거주했는데 매년 특정한 계절이 되면해변 위에 여러 마리의 바다거북이 알을 낳았다고 한다. 그래서 저녁이 되기를 기다렸다가 엔지니어 기술자가 휴식 시간에 해변 위의 바다거북을 한 마리씩 뒤집었다가 다시 원래대로 뒤집기를 반복했다고 한다. 이 이야기는 일부 과장된 내용일 수도 있지만 해외에 파견된 화웨이 직원들의 고충과 울적함을 엿볼 수 있다.

1996년 러시아를 개척했던 것과 유사하게 런정페이가 직원들을 아프리카에 떨어뜨린 것에는 나름 생각이 있었다.

"우리가 중국의 국문을 나와 국제 시장을 개척할 때, 쉽게 볼 수 있었던 '기름진 땅'은 이미 서방 회사에 의해 모조리 선점되어 있는 상황이었다. 오직 궁벽한 곳에 멀리 떨어져 있고 동란이 자주 발생하며 자연 환경이 열악한 지구에서만 서방 회사의 움직임이 다소 느리고 투입이 적었기에 우리에게 한 가닥 기회가 있었던 것이다."

간단히 말해, 이것은 앞에서 언급한 바 있는 런정페이가 수년간 국내에서 행해왔던 '농촌으로 도시 포위하기'의 2.0 업데이트 버전인 것이다. 그러나 이렇게 낙후되고 궁벽한 중국과 관계가 양호한 아프리카에서의 시장 개척 또한 걸음 걸음마다 고되고 힘겨운 것이었다. '화웨이는 무엇인가?' '중국 기업이 과연 선진적인 통신 기술을 보유할 수 있는가?' 등의 의문을 제기하는 목소리가 끊이지 않았다.

화웨이의 아프리카 개척 인원 중 한 명은 당시를 회고하며 말했다.

"대부분의 아프리카 사람들이 지니고 있는 인상 속에 중국은 곧 치파오(중국 전통의상), 자전거, 쿵후인데 그들이 느끼기에 중국의 통신 기술과 설비는 불합격이었다. 우리가 제품을 소개하는 자리에서 화웨이의 지능망이 어느 국제 표준에 부합된다고 말하면 늘 장

내가 온통 웃음바다를 이뤘다. 그들은 '중국 기업이 어떻게 이렇게 높은 수준에 도달할 수 있겠는가?' 생각했고, 그렇게 비웃고 나서 '와!' 소리를 지르며 떠나가 그 자리에 남아 있던 우리를 매우 곤혹스럽게 만들었다."

화웨이는 에릭슨, 노키아 등 서방 기업과의 경쟁에서 여러 차례 패했고, 개척의 길은 매우 험난했다. 서방 기업은 아프리카에서 과거 중국에서의 '7국8제'의 복사판 형태로 움직였다. 그들이 부르는 가격은 대단히 높았는데 화웨이라는 개척자가 나타나자 가격을 직접 20~30퍼센트 낮추었다!

화웨이가 초기에 확보한 프로젝트는 난이도가 매우 높았다. 또한 공사 기일도 상당히 촉박했지만 화웨이의 시장 개척 인원은 이를 악물고 버텼다. 밤낮없이 일하며 목숨을 걸고 완성해낸 결과 고객으로부터 인정받고 신뢰를 얻었다.

또한 일부 프로젝트는 전란, 전염병 등으로 인해 경쟁 기업이 포기하기도 했는데, 화웨이는 이를 접수했다. 2014년, 시에라리온(Sierra Leone)에 에볼라가 창궐해 경쟁 기업은 이미 철수했지만 오직 화웨이만이 고객과 함께 견수(굳게 지키는 것)하여 나중에는 경쟁 기업의 업무를 접수했다. 아울러 새로운 계약을 취득하여 100퍼센트 시장 점유율을 실현했다. '견수'라고 하는 두 글자 뒤에는 죽음에 대한 공포와 국내에 있는 가족 걱정, 자신을 스스로 사지에 내몰고 나서 생존을 도모하겠다는 결심이 서려 있었다. 화웨이 브랜드는 이렇게 여러 차례의 목숨을 건 사투 가운데 '무'에서 '유'로 수립되었던 것이다.

2000년, 우방궈(吳邦國) 중국 부총리가 아프리카를 방문했을 때 직접 런정페이를 지명하여 자신을 수행하도록 했다. 그 목적 중 하나는 화웨이가 해외 시장을 개척하는 데 있어서 중국 정부가 어떠한 도움을 주어야 할지 이해하기 위해서였다.

2004년, 화웨이가 계약을 따낸 케냐의 지능망 개조 및 업그레이드는 성공으로 일단락되었다. 전체 공정에 투입된 비용은 3,400만 달러였다. 2005년, 남아프리카공화국에서의 화웨이 매출액은 이미 10억 달러를 돌파했고, 화웨이의 통신 네트워크 관련 제품과 기술 및 서비스가 남아프리카공화국의 전역을 거의 뒤덮게 되었다.

2006년, 화웨이는 모리셔스에 첫 번째의 3G 상용국을 건립했다. 또한 같은 해, '석유 왕국' 나이지리아의 '국내용 전송망' 건설 계약을 따냈는데 이것은 아프리카 지역을 통틀어 가장 긴 것이었다.

4

유럽의 대문을 열어
철학을 품다

화웨이 내부에는 일찍이 '다섯 명의 사람을 때려눕혀야 조그마한 시장이라도 일으킬 수 있다'는 얘기가 있다. 그런데 이 얘기는 결코 틀린 말이 아니었다.

2004년, 에릭슨은 화웨이가 전 세계 11개의 3G 네트워크 기지국을 보유하고 있지만 그것은 에릭슨의 1개 3G 네트워크 기지국보다 못한 것이라며 비웃었다. 당시 화웨이의 3G 네트워크는 모두 일부 작은 나라에서 개통된 것이었다. 예를 들면 모리셔스와 같은 나라였다. 화웨이 역시 현재와 같은 시장의 지위 아래서는 이러한 구조가 대단히 위험하다는 것을 인식하게 되었다. 한 차례의 합병으로 화웨이가 모든 재산을 빼앗기고 쫓겨날 수도 있었던 것이다. 이에 따라 화웨이는 주요 국가 및 주요 통신사업자에 진입하기 위한 목표를 수립하게 된다.

오늘날에도 화웨이맨이 외국 파견을 선택하는 데 있어서 아프리카는 여전히 감당하기 힘든 사안이다. 비록 최근 들어 아프리카 각지에 있는 대표처의 조건이 대단히 크게 개선되었지만 말이다.

반면 화웨이맨의 입장에서 볼 때 동남아시아, 유럽, 남미는 가장 좋은 해외 파견 지구로 환경이 쾌적하며 생활수준이 높고 시장도 성숙되어 있다. 하지만 당초 유럽에 발을 내딛는 것은 사실 아프리카에 비해 결코 쉬운 일은 아니었다. 또한 그곳은 에릭슨, 지멘스, 알카텔의 본사가 있는 곳으로, 방대하고 엄격한 통신사업자 여러 개가 둥지를 틀고 있는 자본주의의 발원지였다. 그곳에서 화웨이의 브랜드를 수립하고, 이미 독점 분할이 완료되어 있는 시장을 타파하고자 하는 것은 푸른 하늘에 올라가는 것보다 어려운 일이다.

2차 세계대전 당시 동맹군의 노르망디 상륙에는 두 달 남짓한 시간이 소요되었다. 화웨이는 2~3년의 시간이 소요됐는데, 해변에서 제지를 당하여 앞으로 나아가지도 물러서지도 못하는 상황에 처해 있었다.

이때 런정페이는 수레바퀴 책략을 택한다. 도처에 사람을 투입시켜 계속 살펴보며 척후로 삼았고, 이렇게 분석을 거쳐 프랑스를 유럽에 대한 전쟁의 돌파구로 삼아 강철 장벽을 뚫고 앞으로 나아가기로 결정한다.

프랑스인은 천성이 낭만적이고 미식을 중시하며, 독일인처럼 엄격함을 추구하지도 않고, 영국인처럼 고리타분하지도 않다. 서로 비교해 보면 독일 및 영국의 음식이 지닌 단조로운 맛은 사람들로 하여금 치를 떨게 만드는 부분이 있다. 이러한 점에서도 프랑스, 독일, 영국 세 국가의 국민성 차이를 살펴볼 수 있다.

화웨이 '프랑스 지사'의 총경리 원췬(溫群)은 프랑스인을 '유럽의 중
국인'이라고 직접 칭하며 "그들도 미식을 좋아하고, 친구 관계를 특별
히 중시한다"는 것을 발견했다. 고객에게 더욱 다가가기 위해 원췬은
자신을 머리부터 발끝까지 '프랑스화'했는데, 프랑스의 잘 차려진 음
식을 먹고, 프랑스 의복을 입으며, 프랑스어를 학습하고, 심지어 스스
로 프랑스 이름을 짓기도 했다.

프랑스에 진군한 지 2년째 되는 해 프랑스 통신사업자 뇌프(Neuf)는
프랑스 전역에 일련의 광섬유 전송망 시스템을 구축하기로 결정했다.
이용자는 매달 30유로를 지불하기만 하면 TV 프로그램, 인터넷 및 전
화 등의 서비스를 누릴 수 있게 되었다.

프랑스인이 친구 관계를 애호하고 중시하는 특징은 화웨이를 크게
도왔다. 화웨이는 이전에 프랑스 기업 알스톰(Alstom)과의 협력 과정에
서 상대방에게 대단히 깊은 인상을 남긴 적이 있었다. 뇌프가 본래 작
성했던 협력기업 리스트 중에는 화웨이가 없었는데, 예상 밖에도 알스
톰의 고위층 인물이 직접 뇌프의 CEO 미셸 폴린(Michel Paulin)에게 전
화를 걸어 강력하게 화웨이를 추천했던 것이다.

화웨이는 기대 이상의 성과에 매우 기뻐하며 성의를 표하기 위해 주
도적으로 협력 차원에서 가격 우대 조치를 취하겠다고 제기했다. 아울
러 3개월 이내에 프로젝트의 완성을 보증한다고 말했다.

대단히 빠른 속도로 임무를 완성하는 것은 화웨이가 보유한 특기
다. 반면 유럽 기업의 반응 속도는 느리고 완만하여 사람으로 하여금
초조하고 우려하게 만든다. 일반적으로 고객이 제기한 건의 사항은 종

종 6개월 내지 1년이 지나서야 비로소 개진될 수 있었다. 이러한 점이 바로 다국적 기업이 중국에서 화웨이에 의해 하나씩 격파되었던 원인 중 하나였다.

1996년 화웨이는 홍콩에 진입했다. 당시 리자청(李嘉誠)의 허지전신(和記電訊)은 3개월 이내에 휴대폰의 번호 이동(MNP) 업무를 모두 완성해줄 것을 요구했다. 허지전신이 수많은 유럽의 공급업체를 물색해봤지만 모두 3개월 내에는 해낼 수 없고, 가장 빨리 한다 해도 6개월이었으며, 요구하는 액수 또한 매우 높았다. 그런데 어떤 사람이 화웨이를 추천했고, 그 결과 화웨이는 3개월이 채 되지 않은 시간에 임무를 완성했다.

이번 프랑스에서의 프로젝트 역시 화웨이의 '집단적 전투력'이 유감없이 발휘되었다. 3개월이 채 되지 않아 화웨이는 임무를 원만하게 완수했고 뇌프로 하여금 괄목상대하도록 만들었다.

미셸 폴린은 화웨이에 대해서 다음과 같이 높이 평가했다.

> "화웨이는 우리에게 최소 10퍼센트의 투자를 절약하게 해주었고, 우리는 원하는 속도를 얻었다. 수년 전에는 전체 시장이 모두 '프랑스텔레콤(France Télécom)'의 것이었지만, 이제 우리는 그들의 최대 경쟁상대가 되었다."

화웨이는 프랑스에서 명성이 자자해졌고 순조롭게 프랑스 시장에 진입했다. 또한 그 이후에 뇌프의 우선 공급업체가 되어 시스코, 알카텔을 멀리 따돌렸다.

유럽 시장에는 국가가 대단히 많기 때문에 화웨이는 러시아 시장에서와는 완전히 다른 전략을 택했다. 주로 연합 개발과 입찰 참가 등의 두 가지 방식을 동시에 진행하고 대량의 '물품 공급' 계약을 취득하는 것이었다.

누군가는 화웨이가 저가 경쟁으로 시장을 확보했다고 말했는데, 이는 결코 맞는 말이 아니다. 화웨이의 저가는 우수한 기술과 저렴한 인건비의 기초 위에 세워져 있는 합리적인 가격 인하로써 공정하고 떳떳한 것이다.

국제 시장 특히 구미의 선진국에서 통신사업자가 가장 중시하는 것은 제품의 품질 위에 '가성비'이며, 제품은 높은 품질, 선진적 기술, 합리적 가격은 물론 제대로 된 서비스를 제공해야만 비로소 통신사업자의 주목을 받을 수 있는 것이다. 화웨이가 가성비 높은 제품을 만들고 신속하게 고객의 수요에 호응한 것이 해외 통신사업자로부터 수주 계약을 계속 따낼 수 있었던 주요 원인이었다.

2009년, 화웨이는 파리 근교에서 새롭게 건설되는 준공식에서 연구개발센터 세 곳이 성공적으로 설립된 것을 경축했다. 이 연구개발센터들은 각각 무선 기술의 기초적 연구개발, 고정식 광대역의 기술적 혁신, 이동식 광대역의 성능 혁신 프로세스를 책임졌다.

유럽의 첫 번째 정거장에 해당하는 프랑스에서 화웨이는 결국 성공했다. 그러나 런정페이가 이끄는 화웨이는 영국에서 가혹한 냉대를 받게 된다. 영국이라는 유서 깊은 자본주의 국가는 비록 이미 쇠락했지만 그 마음가짐에 있어서는 여전히 태생적인 오만함과 우월감을 갖고 있었다. 그들은 화웨이가 고성능 교환기를 만들어낼 수 있을 것이라고 믿지 않았고 또한 근본적으로 화웨이에 입찰할 기회조차 주지 않았다.

국내 시장에서 경쟁을 거쳤고, 러시아 및 아프리카 시장에서의 테스트를 거쳤으며, 프랑스에서 순조롭게 개국했기에 런정페이는 영국 시장을 쟁취하는 것에 있어서도 자신감이 있었다. 그는 "적을 잡으려면 먼저 두목을 잡아라"는 말을 떠올리며 창끝을 영국 최대 통신회사인 '브리티시텔레콤(British Telecom, 현재의 BT 그룹)'을 향해 겨누었고, 영국 시장을 개척해 나갔다.

2003년 말, 어렵고 힘든 과정을 거쳐 화웨이는 결국 높은 장애물을 통과하여 브리티시텔레콤 '21세기 네트워크'의 공개 입찰에 참여하게 되었다. 조건은 브리티시텔레콤이 화웨이에 대한 현지 시찰을 한 차례 진행한다는 것이었다. 이 시찰은 4일간 실시되었고 화웨이의 기술과 제품 질량을 시찰했을 뿐만 아니라 화웨이의 경영 시스템, 품질 통제 능력, 특히 제품 등의 복제 가능성과 예측 가능성을 꼼꼼히 점검하고 시찰했다.

그로부터 4일 후, 영국인은 화웨이 측에 13개의 심사·평가 항목에 점수를 매겨 건네주었는데, 화웨이는 기초 시설에서 얻은 점수가 비교적 높았고, 업무의 전체 전달 능력 등 유연성 관련 지표에서는 불합격했다!

영국인이 내린 최종 결론은 "화웨이는 브리티시텔레콤에 초점을 맞춘 명확한 사업 계획이 없다. 마케팅 인원 외에 기타 부문의 직원은 아직 브리티시텔레콤의 공급업체에 대한 기본적 요구를 잘 이해하지 못하고 있다. 따라서 브리티시텔레콤에 맞춤형 지원과 서비스를 제공할 수 없을 것이다"였다. 끝으로 영국 전문가는 선의로 이해될 수도 있고, 일종의 조롱으로 이해될 수도 있는 "화웨이가 가장 신속하게 진보하는 회사가 될 수 있기를 희망한다"라는 축원의 한마디를 전했다.

브리티시텔레콤의 시찰은 마치 화웨이의 머리에 찬물을 끼얹는 것과 같았다. 런정페이로 하여금 수치심을 느끼게 만들었고, 그의 가슴에 경종을 울리게 만들었다. 화웨이와 서방 대기업 간의 격차는 한 순간에 축소할 수 있는 것이 아니었다. 열정적인 희생정신과 간고분투에만 의지하여 금세 불식시킬 수 있는 것도 아니었다. 화웨이가 순조롭게 세계를 향해 나아가기 위해서는 서방 기업과 자웅을 겨루며 먼 길을 계속 걸어가야 했다.

그 이후 화웨이는 수억 위안의 비용을 아끼지 않고 브리티시텔레콤의 경영 방식과 품질 통제 노하우와 같은 장점들을 학습해나갔다. 이러한 학습을 거쳐 화웨이는 장족의 발전을 이루었다.

2004년 브리티시텔레콤은 다시 한번 협력 파트너의 정원을 줄이고 여덟 곳의 우수한 협력업체만을 남기기로 했다. 외부에서는 이번 공개 입찰과 관련된 명단을 지칭하여 '8명의 짧은 리스트'라고 불렀다. 런정페이는 어려움이 따를 것을 알면서도 밀고 나갔고, '8명의 짧은 리스트'에 사력을 다해 돌파할 것을 지시했다. 대여섯 차례의 심사와 테스트를 거쳐 화웨이는 결국 2005년 4월에 브리티시텔레콤의 '21세기 네트워크'의 우선 공급업체가 되었다.

이 경쟁 입찰은 단지 낙찰에 성공했다는 것을 훨씬 초월하는 것으로써 이날의 성과는 화웨이가 전 세계 고가 시장을 향해 나아가는 데 있어서의 중요한 시작점이 되었다.

"이것은 브리티시텔레콤을 위해서 뿐만 아니라 화웨이가 진정으로 세계적인 통신 설비 업체의 경영 수준에 접근하기 위해서이기도 하다. 향후에는 서로 한 치의 양보도 하지 않는 싸움이 될 것이므로 요행을 바라서는 안 된다. 화웨이가 인증을 받는 과정은 인증의 최종 결과보다 더욱 의의가 있는 것이다."

런정페이의 "적을 잡으려면 먼저 두목을 잡아라"에 기초한 책략은 커다란 성공을 거두었고, 그 효과는 매우 명확했다. 맏형 격의 통신회사가 화웨이를 인정하는 모습을 보고 다른 통신회사들도 분분히 화웨이를 향해 평화의 손길을 내밀었다.

2005년 11월, 화웨이는 고정식 전화망의 큰 형님에 해당하는 보다폰과의 협력을 달성했다. 또한 2006년에는 영국 런던에 자회사를 설립했다. 화웨이는 영국 적진에서의 전투에서 순조롭게 승리를 쟁취했고, 세계적 기업으로 나아가는 데 있어 첫걸음을 내딛게 되었다!

유럽에서의 최후 관문, 최후의 일전을 치루게 될 대상은 독일이었다. 독일은 기질이 매우 강한 국가다. 역사적으로 영국의 제국 함대가 일찍이 세계 패권을 제창한 바 있고, 프랑스의 나폴레옹이 유럽을 한 차례 휩쓸었듯이 독일도 2차 세계대전 중에 자국의 힘으로 소련, 영국, 미국, 프랑스에 대항한 적이 있다. 비록 전쟁에서 패배하여 투항했지만 독일의 강력한 군사력과 선진적인 과학기술은 사람들에게 깊은 인상을 갖게 했다.

2차 세계대전 이전에 보유했던 기술을 토대로 독일은 빠르게 경제회복을 실현했고 세계 2대 경제 강국이 되었다.

독일은 유럽의 엔진으로 전자통신의 선두에 서 있다. 독일 제품의 품질과 기술은 세계적으로 유명하며 27퍼센트가 넘는 제조업 분야의 매출액은 모두 혁신적인 하이테크 제품으로부터 나온다. 영국과 프랑스는 16퍼센트보다 낮고, 핀란드는 21퍼센트다. 독일처럼 이렇게 고부가가치의 과학기술 제품을 생산해내는 선진국은 없다. 독일의 회사는 평균 7퍼센트가 넘는 매출액을 다시 기술 제품을 연구개발하는 것에 투입하는데 이 점은 화웨이와 비슷하다.

당시 저가 및 짝퉁 제품으로 악명이 높은 '메이드 인 차이나'라는 인식 하에 높은 품질, 높은 과학기술로 명성이 자자한 독일 시장에 진입하기란 쉬운 일이 아니었다. 런정페이와 같은 기업가만이 밀고 나갈 뚝심이 있는 것으로 생각된다.

독일 최대의 통신사업자 QSC는 2004년이 되던 해 장차 독일에 NGN 네트워크를 건설할 것이라고 선포했다. 입찰을 놓고 경쟁을 벌이던 화웨이와 다른 회사들은 각자의 설비를 QSC로 운반하여 4개월 동안에 걸쳐 제품 비교 테스트를 받았다.

2005년 2월, 수많은 국제적 선두 기업이 놀라는 눈빛으로 바라보는 가운데 QSC는 화웨이가 경쟁 입찰에서 낙찰된 유일한 기업이라고 선포했다. 화웨이가 NGN 프로젝트를 위해 제출한 방안이 U-SYS의 사업 범용성, 설비 안정성 및 협의 표준성에 있어서 가장 우수했던 것이다. QSC는 동시에 장차 화웨이와 전략 파트너가 되어 독일 전역의 200개 도시를 커버하는 NGN 네트워크를 함께 건설할 것이라고 선포했다.

2007년, 화웨이는 유럽 본부를 영국에서 독일의 뒤셀도르프로 옮겼다. 이로써 화웨이는 결국 유럽에서의 배치를 완성했다. 유럽의 기타 국가, 예를 들면 네덜란드, 스페인, 노르웨이, 체코에서도 화웨이는 모두 순조롭게 프로젝트를 확보하여 발판을 마련했다. 여기서 '발판을 마련했다'라는 말의 의미는 이리가 양 떼 속으로 뛰어 들어가 상대를 철저히 박멸시키는 것도 아니고 '화웨이가 지나간 자리에는 풀 한 포기 자라지 않는다'도 아니며, 바로 화웨이가 점차 '현지화'하는 것으로 경쟁상대와 '평화 공존'하며 서로 윈윈하는 것을 말한다.

이리 떼가 왜 경쟁상대와 평화 공존을 하려고 하는가? 살육의 본성을 상실한 이리 떼가 여전히 이리 떼인가? 그런데 사실은 그렇지 않다. 이것은 곧 런정페이의 '스케일 철학'이다. 장기간 축적되어온 '투쟁 철학'에 익숙해져 있는 중국인은 너무 쉽게 '너 죽고 나 살자' 식의 쟁탈전에 빠지기 십상이다. 게다가 100여 년간 누적되어온 가난과 쇠약함, 낙후성은 중국인으로 하여금 완만한 개량이 아닌 급격한 혁명에 익숙하도록 만들었고, '흑(黑)'이 아니면 '백(白)'이고 이것이 아니면 저것이며 친구가 아니면 적이라는 이분법에 매몰되도록 만들었다. 1990년대 국내 기업들의 시장 경쟁에서는 '목적을 달성하기 위해서는 수단을 가리지 않는' 풍조가 만연했고, 모든 일에 있어서 오직 결과를 중시했다.

화웨이가 다소 늦게 진입했던 중국의 시장 환경에서 '랑성'이 아니었다면 곧 생존할 수 없었기에 이는 자연스러운 선택이었다. 그런데 랑성은 화웨이로 하여금 성취를 하도록 만들기도 했고, 화웨이에 손실을 입히기도 했다.

런정페이는 성격이 다소 거칠고 강렬한 사람이지만 또한 극도로 냉정한 인물로 고객 확보를 놓고 싸우는 데 있어서는 일종의 '침입자' 같았다. 그런데 화웨이가 해외에서 직면한 상황이 당초 화웨이가 국내의 다국적 기업에 반격했던 것과 마찬가지로 공략하기가 매우 어려웠고, 또한 천시, 지리, 인화에 있어서 우위를 차지하고 있지 못했다. 강적들이 링 위에서 서로 싸움을 벌이고 있는 것을 지켜보는 것은 일견 속이 시원한 일 같지만 런정페이의 관점에 따르면 실제로는 한 가지 이점도 없는 것이었다.

"우리만 홀로 커지게 될 때 그것이 바로 우리가 사망하는 시기다. (중략) 화웨이는 모든 이의 등탑을 없애버리려고 하는 것이 아니라 화웨이의 등탑을 세우고자 하는 것이다. 에릭슨, 노키아의 등탑이 영원히 쓰러지지 않도록 지지할 것이며 화웨이 홀로 천하를 독점하지는 않을 것이다. (중략) 화웨이는 과거에 아래에서 위를 향해 시장을 공략하는 길을 택했는데, 이를 위해서는 제품의 품질이 우수하면서도 가격이 낮은 것 외에 달리 방법이 없었다. 그런데 이는 서방

회사를 낭떠러지로 내몰았고 우리 자신도 매우 큰 고통을 겪어야
했다.”

랑성은 밀림에서 살아남기 위한 지혜고, 스케일 철학도 밀림에서 생
존하게 하는 지혜다. 동시에 이것은 도가(道家)의 정수가 스며 있는 것
으로, 즉 물은 천 갈래 만 갈래 굽이치고 우회하면서 결국 큰 바다로
돌아가게 된다. 이것은 겉으로 보기에는 ‘무위(無爲)’이나 ‘불위(不爲)’한
것이 아니며, 겉으로 보기에는 지극히 부드럽지만 지극히 견고한 것도
이겨낼 수 있는 것이다. 해외 시장에서 스케일 철학과 타협은 더욱 필
요한 것이다.

“방향은 타협할 수 없는 것이고 원칙도 타협할 수 없는 것이다.
하지만 목표를 실현하는 과정 중의 모든 것은 타협할 수 있다. 그것
이 목표 실현에 유리하다면 왜 타협할 수 없겠는가? 목표의 방향이
명확해질 때 만약 이 길을 통과할 수 없다면 우리는 한 차례 타협하
여 길을 돌아서 간다면 어쨌든 제자리에서 걷는 것보다는 좋은 것
인데, 쓸데없이 벽에 머리를 다짜고짜 들이박을 필요가 있겠는가?
일부 사람은 타협이 마치 연약함과 굳세지 못함을 나타내는 것으로
인식하고, 추호도 타협하지 않아야만 비로소 ‘영웅본색’을 현시할
수 있는 것으로 보고 있는 듯하다.
‘이것이 아니면 바로 저것이다’라고 하는 이분법적 사고방식은
실제로는 사람과 사람 간의 정복과 피정복 관계를 인정하고 있는

것이며, 그 어떤 타협의 여지도 없는 것이다. '타협'은 사실 대단히 실용적이고 통관달변(임기응변)의 '밀림에서 생존하기 위한 지혜'라고 할 수 있다. 무릇 인생이라는 밀림에서 살아가는 지자(智者)라면 모두 적당한 시기에 타인이 제시한 타협을 받아들이거나 또는 타인에게 타협을 제시하는 것의 필요성을 이해하고 있다. 궁극적으로 인간은 생존해야 하는데 그것을 위해 의지해야 하는 것은 이성이지 의기가 아니다."

이후 화웨이는 일부 가격 경쟁의 수단을 포기했고, 방향을 전환하여 많은 영역에서 경쟁 회사와의 협력을 전개했는데 아울러 매년 그들에게 특허사용료를 지불했다. 이렇게 5, 6년이 지나자 화웨이와 경쟁 회사들과의 관계는 갈수록 화목해졌고 친구가 되었다.

당초 런정페이는 '종업원 지주제도' 방식을 이용해 화웨이를 강력한 힘을 지닌 하나의 팀으로 끈끈하게 단합시켰다. 런정페이가 보기에 현재 시점에서 '종업원 지주제도 2.0 버전'을 실시해도 괜찮을 것이라는 생각이 들었던 것이다. 그의 생각을 요약하자면 이렇다.

"우리는 더 이상 강대해질 수 없을 정도로 강대해질 수 있지만, 만약 한 명의 친구도 없다면 우리가 어떻게 계속 강대함을 유지해 나갈 수 있겠는가? 그것은 확실히 불가능하다. 우리는 왜 다른 사람을 타도하고 홀로 세계의 패권을 차지하려고 하는가? 다른 사람을 소멸시키고 홀로 세계의 패권을 차지하고자 했던 칭기즈 칸과 히틀

러는 최후에 모두 멸망했다. 화웨이가 만약 홀로 세계 패권을 차지하고자 한다면 또한 최종적으로 멸망하게 되는 것이다. 우리는 왜 사람들을 단결시키고 강자와 협력하지 않는가? 우리는 협소한 관점을 지닌 채로 누구를 소멸시키겠다는 생각을 해서는 안 된다. 우리와 강자 간에는 경쟁도 있을 것이고, 협력도 있을 것인데, 우리에게 유익하다면 그것으로 좋은 일이다.

화웨이와 타인과의 협력은 '검은 과부 거미(Black Widow Spider)'처럼 되어서는 안 된다. '검은 과부 거미'는 남미에 서식하는 거미의 일종인데, 이 거미는 교배한 이후에 어미 거미가 남편 거미를 먹어치워 이를 통해 어린 새끼 거미를 부화시키기 위한 영양분으로 삼는다. 이전에 화웨이는 다른 회사와 협력했는데 1~2년 후 화웨이는 곧 이러한 회사를 먹어치우거나 내동댕이쳤다. 우리는 이미 충분히 강대해졌으므로 마음이 더욱 개방적이어야 하고 더욱 겸허해져야 하며, 문제를 살펴보는 데 있어서 더욱 진지해야 한다. 소두계장(小肚鷄腸), 즉 도량이 좁아 조그만 일에 얽매여 큰일을 그르쳐서는 안 된다. 그렇지 않을 경우 초나라의 패왕처럼 될 것이다. 우리는 반드시 더 좋은 협력 모델을 찾아 서로 원윈해야 한다.

연구개발은 비교적 개방적이지만 더욱 개방되어야 하고, 대내외 모두 개방되어야 한다. 우리가 오늘에 이르기까지 얼마나 쉽지 않았는지를 생각해보기 바란다. 우리는 더 많이 외부의 다른 사고방식을 흡수해야 하고, 끊임없이 부딪히며 자극받고 협소한 생각에 안주하지 말아야 한다.

화웨이의 발전 및 성장과 관련하여 세상에는 우리를 좋아하는 사람들도 존재할 것이고 우리에게 원한을 품는 사람들도 존재할 것이다. 왜냐하면 우리가 수많은 작은 회사의 밥그릇을 사라지게 만들 수도 있기 때문이다. 우리는 이러한 현실 상황을 바꿔야 하고, 개방하고 협력해야 하며, 서로 원원해야 한다. '한 장군이 이룬 공훈의 그늘에는 수많은 병졸의 비참한 죽음이 있다'는 일장공성만골고(一將功成萬骨枯)의 모습이 되어서는 안 된다. 예를 들면, 국가가 우리에게 제공한 연구개발 경비를 안 받을 수는 없지만 그것을 필요로 하는 다른 회사에 일부분을 나누어주어 우리를 원망하고 있는 사람을 '우리 사람'으로 만들 수 있는가? 우리의 40년 가운데 앞의 20년간 우리는 적을 친구로 만들고자 했다. 우리가 이 업계에서 많은 친구를 데려온다면 그때 우리에게는 '승리'의 길밖에 없게 되는 것이다. 개방, 협력, 원원의 실현은 많은 사람을 단결시켜 함께 일하고 공동의 이익을 실현하는 것이지 함께 패배하는 것이 아니다.

우리의 주관(관점)은 고객을 위한 것이고, 모든 출발점 역시 고객을 위한 것인데, 사실 최후에 이익을 얻는 것은 우리 자신이다. 어떤 사람은 고객에게 잘해주면 고객이 우리 돈을 가지고 가버린다고 말하기도 한다. 또한 우리는 '심도탄·저작언(深淘灘·低作堰, 강변의 모래를 제거하여 수심을 깊게 하고, 보를 낮게 설치하는 것을 의미. 진나라 때 이빙(李氷) 부자가 두장옌(都江堰)의 수리 공사에 제시하여 적용된 공법이다—옮긴이)' 중에서 '저작언'의 정신을 지녀야 한다는 것을 반드시 이해해야 한다. 우리는 너무 많은 돈을 필요로 하지 않으며 그저 필요한 이윤을 남기면 된다. 다만 이윤이 우리가 계속 생존하는 것을 보장할 수 있기만 하면 되는 것이다. 많은 돈을 고객에 양보하여 건네고, 협력 파트너에 양보하여 건네며, 경쟁상대에게 양보하여 건넨다면 우리는 갈수록 강대해질 것이다. 이것이 바로 일종의 '심도탄·저작언'에 해당되는 것인데 직원들은 이 말을 반드시 이해해야 한다. 이렇게 하면 우리의 생활은 모두 보장받게 될 것이며 영원히 죽음에 이르지 않게 될 것이다."

2013년 유럽 연합(EU)의 무역 관련 전문가가 화웨이에 대해 반덤핑, 반보조금 조사를 제기했을 때 에릭슨, 알카텔루슨트, 노키아지멘스(NSN) 등은 모두 화웨이를 지지하며 화웨이는 결코 저가로 덤핑을 하지 않았다고 말했다. 이는 곧 런정페이의 독창적인 스케일 철학의 효과였다.

화웨이가 전 세계 곳곳을 개척하는 과정 중에서 유럽에 진입한 것은 하나의 이정표였다. 유럽 시장에서의 엄청난 성공은 이곳에서 '화웨이 제2의 본토시장'이라고 일컬어졌기 때문이다.

이어서 런정페이는 야심만만하게 '글로벌 상업제국'인 미국 시장을 최후의 목숨을 걸고 진입할 격전지로 간주했다. 미국 땅에 화웨이의 붉은 깃발을 꽂아 중국 국기와 함께 미국 상공에서 휘날리게 하고자 했다. 다만 예상하지 못했던 것은 화웨이의 미국행이 험난하다는 것이다. 이제 막 진입하기 위해 탐색하는 단계에서 화웨이는 미국의 시스코에 의해 저지를 당하여 소송을 벌이게 된다.

강인한 성격을 지닌 런정페이도 미국에서 인생의 한 고비를 만나게 된다. 당시 런정페이는 국내에서 어려운 상황에 처해 있었는데 IT 거품이 꺼지면서 화웨이 경영에 혼란이 발생했다. 게다가 그가 가장 애지중지하던 부하직원 리이난이 밖으로 뛰쳐나가 창업을 했다. 그 이후 리이난은 강완회사(港灣公司)를 세워 런정페이와 맹렬한 쟁탈전을 전개했다. 또한 모친이 갑작스러운 교통 사고로 세상을 떠나게 되어 런정페이의 마음은 이루 말할 수 없는 고통을 겪었다. 또한 자신도 암을 앓게 되는 등 여러 가지 일이 발생했다.

런정페이가 무수히 예언했던 '화웨이의 겨울'이 결국 도래한 것이다!

| 5장 |

화웨이의 겨울이 오다

HUAWEI

회사의 모든 직원들은 만약 어느 날, 회사의 매출액과 이윤도 하락하여 심지어 파산할 수도 있다는 것을 생각해본 적이 있는가? 그렇게 되면 우리는 어떻게 해야 할까? 우리 회사의 태평한 시간이 너무 길어지고, 평화로운 시기에 너무 출세하게 되면 이것은 아마도 우리의 재난일 것이다. '타이타닉 호'도 환호성 속에서 바다를 향해 나아갔다. 또한 나는 그러한 날이 반드시 도래할 것이라고 믿는다. 이러한 미래에 직면하면 우리는 어떻게 대처해야 할 것인지 생각해본 적이 있는가? 많은 직원들이 자부심을 갖고 맹목적으로 낙관하는데, 만약 이러한 미래를 고려하고 있는 사람이 너무 적으면 아마도 이러한 미래는 곧 임박하게 될 것이다.

10년 동안 내가 날마다 생각했던 것은 모두 '실패'에 대한 것이었다. 성공에 대해서는 대수롭게 생각하지 않았고, 그 어떤 영예감이나 자부심도 없었으며 오직 위기감만 있었다. 아마도 이렇게 했기에 10년을 살아남을 수 있었을 것이다. 직원들이 어떻게 하면 살아남을 수 있을지 함께 생각할 때 우리는 아마 조금 더 살아남을 수 있을 것이다. 실패는 언젠가 반드시 도래할 것이고, 우리는 그것을 맞이할 준비를 미리 해두어야 한다. 이것은 시종일관 흔들림 없는 나의 견해이자 '역사 규율'이다.

_런정페이, 《화웨이의 겨울》(2001)

1

리이난의 배신

런정페이의 첫 번째 타격은 그가 줄곧 신임해왔던 '천재' 부하직원 리이난으로부터 왔다. '기술 거물' '교만하고 방자한' 이 두 가지 표현은 화웨이에서 리이난을 언급할 때 회자되는 말이다.

지능이 너무 뛰어난 인물이 어린 나이에 출세하게 되면 많은 경우 한 사람의 전체적 발전에 있어서 결코 좋은 일이 아니다. 어떤 사람은 IQ가 매우 뛰어나지만 EQ(감정 지수)가 종종 그것에 미치지 못하거나 심지어 일반인보다 취약한 경우도 있다. 이와 관련해서는 미국의 시트콤 〈빅뱅 이론〉에 등장하는 주인공 '셸든'을 참고할 수 있다. IQ는 뛰어나지만 EQ가 심각하게 결여되어 있는 천재는 멀리서 바라보면 매우 흥미로운 사람처럼 보이지만 가까이서 접촉할 경우에는 필경 미쳐버리게 될 것이다.

리이난이 바로 이와 같은 경우다. 화웨이에서 그는 일거수일투족 중요한 영향을 미치는 리더격 인물이었다. 하지만 업무에 있어서만큼은 아직 유아적 특성을 벗어나지 못해 '자기 마음대로 하기'와 '포악하게 제멋대로 굴기' 행동을 보였다. 그가 가장 즐겨했던 말은 '영행금지(令行禁止)' 즉 '명령은 지켜야 하고 금지사항은 행하지 말아야 한다'는 것이었다. 리이난 밑에 하급자들은 모두 리이난을 두려워했는데, 조금이라도 신중하지 못하면 한바탕 욕을 먹는 것이 다반사였기 때문이었다. 기타 부총(부회장)을 대하는 데 있어서조차 리이난은 태도가 거칠고 폭력적이었으며, 걸핏하면 훈계하듯 따지고 대들었다.

1996년부터 1998년까지는 리이난이 화웨이에서 가장 위세를 떨치던 시기였는데, 그의 이러한 모습은 흡사 런정페이 방식의 경영이 충분하게 체현되는 것처럼 보였다. 리이난의 이러한 성격은 IQ와 EQ가 높은 인재들이 모여 있는 곳에서 다른 사람들과 충돌이 일어나지 않을 수 없었다. 리이난과 정바오융은 원래 친구였는데 리이난이 화웨이에 입사한 이후 정바오융은 그에게 호응하며 협력했다. 그러나 리이난이 승진한 후 두 사람 사이는 어긋나기 시작했다. 무릇 정바오융을 지지하는 사람은 리이난을 반대했다. 이는 기술 방안을 둘러싸고도 그러했고 용인 방면에서도 그랬다. 두 사람은 각종 회의에서 수시로 얼굴을 붉히며 말싸움을 하곤 했다.

리이난과 정바오융의 긴장된 관계를 협조적으로 만들기 위해 런정페이는 많은 노력을 기울였다. 회의 중 정바오융과 리이난을 가리키며 "한 명은 빌(Bill)이고, 다른 한 명은 게이츠(Gates)다. 오직 두 사람이 함께 있어야만 화웨이의 빌 게이츠(Bill Gates)인 것이다"라고 명확하게 표현하기도 했다. 하지만 별 소용이 없었다.

리이난이 화웨이를 떠나게 된 이유는 쏜야팡과 업무상으로 마찰이 있었기 때문이라고 알려져 있다. 쏜야팡이 함부로 이래라저래라 하는 것에 불만을 품고 있었는데, 이 다툼 과정에서 런정페이가 리이난을 지지하지 않았다는 이야기도 전해져온다.

리위줘(李玉琢)는 일찍이 리이난에게 언제 화웨이를 떠나고 싶은 마음이 생겼는지 물었는데, 자신이 모베이커에 파견되었을 때라고 답했다. 모베이커는 화웨이에서 변두리 지대에 속했다. 아마도 런정페이가 고심 끝에 리이난을 한 차례 테스트하고 단련시킨다는 의미에서, 또 리이난의 포용력을 증강시키기 위해 내린 결정이었을 것이다. 리이난의 마음과 뜻을 흔들어 고통스럽게 하고, 힘줄과 뼈를 힘들게 만들며, 몸을 배고프고 궁핍하게 만들어 나중에 크게 쓰고자 했던 것으로 보인다. 하지만 리이난은 자신이 구석진 곳으로 쫓겨나 유배되었다고 생각했다.

당시 리이난은 30세가 채 되지 않았고 체력과 야심이 가득찬 시기였다. 사람들로부터 칭송받는 '기술 천재'가 화웨이에서 놀림을 받으며 런정페이의 그림자 아래 계속 남아 있을 이유가 어디에 있겠는가? 게다가 런정페이와 제품 발전 방향에 있어서도 의견 차이가 있었는데, 런정페이는 광대역을 중시했지만 리이난은 IP가 미래의 발전 방향이라고 인식했다. 그래서 화웨이를 나와 자신의 사업을 하고자 하는 생각이 더더욱 생겨나게 되었다.

2000년, 런정페이는 통신업의 '겨울'이 곧 올 것이라고 예측했다. 그의 대응책은 한 차례 사내 창업을 하고, 만약 창업이 성공하지 못하면 회사로 돌아올 수 있지만 주주권의 산정은 처음부터 다시 시작되는 것이었다. 런정페이는 화웨이의 소매 대행, 교육과 훈련, 콘텐츠 개발, 단말기 설비 등의 업무 위탁을 은퇴한 화웨이 원로들에게 제공하여 거대한 '뜻을 같이하는 사람들'을 단결시킬 계획이었다. 이러한 시스템은 대단히 복잡하게 연계되어 있어서 상호 보조하며 공동의 안전을 만들어냈다. 이리하여 화웨이는 모든 역량을 핵심 경쟁력 향상에 쏟아부을 수 있었다.

그러나 사내 창업은 조건이 있었다. 직원은 자신의 주식 지분을 대신하여 상응하는 가치의 제품을 가져갈 수 있었다. 하지만 반드시 화웨이와 협의, 서명해야 했는데, 오직 화웨이 제품은 대리할 수는 있지만 연구개발은 할 수가 없었다.

리이난은 이 기회를 틈타 사내 창업에 참여하겠다고 제의했다. 리이난의 이탈은 런정페이에게 매우 큰 충격을 주었다. 그해 런정페이는 자신을 C학점으로 평가했다. 그래도 런정페이는 리이난을 위해 선전 우저우빈관에서 융숭한 환송식을 열어주었고, 아울러 화웨이의 고위층 전체가 출석하도록 했다.

리이난은 수중에 있던 주식을 처분하고 얻은 1,000만 위안의 회사 제품을 이용하여, 북상해서 강완회사를 세우고 화웨이의 고급 대리점이 되었다.

2

강완회사를 포위하다

강완회사와 화웨이는 최초 밀월 관계를 유지했지만, 강완회사가 창립 1주년 지나 자체적으로 연구개발한 공유기와 교환기 등의 여러 제품을 출시함으로써 점차 화웨이의 경쟁상대가 되었다.

화웨이에서 뛰쳐나온 '기술 천재' 리이난은 화웨이의 강점과 약점을 매우 잘 알고 있었다. 그래서 화웨이의 '데이터 통신' 영역에 있어서의 취약점을 쉽게 찾아냈다. 강완회사는 창립 첫해에 매출액 2억 위안을 달성했고, 다음 해에는 10억 위안의 벤처 투자까지 획득했다. 광대역 IP 제품 영역에서 강완회사의 네트워크 시장 점유율은 7~8퍼센트였다. 당시 화웨이도 10~15퍼센트 정도에 불과했다.

강완회사는 화웨이에서 사람들을 끌어갔을 뿐만 아니라 '광통신' 창업팀까지 흡수했다. 전략, 전술에서 기업 경영 이념까지 강완회사는 화웨이와 매우 유사하여 '작은 화웨이'라는 별명이 붙게 되었다.

이것은 런정페이가 마지막으로 받아들일 수 있는 바텀라인을 명확하게 넘어선 것이었다. 그의 입장에서는 더 이상 용납하고 참을 수 없는 일이었다. 2000년 말, 리이난은 화웨이를 떠날 때 '사내 창업을 위한 개인 신청'을 특별히 작성하여 사내보 〈우화 관리(優化管理)〉에 게재했다.

"화웨이의 고급 간부로서 나는 장차 직업적 업무의 도리에 따라 앞으로의 활동에 있어 회사의 비밀을 엄수하고 회사의 명예를 지킬 것이며, 이러한 뜻에서 회사와 비밀보호 및 동종 업종의 진출 제한에 관한 협의에 서명하고자 한다. 내가 신청하여 성립될 창업 회사도 장차 화웨이의 대리점과 관련된 각 항목의 관리 규정을 준수할 것이고, 상업 준칙을 준수하며 성실하게 경영할 것이다."

이때 화웨이는 결코 좋은 나날을 보내고 있지 못했다. 2001년 화웨이의 매출액은 225억 위안이었는데, 2002년이 되어 매출액은 갑자기 221억 위안이 되었고, 화웨이에 처음으로 마이너스 성장이 발생한 것이다!

3G의 연구개발은 잠시 방향을 잃고 앞으로 나아가지 못했고, 런정페이는 차가운 바람 속에서 고통스럽게 버텨내며 이를 악물고 3G 시대를 기다렸다. 시티폰 사업의 거대한 기회를 놓쳐 중싱이 뒤에서 쫓아오는 상황에서 강완회사가 화웨이의 '내부인'을 자기네 쪽으로 끌어갔기 때문에 일시적으로 화웨이는 사면초가에 빠졌고, 화웨이 직원들 마음 또한 불안감에 사로 잡혀 있었다.

런정페이는 강완회사를 굴복시킨 이후, 당시의 상황을 회고하면서 한편으론 가슴 아파하고, 다른 한편으론 매우 비분강개(悲憤慷慨)하며 말했다.

"당신들이 창업을 시작할 때 화웨이에 해를 끼치지만 않았다면 우리는 당신들을 지지하고 이해했을 것이다. 하지만 투기 자본의 추동 하에 당신들이 진행했던 일이 화웨이에 손실을 초래했고, 우리는 어쩔 수 없이 그것에 반응해야 했다. 하지만 우리의 창끝은 당신들을 조준한 것이 아니다. 2001년부터 2002년까지 화웨이는 국내외적으로 딜레마에 빠져 있었고, 붕괴의 벼랑 끝에 서 있었다. 당신들이 앞으로 나아갈 때 화웨이는 매우 허약했고, 큰 압력에 직면해 있었다. 내부의 수많은 사람을 포함한 일부가 당신들을 모방해 회사의 분열을 야기하고 기술과 상업 비밀을 훔쳤다. 물론 실제로 이러한 일을 획책한 것은 서방의 기금(자본)이었는데, 이러한 기금은 미국의 IT 거품이 꺼지는 가운데 낭패를 당한 후 중국으로 방향을 돌려 화웨이를 남김없이 모두 파헤쳤다. 또한 화웨이의 축적된 무형의 재부를 훔쳐 그들이 처해 있는 곤경에서 벗어나고자 했다.

당시 화웨이는 좋지 않은 기류가 만연하여 모두 '자본의 초기 모습은 더러운 것이다'라는 구호를 높이 외쳤다. 또한 투기 자본의 추동 하에 집단적으로 손을 잡으며 회사의 '기술 기밀'과 '상업 기밀'을 외부로 빼돌렸다. 이는 한바탕 비바람이 거세게 일어나 화웨이를 몹시 뒤흔들고 낭떠러지에 내몰리게 만들었다. 경쟁상대도 당신들을 이용해 화웨이에 제약을 가하고자 했는데, 우리는 이처럼 서방의 기금 및 경쟁상대로부터 더욱 큰 압력에 직면하게 되었다."

당시 화웨이를 떠나 창업한 직원은 3,000여 명이었고, 그중 적지 않은 수가 중간층에 속해 있었다. 만약 이렇게 둑이 터져버리면 이 3,000여 명 중에 얼마나 많은 사람들이 눈 깜짝할 사이에 화웨이의 대리점에서 라이벌이 되겠는가? 그렇게 될 경우 화웨이 내부는 또한 어떻게 안정될 수 있겠는가? 이것은 원칙의 문제이자 생사와 관련된 문제이기도 했다.

강완회사는 이미 화웨이가 낳은 아이에서 경쟁상대로 변했다. 런정페이는 강완회사에 대해 미친 듯이 공격하며 압박을 가하기 시작했다. 2003년, 화웨이는 3Com과 함께 합자회사를 세웠다. 이전에는 결코 관심을 두지 않았던 중저가 시장을 정조준했다. 강완회사가 참여한 프로젝트일 경우 화웨이의 입찰 가격은 모두 더 낮았다.

2004년, 화웨이는 본격적으로 '강완회사 타도 전문 실행팀'을 결성하고 강완회사에 대한 전방위적인 공세를 가하기 시작했는데, 업무적 측면에 있어 일대일 '밀착 마크'하는 것에 그치지 않고 강완회사의 전체 제품 라인의 연구개발 인원에 대해 높은 임금을 제시하며 화웨이로 스카우트했다.

강완회사 측에 남아 있던 몇 가지 출구는 런정페이가 이미 대비해둔 까닭에 하나씩 막히면서 모두 차단됐다. 강완회사는 독일의 '거두' 지멘스와의 합병을 모색했지만 화웨이는 곧 지식재산권 분쟁을 통해 지멘스를 저격했다. 강완회사가 미국 시장에 상장하는 것을 도모할 때도 미국 측에 여러 차례 자료 조작에 대한 익명의 제보를 하여 결국 상장할 수 있는 길은 끊어지고 말았다.

서로 맞붙어 싸우며 에너지 소모를 하게 되면 누가 더 뱃심이 두둑한지가 승리의 결정적인 요인이 된다. 2006년 리이난은 결국 더 이상 지탱할 수 없게 되었다. 강완회사는 최종적으로 화웨이에 합병되는 운명을 벗어나지 못했다.

런정페이가 강완회사 직원들에게 발표한 연설의 시작은 다음과 같았다.

"나는 화웨이를 대표하여 당신들과 두 번째로 악수를 하게 되었다. 이번에는 내가 이사회의 위탁을 받아온 것이며 진심으로 당신들이 돌아온 것을 환영한다. 눈앞에 있는 것을 근시안적으로 바라봐서는 안 되고, 지나치게 무거운 과거의 일에 얽매여서도 안 되며, 미래를 보기 바라고 발전을 보기 바란다."

런정페이는 또한 다음과 같이 말했다.

"우리 모두 진심으로 이번 악수를 대한다면, 미래에 협력하여 커다란 일을 해낼 수 있을 것이다. 만약 화웨이가 당신들을 품고 받아들이지 못한다면 어떻게 천하를 품고 받아들일 수 있으며, 어떻게 다른 작은 회사를 품고 받아들일 수 있겠는가?"

일종의 부자지간에 벌어진 전쟁은 아버지인 화웨이의 승리로 끝났다. 하지만 런정페이 또한 완전한 승리자는 아니었다. "적군 1,000명을 죽이면 아군도 800명 손실을 입는다"는 말이 있는 것처럼, 런정페이는 "화웨이가 중원의 패권을 놓고 자웅을 겨루었으나 그 참혹한 승리는 흡사 패배와 다름없는 것이었다"는 말로 7년간 계속되어온 긴 전쟁을 달리 표현할 방도가 없었다.

어떤 민족이든 배신자에 대해서는 모두 이를 갈며 증오하고 관용을 베풀지 않는 법이다. '투항'의 조건으로써 리이난은 화웨이에 돌아와 2년간 일을 해야 했는데, 그 직위는 여전히 부총재였고 동시에 '수석 통신과학자' 자리를 겸임했다. 하지만 런정페이와 리이난 사이에 감정의 응어리와 원한이 풀리지 않았기에 두 사람 모두 7년 전의 그때로 되돌아 갈 수 없다는 사실을 잘 알고 있었다.

화웨이에 다시 돌아온 리이난은 자연히 중대한 사건의 결정권과 참여권을 박탈당했고, 당시에 그다지 인기가 별로 없던 '휴대폰 부문'으로 발령받았다.

2008년, 2년의 기한이 만료되자 리이난은 다시 화웨이에서 도망치듯 나와 바이두(百度)에서 '수석 기술관(CTO)' 역할을 맡는다. 당시 리옌훙(李彦宏)은 "전 세계를 통틀어 바이두에서 CTO를 할 수 있는 인물은 오직 세 명뿐인데, 리이난은 바로 그중 한 명이다"라고 천명했다. 바이두에서 리이난은 '알라딘 계획'의 개발을 주도했다.

한 통계 자료에 의하면, 2007년부터 2017년까지 바이두에서는 최소한 10명의 부총재, 20여 명의 고위급 책임자가 이직했다. 2015년부터 지금까지 바이두에서 이직한 고위급 책임자는 10명이 넘는데, 이것은 고위급 책임자의 폭발적인 이직 흐름이라고 할 수 있다.

리옌훙은 비록 런정페이처럼 성격이 난폭하고 강하지는 않았지만 결코 자신의 권한을 내려놓으려고 하지 않았다. 이것은 리이난의 입장에서 볼 때 자신의 재능을 펼 수 있는 영역이 넓지 못하다는 것을 의미했다.

2010년 1월, 리이난은 다시 바이두를 떠나 이번에는 '무선신기(정식 명칭은 '베이징 무선신기정보 주식회사'다－옮긴이)' 12580의 CEO를 맡는다. 그에 대한 외부의 평가에 따르면 바이두에서 큰 뜻을 제대로 펴지 못했던 교훈을 토대로 12580에서는 권한을 완전히 장악하고 자신의 원대한 계획을 대대적으로 실현하고자 했다는 것이다. 하지만 12580 위에는 중국이동이 있었기 때문에 12580을 주도하고자 했던 그의 목표는 실현될 수 없었다.

2011년, 리이난은 다시 12580에서 떠나기로 결심하고 '공동 출자자'의 신분으로 '진사장(金沙江) 창업투자기금'에 합류하여 투자가로 변신을 꾀했다. 2015년, 후이린(胡依林)의 '샤오뉴(小牛) 전기자동차' 프로젝트는 리이난을 빠져들게 했다. 자본시장은 후이린의 전기자동차 프로젝트에 결코 높은 점수를 주지 않았다. 인터넷 개념 외에 기술이 없고, 제대로 된 좋은 팀도 없으며, 융자에 있어서도 장벽에 부딪혔기 때문이다. 리이난은 아마도 인터넷을 통해 신속하게 창업할 수 있다는 거대한 유혹을 뿌리치지 못하고 이를 비즈니스 기회로 인식하여 자신이 가진 모든 것을 바쳤을 것이다. 그는 이것이 자신의 마지막 창업이 될 거라고 대외적으로 알렸다.

'리이난'이라는 유명한 카드를 보유하게 된 사오뉴 전기자동차 프로젝트에는 자본이 벌 떼처럼 몰려들었다. 전기자동차는 아직 세상에 나오지 않았지만 GGV, IDG, 세콰이어 캐피탈(Seguoia Capital), 리카이푸(李開復)의 혁신공장(革新工場), 쉬샤오핑의 전거기금(眞格基金) 등 여러 기구로부터 5,000만 달러의 융자를 획득했다.

2016년 6월, '샤오뉴 전기자동차'가 징둥(京東)에서 크라우드 펀딩을 조성했는데 5분 만에 500만 위안의 크라우드 펀딩 목표를 달성했다. 최종적으로 7,200만 위안에 도달했으며, 참여자 수는 11만 명에 달해 '인터넷 창업 스타'가 되었다.

리이난은 '샤오뉴 전기자동차'의 크라우드 펀딩을 긍정적으로 평가했다. 자신은 "뜻을 함께하는 청년들과 이 시대에 의의가 있는 일을 하고 싶다"라고 밝혔다. 그런데 예상 밖에도 크라우드 펀딩이 종결된 후, 리이난은 2014년에 진행했던 내부자 거래에서 범죄에 연루됐다는 혐의를 받고 선전시 공안국에 의해 비행장에서 체포됐다. 이로써 그의 창업의 길도 멈추게 되었다. 화웨이와 런정페이 곁을 떠난 리이난은 더 이상 날지 못했다.

3

망인을 애도하다

2001년 초, 런정페이는 당시 국가부주석이던 후진타오(胡錦濤)를 수행하여 유럽을 방문했다. 1월 8일 방문 일정이 끝나고 이란에 머물고 있을 때 런정페이에게 "모친께서 교통사고로 부상이 엄중하니 속히 돌아오십시오!"라는 소식이 전해졌다.

그날 오전 런정페이의 모친 청위안자오는 장을 보러 나갔다가 자동차와 부딪혀 넘어졌고, 해당 차량의 운전자는 도망친 상황이었다. 청위안자오는 즉시 병원으로 옮겨졌지만 신분증을 소지하지 않았고 주머니 속에 단지 약 40위안밖에 없는 상태로 연락되는 지인이 없었기 때문에 생명을 구할 수 있는 골든타임을 놓쳐버리고 말았다. 런정페이는 애간장이 타들어가는 심정으로 최대한 빨리 집으로 돌아왔지만 모친의 임종을 지켜볼 수밖에 없었다.

수년 전에는 부친 런모쉰이 쿤밍(昆明) 길거리의 작은 노점에서 플라스틱으로 포장된 음료수를 한 병 구입하여 마시고 설사를 한 이후 몸 전체 기관이 쇠약해지는 질병을 얻어 세상을 떠났다.

사람으로서 느낄 수 있는 가장 큰 참혹함과 고통을 경험한 런정페이는 비통함에 빠져 문을 걸어 잠그고 오랜 시간 동안 밖으로 나오지 않았다.

런정페이의 부모는 맡은 직분에 늘 최선을 다하던 성실한 교육자였다. 항일전쟁 시기에 런모쉰은 애국 청년이었고, 대학을 졸업하지 않은 상태에서 광저우의 한 군수공장에서 회계원을 했다. 그 이후 공장이 구이저우로 이전하면서 '7.7 독서회'를 조직하여 항일 애국사상을 고취했다. 중화인민공화국이 성립된 이후, 런모쉰은 1958년 중국공산당에 입당하게 된다.

런정페이의 경력을 정리하다보면, 그가 군에 입대하기 전의 인생 여정을 관통하고 있는 한 단어를 발견하게 되는데, 그것은 바로 '굶주림'이었다.

이에 관하여 런정페이는 다음과 같이 말한 적이 있다.

"내가 부모와 함께 살았던 청소년기에 가장 인상 깊었던 것은 자연 재해로 인해 3년간 이어진 어려움이었다. 그날을 생각하자니 여전히 눈앞에 생생하다."

기아는 런정페이의 집안에서만 발생한 것은 아니고, 중국 전체에 파급되었던 거대한 기근이었다. 그 시대를 경험해보지 못한 사람은 당시 중국 전역이 '새끼 새가 먹이를 기다리며 슬픈 소리를 내는 것'과 같은 거대한 입이었으며, 일각도 멈추지 않고 "배고파, 배고파"라고 계속 소리를 질러댔다는 사실을 이해할 수 없을 것이다.

'대기근'은 그 세대 사람들에게 심각한 심리적 상처를 남겼다. 운 좋게 살아남은 자들 또한 여전히 마음속 깊은 곳에 당시의 기억이 각인되어 두려움을 숨기지 못하고 있다. 그 이후 사청(四淸)과 문화대혁명이 도래했고, 중국에서는 하늘과 땅이 다시 뒤집혀 신앙, 이상, 도덕, 법률, 윤리가 모두 전복되었다.

당시 중국에서 이를 요행히 면할 수 있는 사람은 없었다. 런정페이의 부친도 타도당했다. 그가 한때 국민당 군수공장에서 몸담았던 경력으로 인해 이루 말할 수 없는 번거로움과 수차례 박해를 받았다.

런정페이의 형제자매는 모두 7명인데, 모두 부모의 얼마 되지 않는 월급에 의지해 생활했고 그밖에 다른 수입원은 없었다. 두세 명이 하나의 이불을 함께 사용하거나 오래되어 뜯어진 이불보에 지푸라기를 넣어 속을 채웠다. 이런 형편이다 보니 어쩔 수 없이 엄격하게 밥을 나누어 먹는 배식제를 실시했고, 이것 만이 모든 식구가 살아남는 길이었다. 그렇게 하지 않았다면 결국 한두 명의 아이들은 살아남지 못했을 것이다. 가난한 집안에는 열쇠 달린 수납장 하나 없었고, 질항아리에 넣어 보관한 식량도 충분치 않아 런정페이도 그것을 몰래 먹지 않고 쌀겨와 푸성귀를 섞어 구워 먹곤 했다.

런정페이는 화웨이에서 여러 차례 "살아남아야 한다!"고 목소리를 높이며 '살아남기'를 화웨이의 전략으로 삼았는데, 그러한 생각의 기원은 바로 그의 경험에 기인한 것이었다. 대기근과 '문화대혁명'을 경험했던 사람은 종종 심리적으로 거대한 환멸감을 갖고 있으며 마음속 깊은 곳에 '잃어버리는 것'에 대한 두려움을 간직하고 있다. 그러한 극도의 불안감은 '문화대혁명'이 끝나 국가 전체가 개혁개방으로 들어섰음에도 여전히 완전하게 제거되지 않고 '외상 후 스트레스 장애(PTSD)'에서 찾아볼 수 있는 일부 특징을 띠고 있다.

과도한 '고생'은 사람들로 하여금 미래에 대해 적극적인 기대를 하지 못하도록 만들었다. 그들이 노력하여 일하고 개인의 가치를 실현하며 재산을 축적한 것은 오직 자신을 보호하기 위해서였고, 미래에 자신이 충격을 받지 않도록 하기 위해서였다.

이는 중국에서 수천 년간 계속되었던 '배고픔의 유전자'가 재차 진화한 것이다. 그들은 물질이라는 외피를 갖게 되어 보호를 받게 되었지만 배고픔의 공포는 이미 골수에 깊이 새겨져 잠재의식 속에서 신호를 보냈다.

상당수의 사람들이 기근 속에서 희망을 상실하고 자포자기했으며 어떤 이들은 둔감해졌다. 오직 소수의 사람만이 파이후립(破而後立), 즉 '기존의 상황을 타파한 뒤 새로운 미래를 개척하는' 길을 걸어갔는데 이를 일컬어 '외상 후 성장'이라고 한다. 사람이 심각한 스트레스를 겪은 후 원래보다 더욱 높은 적응 능력, 심리 기능 및 생명 의식을 발전시키는 것을 지칭하는 말이다. 다시 말해, 심각한 스트레스를 겪었던 모든 사람의 인생이 진흙탕처럼 되어 일생에 걸쳐 반복적으로 심각한 스트레스를 받거나 스스로 벗어나지 못하게 되는 것은 아니며, 일부 사람들은 심각한 스트레스를 자신을 단련시키는 일종의 숫돌로 삼아 '강인(强人)'으로 성장할 수 있는 것이다. "큰 인재가 되려면 온갖 고통과 시련을 겪어야 한다"는 말처럼 이러한 사람들은 '문화대혁명' 이후에 점차 사회의 주축이 대표 인물이 되었다.

그러나 '외상 후 성장'이 런정페이에게 가져온 것은 결코 간단한 분투와 항쟁이 아니었다. 그는 물처럼 유연하고 탄력적으로 생활 속 도전과 대면했고, 쓸데없는 원한을 품지 않았으며, 그러한 원칙과 규칙에 집착하지 않았다. 이는 흡사 그의 인생 태도가 승화된 것처럼 보이는데 시간이 지나면서 담담하고 차분해졌으며, 사물은 더 이상 중요하지 않았다. 또한 그는 쾌적하고 편안한 생활을 누리겠다는 마음마저 포기했다.

우리는 런정페이의 많은 연설을 통해 그가 미래에 대해 경계하는 태도를 지니고 있음을 발견할 수 있다. 그는 한 명의 비관주의자이자 분투자의 결합체다. 어떤 방면에서 런정페이는 고대 그리스의 비극적 영웅과 매우 흡사하지만, 초탈해 있는 것은 일종의 비장함이 깃들어 있는 낙관이라는 점이다.

부모의 영향을 받아 '효'에 있어 런정페이는 대단히 전통적인 인물이었다. 그의 부모 또한 전통적인 중국의 부모였고, 모든 애정을 아이에게 주는 것을 마다하지 않았다. 자신의 고통을 감수하더라도 우선적으로 아이를 배려하고자 했다. 이러한 전통적인 가족사랑은 새로운 시대에 변화를 맞이할 수도 있지만 이것은 혈육의 온정을 느낄 수 있는 중국 문화의 유대감이라고 할 수 있다.

런정페이가 화웨이를 창업하는 데 있어서 그의 부모가 미친 영향은 매우 컸다. 화웨이가 설립되었을 때 런정페이는 경제학을 공부한 부친에게 회사를 어떻게 운영해야 할지에 대해 물은 적이 있다. 부친은 민국 시기에 어느 사장이 돈을 투자했는데 지배인과 직원이 50:50 또는 40:60으로 수익을 배분했고, 이리하여 비로소 자기 사람으로 만들 수 있었다는 말을 해주었다. 런정페이는 그 말을 듣고 대부분의 주주권을 직원들에게 나누어주었다. 따라서 모든 직원은 화웨이의 주식을 보유하게 되었으며 자신은 단지 전체 주식 가운데 1.4퍼센트만을 남겼다. 경영에서의 협력과 전통적인 사상은 '문화대혁명'에 의해 크게 손상되면서 더욱 진귀한 것이 되었다.

부모가 세상을 떠나면 향후 인생에서 분투하는 것의 의의를 어디에서 찾아야 할까? 런정페이의 부모는 자신들이 맡은 본분을 한평생 성실하게 수행했는데 어느 날 갑자기 세상을 떠났고 런정페이는 매일 10시간 이상 일하여 온몸이 아프고 병들게 되었다. 우울증, 암, 수술, 외부로부터의 스트레스 등은 런정페이로 하여금 숨도 잘 쉬지 못하도록 만들었고 화웨이가 낭떠러지에 내몰리는 것을 통제하지 못하도록 만들었다. 사실 런정페이라는 한 명의 기업가만 이러한 것은 아니다.

어떤 사람이 242명의 창업자에 대해 조사를 실시했는데, 그중 49퍼센트의 창업자가 서로 다른 정도의 심리적 질병을 가지고 있었다. 비교적 높은 비율을 차지한 것이 우울증이었고, 그다음이 주의력 결핍 장애(ADD) 및 조울증(불안 장애)이었다. 천톈차오(陳天橋) '빈사 상태', 리카이푸 '림프종', 쉬샤오핑 '우울증', 장차오양(張朝陽) '우울증', 마오다칭(毛大慶) '우울증', 허우샤오창(侯小强) '우울증' 등등 이러한 기업인 명단을 열거하자면 끝이 없다.

　이것은 중국의 기업가가 감수해야 할 스트레스이자 지불해야 할 대가다. 외부 사람은 단지 기업가의 화려한 외관만 볼 뿐이고 그들이 그것을 위해 지불하는 대가와 감당하는 스트레스는 보지 못한다.

　　"인생은 불행한 우울증 혹은 자아 붕괴의 단계를 거쳐야 한다. 본질적으로 이것은 하나의 어두컴컴한 수축점이고, 모든 문화의 창조자는 이러한 전환점을 거쳐야 한다. 이 관문을 통과해야만 비로소 안전한 경지에 도달하게 되며, 이를 통해 자신을 믿고 더욱 내재적이며 고귀한 생활을 확신하게 되는 것이다."

　헤겔(Hegel)이 묘사한 이 관문은 '페르미 역설' 중 대여과기 가설과 매우 유사한 것으로 한 사람으로 하여금 환골탈태하게 하지만 고통스럽기 이를 데 없는 단계다. 어쨌든 런정페이는 버텨냈다. 마치 강철 같은 '불사신'처럼!

4

큰 악어가 이빨을 드러내다

런정페이와 리이난이 칼을 뽑아들고 활을 당기며 서로를 겨누고 있는 일촉즉발의 상황 아래, 멀리 '거대한 악어' 시스코가 화웨이를 정조준하여 국제적인 공세를 시작했다.

시스코는 1984년 설립되어 화웨이보다 3년 빠르고 그 시작도 화웨이보다 대단히 수월했다. 시스코를 창설한 두 명의 창시자는 스탠포드대학의 컴퓨터학과 컴퓨터센터 센터장 레오나르드 보사크(Leonard Bosack)와 비즈니스스쿨의 컴퓨터연구실 관리자 샌디 러너(Sandy Lerner)다. 두 사람은 서로 연애를 간편하게 하기 위해 각종 네트워크 서버 및 네트워크 프로토콜을 지원하는 공유기를 발명해냈고, 시스코는 이렇게 탄생하게 됐다.

설립하자마자 좋은 때를 만난 시스코는 아마도 세계에서 가장 순조롭게 발전해나간 회사일 것이다. 급속도로 글로벌 인터넷 시스템 가운데 최소 80퍼센트의 정보 전송량을 장악했고, 2009년에는 500대 기업 중 57위에 랭크될 만큼 미래가 유망했다(하지만 2018년에는 212위로 추락했다).

시스코의 제품은 얼마나 돈을 벌어들였을까?

우쥔(吳軍)은 《랑조지전(浪潮之巓)》(2019년 7월 인민우전출판사에서 제4판이 출간되었다-옮긴이)에서 시스코의 높은 이윤에 대해 논한 바 있다. "일반적으로 하드웨어 생산업체의 이윤은 그리 크지 않다지만 시스코의 총이익율은 오히려 65퍼센트나 높게 달성됐다. 전체 IT 영역의 대기업에서 2위에 랭크되었을 뿐만 아니라 마이크로소프트의 80퍼센트 그다음이었으며, 또한 일반인이 상상하는 높은 이윤의 석유공업(35퍼센트)을 훨씬 초월한 것이었다. 이러한 높은 이윤은 오직 독점 지위에 있는 회사만이 해낼 수 있는 것이다."

2017년에 이르러서도 시스코의 총이익율은 61퍼센트를 초과했다.

시스코와 화웨이는 사실 절대 마주칠 리 없는 개별 기업으로 화웨이는 통신 설비 업체고, 시스코는 주로 네트워크 설비를 담당하는 업체다. 하지만 1999년 화웨이가 네트워크 영역으로 진군하면서 연이어 접속 서버, 공유기, 이더넷(Ethernet)을 출시하게 되자 시스코와 업무에 있어 교차하는 부분이 발생하게 되었다. 짧은 2~3년 기간 내에 화웨이는 중국 시장에서의 점유율이 시스코에 근접하게 되었다. 또한 화웨이의 제품은 미국으로 진출했고, 2002년 미국에서의 판매액은 70퍼센트 증가했다.

비록 화웨이 제품의 안정성이 시스코에 비해 다소 취약하기는 했지만 가격이 시스코 제품의 절반이었고, 서비스 태도도 좋았으며, 제때 신속하게 고객의 새로운 수요를 만족시킬 수 있었다. 또한 가성비 방면에서 고객에 대한 흡인력은 시스코를 확실히 초월한 상태였다. 시스코의 '치즈'는 화웨이에 의해 잠식되어갔고, 남은 것이 몇 개 없게 되었다. 사실 이것은 앞서 언급한 여러 국제적 선두 기업이 차례로 화웨이에 패배한 주요 원인이기도 하다.

미국에 진출하는 것은 런정페이의 글로벌 전략 중에서 최후의 일환이자 가장 중요한 목표였다. 화웨이의 기술 추격 능력과 저가 경쟁력으로 일단 미국에 뿌리를 내리게 된다면 얼마 지나지 않아 시스코뿐만 아니라 많은 미국 기업이 화웨이에 의해 도산 위기에 처하게 될 것이었다. 화웨이는 '탁월한 가성비'라는 측면을 대단히 잘 활용했고, 미국에서 "유일하게 다른 것은 바로 가격입니다"라는 홍보 문구를 통해 시스코를 직접 겨냥했다.

2002년 말, 시스코의 CEO 존 챔버스(John Chambers)는 직접 화웨이를 '전 세계에서 시스코의 네 번째 경쟁자'로 지목했다. 이른바 '화웨이 위협론'은 시스코 내부에서 갈수록 확대되었다. 미국 신문과 미디어에서도 이를 부채질하며 화웨이가 시스코에 버금가는 제품을 만들게 된 것은 시스코를 고의적으로 베꼈기 때문이라고 떠들어댔다.

이것은 미국의 대중 및 미디어가 가지고 있는 중국에 대한 견해와 매우 부합하는 것이었다. 그들이 보기에 중국 기업은 여전히 '낙후'의 대명사였고, 오직 OEM 부류의 낮은 수준의 생산을 해낼 수 있을 뿐, 고급·정밀·첨단의 새로운 기술은 모두 구미의 전유물이었던 것이다.

만약 중국 기업이 구미의 것과 비견되는 제품을 만들어냈다면 그것은 각종 수단을 통해 미국의 기술을 훔쳤기 때문이라고 믿었다. 그들의 잠재의식 속에는 중국인이 구미의 사람들보다 더욱 총명할 수 있다는 것을 결코 믿지 않으려는 마음이 작용했다.

현재에 이르기까지 매우 많은 미국인, 특히 미국의 정치인들 생각은 변함이 없다. 그들이 보기에 중국 정부가 미국의 회사를 유도하여 중국에서 공장을 짓게 하는 것은 중국이 음모를 꾸며 미국의 기술을 편취하려는 것이고, 중국 기업이 미국에 와서 투자하고 미국 회사를 합병하는 것 또한 미국의 기술을 훔쳐가기 위해서라는 것이다. 게다가 그들은 너무나도 천진난만하게 '중국 정부의 민영기업과 국유기업에 대한 통제권은 결코 그 어떤 차이도 없다'라고 생각하며, 따라서 중국 투자기업을 대할 때 민영기업과 국유기업을 구분할 필요가 없다고 간주한다.

런정페이는 군인 출신이었기에 미국인으로부터 받는 의심은 더욱 가중되었다. 경쟁상대를 맹아 상태에서 소멸시키는 것, 이것은 상업에서 통용되는 수법이다.

2002년 말, 시스코의 글로벌 부총재가 직접 화웨이를 찾아와 지식재산권을 침해했다고 비난하면서 런정페이에게 권리와 배상, 침해 제품의 판매 중지를 요구했다.

런정페이는 사태를 수습하려고 했지만 시스코는 한사코 트집을 잡으며 거꾸로 화웨이 쪽에서 보인 양보를 '자신감이 없는 것'으로 오인했다. 이리하여 쌍방은 불쾌한 기분으로 헤어졌다.

2003년 1월, 시스코는 정식으로 텍사스 주 동부 연방법원에 소송을 제기했다. 화웨이 측에 제기된 혐의는 21개로 77쪽 분량이었다. 소송에 있어서 화웨이는 결코 낯설지 않았다. 경쟁상대를 고소하는 것과 경쟁상대 측에 의해 고소를 당하는 것은 바로 비즈니스 업계에서 흔한 일이다. 경쟁상대가 살기를 품고 다가올 경우 "적군의 병사가 공격해 오면 아군의 장군이 막고, 물이 밀려오면 흙으로 막는 것"처럼 백방으로 방법을 강구하여 막아내면 되었기 때문이다. 하지만 화웨이가 미국에서 '거대한 악어'에 비견할 수 있는 시스코와 소송에서 맞붙어 과연 이길 수 있을까?

어떤 사람이 한 가지 방법을 건의했다. 시스코 측에서 공개적으로 화웨이가 자신들의 제품을 복제했다고 선언했으니 화웨이가 제품 코드 소스를 공개하여 결백함을 증명할 수 있다는 것이었다. 이 말을 듣고 런정페이는 크게 화를 냈다. 고대 중국의 여성이 자신의 순결을 증명하기 위해 자살했던 방식을 배우자니 그 얼마나 어리석은 일인가! 런정페이는 다음과 같이 지시했다.

"과감하게 싸워야만 비로소 평화를 이룰 수 있고, 작은 패배가 바로 승리인 것이다."

법정 안에서 서로의 힘을 겨뤄야 했지만 법정 밖에서도 역시 전쟁터였다. 시스코는 천시, 지리, 인화를 차지하고 있었고, 일찍이 여론 방면에서 군불을 지피며 자사를 위해 세력을 형성하며 더 많은 미국인으로 하여금 화웨이가 기술을 훔쳤다고 믿게끔 만들었다. 심지어 고객을 위협하여 화웨이 제품을 구매하지 못하게 했는데, 그렇지 않을 경우 해당 고객은 장차 많은 어려움에 직면하게 될 터였다.

시스코의 위협 아래, 대부분의 미국 기업은 화웨이와의 협력을 중단했고, 심지어 유럽과 남미의 고객도 일부 동요하게 되었다.

이렇듯 형세는 화웨이 측에 대단히 불리했다. 중대한 고비에 직면한 런정페이는 변호인단을 교체하고 새로운 변호사 사무소 두 곳에 화웨이로 와서 현지 시찰을 하고 직접 체험할 것을 요청했다. 이것은 화웨이의 전형적인 일처리 방식이었다. 국내 시장을 개척할 때 화웨이는 수시로 고객으로 하여금 직접 와서 참관할 것을 요청하여 현장에서 이해할 수 있도록 만들었다. 화웨이가 아직 아무런 인지도가 없을 때 고객이 현장을 방문하여 한 차례 시찰하는 것은 엄청난 마케팅 효과를 갖게 되는 것이었다.

2000년, 화웨이는 홍콩에서 개최된 '통신 시장 전시회'에 참가하여 한 가지 커다란 '수완'을 발휘했다. 즉 세계 50여 개국의 2,000여 명의 통신 분야 공무원, 통신사업자 및 대리점에 초청장을 발송한 것이다. 2,000여 명의 왕복 티켓은 일률적으로 퍼스트클래스 또는 비즈니스석이었고, 5성급 호텔에 머물 수 있게 했으며, 1,000대가 넘는 노트북을 기념품으로 제공했다.

화웨이는 이를 위해 2억 홍콩달러를 소비했지만 보상은 대단히 컸다. 고객은 화웨이의 진정한 실력을 눈으로 직접 확인할 수 있었고, 선전의 화웨이 총부를 방문하여 살펴볼 수 있었다. 아울러 그들 중 일부는 베이징과 상하이에 도착하여 중국이 자신들이 상상했던 모습과는 완전히 다르며 몇 개의 하이테크 회사가 중국에서 자체적으로 출현하는 것은 당연한 일이라는 점을 발견하게 되었다. 또한 화웨이를 시찰했던 사람들은 돌아간 이후에 더 많은 사람들 사이에서 중국과 화웨이에 대한 관심을 촉발시키는 데 일조했다.

'백문이 불여일견(百聞不如一見)'이라는 말이 있듯이 화웨이의 결백함을 믿지 않던 두 곳의 변호사 사무소가 실제로 태도를 바꾸게 되었다. 그들은 런정페이에게 한 가지 건의를 했다. 즉 시스코의 '비공개 프로토콜'이라는 부분을 공략하여 시스코가 화웨이를 공격한 것은 '독점을 유지하려는 의도에서 나온 것이다'라고 제소하라는 것이었다. 이른바 '비공개 프로토콜'이란 국제표준기구에서 인터넷 네트워크망 연결을 실현하기 위한 표준과 규칙을 제정하기 전에 모 회사 제품이 먼저 시장에 진입하여 형성되는 표준을 지칭하는데, 실제로 시장에 먼저 진입하는 자가 우월한 위치를 선점하고 그 이익을 선취하는 것이다.

관례에 따르면 '비공개 프로토콜'은 사용료를 지불하고 이용할 수 있는 것이다. 하지만 시스코는 줄곧 관련된 거래에 동의하지 않았고, 실질적으로 다른 모든 경쟁상대를 업계 바깥으로 배척함으로써 시장을 독점하려는 목적을 달성했다. 미국에서 독점은 중죄에 속하는 것으로 앞서 언급했던 AT&T는 독점 혐의로 미국 정부에 의해 여러 차례 해체되어 분할되었는데 많은 미국의 대기업들이 AT&T와 비슷한 운명을 맞이하게 되었다.

화웨이는 결국 시스코의 치명적인 약점을 찾아냈고 이것에 초점을 맞춰 모든 역량을 쏟아부었다. 동시에 대대적인 여론 공세를 펼쳤는데 〈월스트리트저널〉, 〈포춘〉 등의 매체에 대대적으로 광고를 내어 IBM 등 화웨이와 우호적인 관계에 있는 기업으로 하여금 큰 목소리를 내도록 만들었다. 이를 통해 미국인들에게 있어 화웨이에 대한 이미지가 호전되기 시작했다.

또한 화웨이는 스탠포드대학의 '데이터 통신' 전문가에게 화웨이를 방문하여 연구개발 프로세스를 검증해줄 것을 요청한다. 해당 전문가가 내린 결론은 화웨이 제품과 시스코 제품의 성능 일치도는 2퍼센트가 채 되지 않으며, 따라서 지적재산권을 침해했다고 볼 수 있는 정황이 없다는 것이었다. 스탠포드대학은 시스코의 발상지였기에 스탠포드대학 출신의 전문가가 공표한 증거 자료는 더욱 설득력이 있었다.

3월 17일, 화웨이와 시스코는 법정에서 정식으로 맹렬한 싸움을 벌였다. 화웨이는 시스코의 '비공개 프로토콜'이라는 치명적인 약점을 공략하며 '너 죽고 나 살자' 식으로 계속 물고 늘어지면서 시스코의 행위는 경쟁을 가로막는 행위라고 시종일관 외쳐댔다.

화웨이와 시스코는 둘 다 잠시 교착 상태에 빠지게 되었고 그로부터 3일 후, 화웨이는 묘책을 구사하여 3Com과 합자회사를 설립하여 함께 통신 제품을 판매할 것이라고 선포한다. 3Com은 시스코와 여러 해에 걸쳐 다투었는데 시스코 입장에서는 글로벌 차원에서의 첫 번째 경쟁상대였다. '적의 적은 곧 친구'라는 말이 있는 것처럼 런정페이는 스스로 중요한 원군을 확보했다. 이를 통해 화웨이가 시스코 측에 제대로 한방을 먹인 것이다. 3Com이라는 플랫폼을 보유하게 되자 화웨이는 법정에서 디딜 수 있는 안정적인 발판을 마련하게 되었다.

그렇다면 최후의 승자는 누가됐을까? 화웨이와 시스코는 무승부로 긴 싸움을 끝내게 되었다. 2004년 7월에 이르러 두 회사는 정식으로 화해했고, 각자 자신의 제품을 판매하고 각자 자신의 소송비를 지출했으며, 사과하지 않았고, 배상도 없었으며 또한 법원은 시스코가 동일한 문제로 화웨이를 영원히 기소할 수 없다는 판결을 내렸다.

결국 '세기의 소송'에서 화웨이는 더 많은 이익을 챙겼다. 화웨이의 해외 시장은 신속하게 안정되었고, 업무는 갑절로 증가하는 현상이 발생했다. 유럽과 미주에서 화웨이 제품은 빠르게 현지 시장으로 진입했고, 2010년에 이르러 화웨이 매출액의 70퍼센트는 국제 시장에서 나왔다.

시스코는 화웨이를 무너뜨릴 수 없었고, 오히려 화웨이의 명성이 자자하도록 만들어주었다. 긴 싸움으로 인해 화웨이의 브랜드 가치가 대대적으로 올라갔고, 최종적으로 화웨이가 시스코의 강력한 라이벌로 성장하게끔 만들었다. 이것은 시스코의 CEO 존 챔버스가 결코 생각하지 못한 결과였다.

5

불태워도 죽일 수 없는 새

시스코와의 대전은 화웨이에 있어 내부에서 외부로 향하는 충격과 제고를 가져오게 된다. 2001년, 런정페이는 일본을 시찰한 뒤 《북국의 봄》이라는 글을 집필했다. 당시 런정페이가 걱정했던 것은 화웨이가 단지 아직 세상 물정을 잘 모르는 풋내기에 불과하며 커다란 비바람을 경험하지 못했다는 점이었다. 화웨이가 성공할 수 있었던 것은 큰 조류를 계속 따라갔다는 점에 있다. 다시 말해, 마치 돛단배가 바람의 힘을 빌려 앞으로 나아가고 낙엽이 물의 흐름에 따라 흘러가듯이 즉 '사업의 찬스'를 잘 얻었다는 것이다. 하지만 이는 '돼지가 날 수 있다는 것은 돼지가 날줄 안다'는 것을 의미하는 것은 아니며, 다만 그 기회의 타이밍이 절묘했을 뿐이다.

화웨이의 성공은 소질과 실력보다는 기회를 잘 잡았던 것에 있다고 해야 할 것이다. 성공이란 무엇인가? 일본의 일부 기업에서 볼 수 있는 것처럼 구사일생하며 생존을 실현하는 것이야말로 진정한 성공이라고 말할 수 있다. 그러한 측면서 화웨이는 성공한 것이 아니라 단지 성장 중일 뿐이다.

시스코와의 대전을 거쳐 신병은 노병이 되었고, 소랑(신참 이리)은 노랑(고참 이리)이 되었다. 런정페이의 고심은 결국 쓸모없는 것이 아니었다. 이후 화웨이에서 지식재산권 부문의 위상은 전례 없이 제고되었다. 화웨이는 경쟁상대의 근거지에서 경쟁상대를 어떻게 하면 제압할 수 있는지를 체득하게 되었다. 그것은 곧 동맹 관계를 폭넓게 구축하는 것으로 '미국의 방식을 이용해 현지에서의 소송전에서 승리를 거두는 것'이었다.

시스코에 승리를 거두게 되자 화웨이맨의 자신감도 매우 높아졌다. 더욱이 화웨이가 수년간 연구개발을 견지한 노선이 완전히 정확했음을 증명했다. 다시 말해 '핵심 기술이 없으면 영원히 타인에 의해 제압당하게 된다'는 것을 실감한 것이다.

2017년에 이르러 화웨이의 연구개발 인원은 8만 명에 달했고, 화웨이 전체 인원수의 45퍼센트를 차지했다. 연구개발 관련 비용의 지출은 897억 위안으로 총수입의 약 14.9퍼센트를 차지했다. 10여년간 누계된 연구개발 투입 비용은 무려 3,940억 위안이 넘었다.

시스코와의 '세기의 소송' 이후, 화웨이는 미국 시장에서 새롭게 전진할 수 있었다. 하지만 화웨이가 미국 시장의 개척을 위해 걸어가야 할 길은 여전히 가시덤불로 가득했고, 그 어려움은 흡사 '서천취경(西天取經, 당나라 때 삼장법사 등 4명의 스승과 제자가 천축(현재의 인도)에 가서 불경을 구해온 것을 뜻한다—옮긴이)'에 비견될 수 있는 것이었다.

2006년, 화웨이는 자체적으로 연구개발해낸 리프 네트워크(Leap Network) 기술을 워싱턴 주와 아이다호 주에 널리 보급했다. 아울러 3G 네트워크 관련 계약을 성공적으로 체결했다. 2007년에는 또다시 미국 이동통신 사업자와 CDMA2000 네트워크 계약을 맺었다. 2008년 캐나다의 통신사업자인 텔러스(Telus)와 벨은 공동으로 화웨이 측과 UMTS/HSPA 네트워크 계약을 체결했고, 화웨이가 제공한 4세대 기지국 건설에 힘입어 차세대 무선 접속망에 대한 연구를 개시했다.

그러나 2007년 9월, 화웨이가 3Com을 합병하려고 시도했지만 미국 정부에 의해 국가안전에 엄중한 위협이 될 것이라는 점이 인정되어 실패하고 만다. 화웨이와 3Com 간의 동맹 관계는 그렇게 끝이 났다. 이 것이 물론 중국 기업이 미국의 정치적 간섭을 받았던 첫 번째 사례는 아니다.

2005년, 중국해양석유공사는 미국의 석유 채굴회사 유노칼(Unocal Corporation, 현 셰브론)을 합병하고 이를 통해 미국에 진입하기를 희망했다. 하지만 미국 정부가 직접적으로 간섭하며 각종 이유를 들어 합병 논의를 무산시켜버렸다. 2009년에는 AT&T와 화웨이가 4G 설비와 관련하여 협력하기로 계약을 체결했는데, 미국 국가안전보장국(NSA)이 이 사안에 깊숙이 간여했다. 또한 2010년, 화웨이는 모토로라의 무선 사업과 관련하여 자산의 합병을 시도했는데, 미국 정부에 의해 거절당했다. 스프린트와 4G 설비와 관련하여 계약을 성사시켰으나 이 또한 미국 상무부가 등장하여 개입했다. 2012년, 미국 의회의 상원 정보위원회는 하나의 보고서를 배포하며 화웨이와 중싱이 미국 기업의 민감한 정보를 획득했고 이는 미국의 국가 안보에 위협이 될 것이라고 큰소리쳤다.

화웨이는 미국에서의 '황무지 개척' 중에도 여러 제지를 당하게 된다. 2017년 12월, 미국 대통령 도널드 트럼프(Donald Trump)는 화웨이와 중싱의 통신 설비가 미국 핵무기 기초 시설을 건설하는 데 참여하는 것을 금지하는 법안에 서명했다. 2018년 1월에는 미국 정부가 AT&T 측에 강한 압력을 가해 미국 내에서 화웨이 휴대폰을 판매하는 것을 포기하도록 만들었다. 같은 해 3월, AT&T에 이어 미국의 또 하나의 대형 전자제품 도매상 베스트바이(Best Buy)도 화웨이 휴대폰의 판매 거부를 선언했다.

화웨이는 미국 시장에 크게 뛰어들고자 했지만 여전히 갈 길은 멀다. 또한 길은 가로막혀 있을 뿐만 아니라 매우 험난하다. 흥미로운 것은 화웨이와 시스코는 모두 자국 시장에서 영업이익의 절반을 차지하고 있지만 상대방의 대본영에는 제대로 발조차 디디지 못하고 있다는 점이다. 화웨이는 미국에 진군하는 것이 어렵고, 시스코 역시 중국에서 힘겨운 나날을 보내고 있다.

과거의 경쟁상대로서 2017년 화웨이의 연간 매출액은 이미 시스코를 초월했다. 2017년 시스코의 영업이익은 480억 달러, 순수입은 96억 달러로 전년 동기 대비 11퍼센트 감소했다. 시스코가 에릭슨을 합병하는 데 의욕을 보이고 있고 포단취난(抱團取暖), 즉 '함께 껴안아 추위를 이기는 것'처럼 서로 협력하여 어려운 시기를 이겨내고 앞으로 도래하게 될 5G 시대를 함께 맞이하게 될 것이라는 말이 곳곳에서 들려오고 있다.

그러나 이렇다고 해서 시스코를 절대로 얕보아서는 안 된다. 시스코는 적지 않은 영역에서 여전히 선두를 달리고 있고, 상당수의 표준과 프로토콜은 모두 시스코가 만들어낸 것이다. 기술, 품질 관리(QC), 개인 효율 및 기업 경영 등의 방면에서 화웨이는 여전히 시스코로부터 배워야 할 부분이 많다. 더욱이 앞이 보이지 않는 안개 속에서 선두주자가 전진 방향을 어떻게 정확히 찾아나가야 할지를 학습해야만 비로소 최대의 '도전성'을 지닐 수 있게 된다.

과거에 화웨이는 도전자였고 추격자였다. 추격자의 가장 큰 이점을 꼽는다면 그것은 바로 앞쪽에 '길 안내자'가 있다는 점이다. 화웨이는 그저 알카텔, 에릭슨, 노키아, 시스코 등이 만들어낸 발자국을 따라 앞으로 나아가면 되었다. 하지만 현재 화웨이는 선두주자가 되었고 신화 속에 등장하는 '단코의 전설(막심 고리키의 《이제르길 노파(1895)》에 등장한다 - 옮긴이)'처럼 자신의 심장을 꺼내 불을 붙여 뒤에 있는 사람이 전진할 수 있도록 길을 비춰주어야 하는 것이다.

선두주자가 되는 것은 참으로 쉽지 않은 일이다. 런정페이는 선두주자가 되면 항상 "높은 곳에서 홀로 춥게 보내게 된다"고 말했다.

"우리가 (다른 기업을) 추격하고 있을 때는 매우 용이했다. 하지만 대오를 이끌면서 선두에 설 때는 용이하지 않다. 왜냐하면 길이 어디에 있는지를 알지 못하기 때문이다. (중략) 이렇게 장기간에 걸쳐 성장하기 위해 우리는 매우 많은 헛돈을 낭비하기도 했는데, 예를 들면 IMS와 관련해서는 잘못된 길로 들어서기도 했고, 이어서 SDN 또한 일찌감치 준비했지만 흐름을 따라잡지 못해 낙오하고 말았다. 이것이 바로 아무도 없는 구역에 진입하는 것의 어려움인데, 길을 안내해주는 사람이 없기 때문에 자신이 직접 길을 모색하며 앞으로 나아가야 하고, 한 걸음 내딛게 되면 곧장 길을 잘못 들어서기 십상이며, 그렇게 되면 뒤에 있던 사람들이 모두 우리를 추월하게 되는 것이다."

런정페이는 과거 시티폰 사업을 거절하면서 중싱과 UTStarcom이 큰돈을 쓸어담는 모습을 눈앞에서 지켜보아야 했다. 그로부터 수년이 지난 후, 적지 않은 사람들이 런정페이의 넓은 시야와 장기적인 안목에 감탄하여 존경심을 표했다. 하지만 당시 런정페이의 속마음이 얼마나 근심으로 가득했는지는 다음의 말을 통해 미루어 짐작할 수 있다.

"당시 나는 정신적으로 우울했다. 시티폰 때문에 그리고 TD 때문에 8~10년 동안 고통을 겪었다. 나는 결코 외부로부터의 압력을 두려워하지 않지만 내부에서 오는 압력은 두려워한다. '내가 시티폰과 TD 사업 등을 하지 못하도록 한 것이 회사를 잘못된 방향으로 나아가게 하고 회사를 붕괴시키는 것은 아닐까?' '만약 시티폰과 TD 사업 등을 하게 된다면 전략적 고지를 쟁탈하기 위해 준비해둔 자원에 손실을 초래하게 되는 것은 아닐까?' 나는 매우 당황스

러웠고 또한 두려웠다. TD 시장이 도래했을 때 우리는 충분한 투입을 하지 못했고 따라서 기회가 없었다. 첫 번째 경쟁 입찰에서 우리는 패배했지만 두 번째 경쟁 입찰에서는 역량을 투입을 하여 판세를 뒤집었다. 세 번째 경쟁 입찰이 시작되자 우리는 점차 앞서 나가게 되었는데 우리는 이를 일컬어 '후발제인' 전략이라고 불렀다. 하지만 앞으로 8년간 또 어떻게 보내야 할 것인가? 화웨이가 무너지게 될 경우 내가 그 책임을 져야하는데, 그것은 내게 매우 커다란 스트레스고, 많은 화웨이 사람들의 생계가 걸려 있는 문제다. 어떻게 하면 좋을지 내가 몰랐기 때문에 나는 매우 큰 두려움을 느꼈고 정신적으로 우울했던 것이다."

그러나 앞이 보이지 않는 안개 속에서 런정페이의 방향은 대체적으로 정확했다. 그것은 곧 '고객이 중심이다'를 지향점으로 삼고, '기술이 중심이다'를 지향점으로 삼지 않았다는 것이다. '고객 중심'은 어두운 밤 아득하게 펼쳐져 있는 초원 위를 비추고 있는 북두칠성이라고 할 수 있다. 비록 전진하는 길 가운데 깊은 구덩이에 빠질 위험이 있다 하더라도 앞으로 나아가는 데 있어 큰 방향에 있어서는 오류가 없는 것이었다.

반면 '기술 중심'은 강태공(姜太公)의 곧은 낚시에 자발적으로 물고기가 걸려드는 것처럼 위험을 스스로 감수하는 것이기에 리스크가 현저히 증가했다. 종종 객관적인 조건을 고려하지 않고 일방적으로 생각하는 흐름에 빠졌으며, '오직 자신만을 감동시킬 수 있을 뿐'이었다. 따라서 죽을 때까지 자신이 지금 맞게 가고 있는지의 여부를 알지 못할 수도 있다는 것이 큰 차이점이었다.

'고객 중심'의 길은 런정페이와 화웨이가 여러 차례 시련을 겪고 경험을 축적하며 얻어낸 '화웨이의 비결'이다. 기술을 중시하고 경영을 경시하거나 기술을 중시하고 고객의 수요를 경시하는 것은 런정페이가 수많은 기업을 향해 발급한 일종의 진단서였고, 그 처방전은 바로 '고객을 중심으로 삼는 것'이었다.

난점은 자신을 낮추면서도 자신을 경시하지 않아야 한다는 것에 있는데, 진정으로 개념의 전환이 필요한 부분이다. 관념이 변하지 않으면 런정페이의 정수를 배울 수 없고, 표면의 것을 아무리 많이 익혀봐야 쓸모가 없다. 진정으로 두려운 존재는 경쟁상대가 아니라 바로 시대와 자기 자신이다. 시대의 변화 속도가 너무 빠르고, 기술 혁신의 속도 또한 너무 빨라졌다.

2013년, 런정페이는 화웨이 간부 대회에서 다음과 같이 한탄했다.

"이 시대의 전진은 너무 빠르다. 만약 우리가 자만하여 3개월만 안주해버려도 역사로부터 곧 지워지게 될 운명을 피할 수는 없을 것이다. 도태된 기업들은 그들이 노력하지 않았기 때문이 아니고, 충분히 총명하지 않았기 때문도 아니며, 돈이 없어서도 아니다. 바로 전환을 앞둔 상황에서 과거에 거두었던 성공이 종종 그들에게 특별히 커다란 부담으로 변해버렸거나, 심지어 이미 지니게 된 경험이 그들의 사고방식을 속박해버렸기 때문이다. 따라서 내가 말한 바와 같이 소멸한 공룡은 경쟁상대의 손에 죽은 것이 아니라 자신의 손에 죽은 것이다.”

이것은 치후360의 저우홍이(周鴻禕)가 경쟁을 논하면서 인용했던 말로, 상당히 심도 있고 예리한 분석이 담겨 있다. 노키아 휴대폰이 이렇게 사멸되었기 때문이다. 한 시대를 풍미했던 시대의 총아, 예를 들면 모토로라, 노텔, DEC 등의 기업이 갑자기 요란스럽게 무너지게 된 것 또한 이와 같은 이유 때문이었다. 그들이 사멸하게 된 것은 뭔가를 잘못했기 때문이 아니라 단지 시대의 흐름을 따라가지 못하고 노쇠해져버렸기 때문이다. 이와 관련된 이야기를 하나 해보려 한다.

1850년대 미국에서 ‘골드러시’가 크게 일어나 대규모의 미국인이 동부에서 서부로 이동했다. 당시 미국에는 인가가 드물어 교통과 통신 방면에 있어서 큰 어려움이 있었다. 한 가지 문제가 곧 발생하게 되었는데, 가령 ‘동해안에서 서해안의 캘리포니아로 편지를 부치려면 어떻게 해야 할까?’와 같은 문제였다. 당시의 방안은 수로를 이용해 남쪽으로 내려가는 것이었는데 파나마, 니카라과, 멕시코를 거쳐 다시 샌프란시스코에 도착하는 데만 2~3개월이 걸렸다.

1860년 4월, 하나의 새로운 우편망이 구축되었다. 그것의 출현은 저효율의 수로를 이용한 우편 행정을 종결시킬 것처럼 보였다. 미주리 주의 세인트 요셉에서 캘리포니아 주의 산 클레멘트까지의 전체 거리는 2,897킬로미터인데, 미국인은 말을 이용한 특급 우편 제도를 채택했다. 미국산 힘센 말인 ‘포니(Pony)’가 두각을 나타내며 특급 우편의 주력이 되었고, 따라서 이러한 종류의 말을 이용한 특급 우편은 '포니 익스프레스(Pony Express)'라고 불렸다. 이 우편망에는 157개의 역참이 설치되었고, 매일 6~8차례 말을 교대하여 10일간 완주해야 했는데, 이를 위해 200여 명의 기수가 필요했다.

효율성을 높이기 위해 기수들이 엄수해야 하는 동작 규범은 매우 가혹했다고 할 수 있는데, 말의 교체는 2분 내에 이루어져야 했고, 120킬로미터를 달린 이후에는 기수를 바꾸어 계속 달려야 했다. 이는 당시 미국에서 최고로 효율적인 통신 방식이었다! 매우 사람을 고무시키는 이야기지 않은가? 이 이야기의 결말은 이렇다.

기세등등하게 19개월간 달리던 '포니 익스프레스'는 1861년 10월 22일 동서 해안을 잇는 철로와 전보 선로의 개통으로 그 생명도 끝나게 되었다. 출생에서 갑작스러운 사망까지 19개월 동안 '포니 익스프레스'가 운송한 우편물은 총 3만 5,000건이 넘었다. 미국 정부는 수차례 우표를 발행하여 '포니 익스프레스' 탄생 80주년과 100주년을 기념했고 이러한 '포니 익스프레스'의 이야기는 1953년 스크린으로 옮겨져 상영되기도 했다.

전 세계를 석권하고 있는 통신 변혁은 전진하는 역사의 거대한 수레바퀴 아래서 안간힘을 써봐야 더 이상 쓸모없는 것이고, '우수하면 할수록 그 끝도 더욱 고통스러운 것'이라고 할 수 있다.

낡은 통신 수단의 '목숨'을 앗아간 전보 또한 '혁명'의 흐름 속에 예외가 될 수는 없었다. 겨우 10여 년만에 전화가 발명되어 시대의 앞물결을 헤엄쳐 나가는 기린아가 되었지만 안타깝게도 그것 또한 인터넷에 의해 밀려날 운명을 앞두고 있었다.

불타서 죽지 않아야 비로소 '봉황'인 것이다. 경쟁상대에 의해 불타고, 고객에 의해 불타고, 직원에 의해 불타고, 자본에 의해 불타고, 정책에 의해 불타고…. 그러나 우리가 가장 중요시해야 하는 것은 '시대'에 의해 불타고, 자기 자신에 의해 불타는 것이다. 위대함은 바로 이렇게 단련되어 나오는 것이다!

6장

편집광만이
생존할 수 있다

HUAWEI

우리가 현재 '단말기 운영체계'를 운용하고 있는 것은 전략적 고려에 입각한 것이다. 만약 그들이 갑자기 우리의 식량을 끊어버린다면, 다시 말해 우리에게 안드로이드 시스템과 Windows Phone 8 시스템을 공급하지 않는다면 우리는 일순간 바보가 되지 않겠는가?

마찬가지로 우리가 첨단 반도체를 자체적으로 제작할 때 나는 결코 당신들이 미국의 첨단 반도체를 구입하는 것에 대해 반대하지 않았다. 나는 당신들이 가능한 한 미국의 첨단 반도체를 최대한 이용하여 그것을 제대로 이해해야 한다고 생각한다. 그들이 우리에게 판매를 하지 않을 때 우리의 물건은 품질이 조금 떨어지는 면이 있기는 하겠지만 또한 임시변통으로 사용할 수 있을 것이다. 우리는 편협한 자부심을 가져서는 안 된다. 이런 과도한 자부심은 우리를 해치고 사망하게 만들 것이다.

_런정페이, '내부 연설'(2012)

1

휴대폰 사업을 팔아치울 뻔하다

누군가는 농담하듯이, 사람들은 당초 화웨이가 통신 설비만을 취급했을 때는 화웨이를 설비 공급업체로 보더니 화웨이가 휴대폰을 만들자 화웨이를 휴대폰 제조업체로만 본다고 말했다. 이로써 현재 화웨이 휴대폰이 얼마나 유명해졌는지를 알 수 있다.

2017년, 화웨이는 한 해 동안 스마트폰 1억 5,300만 대를 출하했고, 전 세계 3위 자리를 안정적으로 확보했다. 아울러 최초로 인공지능(AI) 칩을 탑재한 Mate 10을 출시했다. 화웨이 휴대폰의 글로벌 브랜드 지명도는 86퍼센트 향상되었고, 해외 소비자의 화웨이 브랜드에 대한 인지도는 전년 동기 대비 100퍼센트 증가했다. 화웨이에서 휴대폰 단말기 사업의 영업이익은 이미 39.3퍼센트에 도달하여 전년 동기 대비 31.9퍼센트 증가했다. 가동되기 시작한 통신사업자 사업의 영업이익은 단지 2.5퍼센트 증가했다.

2018년, 화웨이 휴대폰의 예상 출고량은 2억 대에 도달했다. 그러나 중국 내외에서 날개 돋친 듯 팔리고 있는 화웨이 휴대폰은 애당초 어떤 특별한 의도 없이 시작된 프로젝트였을 뿐이었다. 심지어 10년 전에는 팔아치울 뻔하기도 했다. 이렇듯 화웨이 휴대폰의 성공은 행운의 소산이라고 할 수 있다. 그러면 화웨이의 어떤 요인이 휴대폰 프로젝트를 '주변 제품'에서 '주력 제품'으로 변모하게 만들었는지 살펴볼 필요가 있다.

　　사실, 화웨이가 처음에 휴대폰을 만들게 된 것은 실패한 제품에서 비롯되었다. 1998년 춘절 전에 화웨이 생산부는 문건을 공표했는데, "화웨이가 생산한 고급 무선전화기를 구입하여 고향집 부모님께 효도하기 바란다. 판매 종료까지 이제 3일 남았으며, 창고 정리 차원에서 할인 판매하겠다!"는 것이었다.

　　일부 직원은 바로 고급 무선전화기를 구입하여 고향집으로 돌아갔다. 그런데 그 결과는 자신의 체면이 크게 깎이는 것이었다. 왜냐하면 이 '고급 무선전화기'는 한마디로 '폐물'이어서 제대로 이용할 수가 없었던 것이다. 더욱 비참한 것은 많은 양의 무선전화기가 선물로 화웨이 고객에게 증정되었는데, 고장이 연이어 발생하면서 화웨이의 명성이 크게 훼손되었다는 점이다.

　　"자라 보고 놀란 가슴 솥뚜껑 보고 놀란다"고 런정페이는 이로 인해 '단말기 제품'이라고 하면 놀라서 피했다. 수년 후에 그가 휴대폰 연구개발과 관련된 제의를 들었을 때 책상을 손바닥으로 내리치면서 다음과 같이 말했다.

"화웨이가 휴대폰 사업을 하지 않는다는 것은 이미 결론이 내려진 사항인데, 누가 또 허튼소리를 하고 있나! 누구든 다시 이런 허튼소리를 한다면 바로 퇴사하게 될 것이다!"

그런데 공교롭게도 1998년에 중국 정부는 '이동통신 산업을 더욱 신속하게 발전시키는 것에 관한 의견'을 공표했다. 휴대폰 생산에 있어서는 반드시 면허를 획득해야 한다는 것과 중국에서 외국 기업이 생산한 휴대폰은 반드시 60퍼센트가 해외 시장에서 판매되어야 한다는 규정이었다.

이는 명확하게 자국 기업에 대한 보호였고, 중국 휴대폰 업계에 하나의 시험용 공간을 마련해주었다. 커젠(科健), 보다오(波導), 슝마오(熊猫), 샤신(夏新), 디비터(迪比特), TCL, 중싱, 남방과기(南方高科)는 면허를 취득한 뒤, 급부상했고 일거에 해외 휴대폰이 중국 시장의 90퍼센트를 점유하고 있던 국면을 변화시켰다. 그중에서 커젠과 보다오의 성과는 특히 두드러졌다. 외국 브랜드는 어쩔 수 없이 중국 휴대폰 업체와 협력을 할 수밖에 없게 되었다. 2003년에 이르러 중국 휴대폰의 점유율 비중은 이미 50퍼센트에 도달하여 중국 전체 시장의 절반을 차지했다.

앞서 언급한 중싱과 UTStarcom은 시티폰을 만들어 큰돈을 벌어들였다. 그러나 중국 휴대폰이 중국 전체 시장의 절반을 차지하는 것에는 매우 큰 문제가 있었다. 간단히 말해 중국 휴대폰 브랜드가 많고 시장 점유율 비중 또한 낮지 않았지만, 기본적으로는 모두 OEM 방식의 제품이었던 것이다. 정부의 보호기간 또한 영원할 수 없었다. 2004년, '면허제'는 '허가제'로 바뀌었고 이에 따라 정책적 메리트가 소실되면서 국산 휴대폰의 제1차 사망 붐이 일어나기 시작한다. 커젠은 가장 일찍 사업을 일으켜 세웠지만 일찍 쓰러지고 만다. 롄샹, 보다오, 샤신도 손실을 보았다. TCL은 울분을 터뜨리며 독자적으로 휴대폰을 개발하고자 했지만 오히려 곤경에 처하게 되었다. 공급업체가 외국 기업의 수중에 장악되어 궁지에 내몰린 TCL은 휴대폰 케이스를 만드는 플라스틱 업체조차 찾지 못할 지경이었다.

이러한 5년의 기간 동안 런정페이와 화웨이는 무엇을 했을까? 답은 런정페이가 당시 대단히 초조한 상황에 있었다는 것이다. 리이난의 강완회사를 포위하고, 시스코를 상대로 법정 투쟁을 진행하며, 아울러 자신의 우울증과 암을 치료하기 위해 애쓰고, 시티폰 사업 또한 발전시켜 중싱의 기세를 저지하기로 결심한 것이다. 화웨이가 저가 공세를 펼치자 중싱과 UTStarcom은 더 이상 버틸 힘이 없게 되었고 시티폰은 몰락하기 시작했다.

그런데 공교롭게도 화웨이는 GSM에서 큰 성공을 거뒀고, 3G 연구개발이 순조롭게 진행됐지만 문제는 오직 3G만 있고 휴대폰이 없다는 것이었고, 판매 또한 할 수 없다는 것이었다. 이와 관련하여 런정페이는 고되고 쓰라린 표정을 지으며 다음과 같이 말했다.

"우리가 걸어왔던 여정을 회고해보면 사실은 매우 비장한 것이었다. 화웨이가 처음 '단말기' 사업을 했던 것은 당시 우리의 3G 네트워크 설비가 팔리지 않았기 때문이었다. 단말기가 없는 것이 그 원인이라고 생각하여 자체적으로 단말기를 만들었는데, 첫 번째로 양산되는 단말기의 크기가 어떠해야 할지 우리는 아무것도 알지 못했다. 화물차에 한가득 싣기 위해 우리는 10여 대의 화물차를 구입하여 상하이를 돌아다녔는데, 그 목적은 네트워크 테스트를 돕기 위해서였다. 3G 관련 제품을 만들어낸 이후 단말기를 UAE에 수출했지만 단말기는 판매할 수 없었고, 일본의 다른 업체로부터 단말기를 구입하고자 했지만 그 어떤 업체도 우리에게 단 한 대의 '단말기'조차 팔려고 하지 않았다. 그 업체들의 단말기 제품은 이미 다른 통신사업자에게 총판(일괄구입 판매)되어 버렸던 것이다. 그래서 우리는 어쩔 수 없는 상황에 내몰리게 되었고, 자체적으로 만들기 시작한 것이다."

이때 유럽의 영국, 프랑스, 독일의 주요 통신사업자는 대량의 3G 휴대폰으로 사업을 발전시켜야 할 필요가 절실했다. 화웨이는 바야흐로 '대항해 시대' 속에 유럽 통신사업자의 사업 권역으로 모든 방법을 강구하여 적극적으로 진입하고자 했다. 이는 그들을 위해 3G 휴대폰을 맞춤형으로 제작하여 공급하는 것이 절호의 착안점이었다.

2002년 말, 런정페이는 크게 맘을 먹고 10억 위안을 투입하여 휴대폰을 제작하기로 결정했다. 이 10억 위안은 상황이 좋지 않은 화웨이의 1년간 이윤에 해당했다. 이 또한 런정페이의 성향을 잘 보여주는 것으로 그는 어떤 일을 하기로 결정하면 그 즉시 모든 힘을 다할 뿐만 아니라 결코 딴 곳에 한눈 팔지 않았다.

2003년, 화웨이는 휴대폰 사업부를 설치했다. 그 이듬해, 프랑스 칸에서 개막된 국제 모바일 전시회에서 화웨이 자체 첫 번째 3G 휴대폰을 선보이며 분위기를 압도했다. 화웨이의 3G 휴대폰은 우리의 생각보다 사실은 이른 시기에 세상에 나왔다. 다만 그 대다수가 유럽과 중국의 통신사업자를 위한 맞춤형 제품이었고, 화웨이의 로고를 새겨 넣지 않았기 때문에 사람들이 잘 몰랐던 것뿐이다.

이때 중국의 휴대폰 시장은 이미 제2탄의 서막이 열렸다. 톈위(天語), 진리(金立), 중싱, 창훙, 위룽통신(宇龍通信)이 이전의 커젠, 보다오, TCL 등 브랜드의 휴대폰을 대체하며 새로운 강자로 떠올랐다. 2007년 스티브 잡스가 이끄는 애플의 아이폰이 세계 1위가 되었다. 10년간 아이폰 시리즈는 합계 12억 대를 판매했고, 7,380억 달러의 수익을 창출했다. 시대가 변하자 노키아와 모토로라 휴대폰이 사망했고, 스마트폰이 휴대폰을 소멸시키는 추세는 갈수록 명확해졌다. 그런데 중국에서는 '중화혹련(중싱·화웨이·쿠파이·롄샹)'이 여전히 통신사업자의 맞춤형 제품이라는 큰 파이를 붙잡고 있었고 이러한 상황은 2011년까지 계속되었다.

통신사업자가 구매해주는 수량은 수십만 대, 심지어 약 백만 대 정도로 대규모였지만 통신사업자가 요구하는 가격 인하의 압력을 버텨내는 것이 힘들었다. 화웨이 고위층은 심지어 통신사업자에게 맞춤형 제품을 공급하여 얻는 이윤이 은행에 돈을 맡기고 받는 이자 수익보다 못하다고 불평했다.

가격 인하 압력 아래 만들어낸 맞춤형 제품의 품질과 기능은 당연히 좋을 수가 없었다. 소비자의 불만은 휴대폰 제조업체 쪽으로 향했다. 따라서 이렇게 맞춤형 제품만을 계속 취급하게 될 경우 화웨이 휴대폰은 '저가 휴대폰'이라는 낙인을 받아들여야 했다.

　　2008년, 런정페이는 심지어 휴대폰 사업과 관련된 화웨이 주식 49퍼센트를 팔아치우고 손을 떼야겠다는 생각에 이른다. 화웨이의 기업발전부는 전 세계 거물급 펀드와 논의했는데, 그때까지만 해도 9월 14일에 '리먼 브라더스'가 갑작스럽게 파산하여 미국의 서브프라임 모기지 위기가 시작되리라고는 아무도 예상하지 못했다. 이에 구매자의 호가가 매우 낮아졌고, 또한 여러 가지 조건이 붙자 런정페이는 화가 난 나머지 휴대폰 사업 부문을 매각하지 않았다. 사람들은 "만약 한 달만 매각 진도가 빨랐더라도, 일은 성사되었을 것이다"라며 가슴을 쓸어내렸다.

　　"인생사 새옹지마"라는 말이 있듯이, 다행히 화웨이의 휴대폰 사업 부문은 매각되지 않았다. 만약 그때 그렇게 매각되었더라면 현재 화웨이의 전체 영업이익 중 약 절반은 사라지고 없을 것이다.

2

모방자에서 추월자로 바뀌다

2011년은 화웨이 휴대폰의 '운명의 한 해'였다고 말할 수 있다. 바로 그해 스마트폰 시장 점유율이 피처폰(아이폰과 스마트폰이 출시되기 전에 나온 최저 성능의 휴대전화를 말한다-옮긴이)을 초월했고, 노키아가 완벽히 몰락하게 되었다. 검은 구름이 몰려들자 런정페이는 뭔가 상황이 잘못 돌아가고 있음을 본능적으로 감지하고 '단말기 사업' 부문의 직원들이 저조해져서는 안 된다고 비판하며 말했다.

"저조하다는 것은 왕자의 마음가짐인데, 만약 천하가 모두 당신의 것이면 당신은 저조할 수 있다. 그러나 '단말기' 사업 부문에서 당신은 아직까지 뒤처져 있는데 계속해서 저조할 것인가?"

런정페이는 특별히 쉬즈쥔, 궈핑 등 책임자들을 데리고 단말기 사업 부문의 관계자들과 함께 좌담회를 개최했다. 그는 자체 브랜드가 없는 상태에서 벗어날 것이고, 더 이상 통신사업자를 추종하며 맞춤형 휴대폰을 제작하지 않을 것이며, 개방 시장을 향해 확고하게 걸어 나아갈 것이라고 말했다. 이것은 화웨이 '단말기' 사업에 있어서 일종의 '쭌이회의(遵義會議)'라고 일컬어진다.

이러한 변화를 이끌어낸 것은 위청둥(余承東)이었다. 위청둥은 이공계 출신으로 베이징대학에서 석사 학위를 받은 뒤 1993년에 화웨이에 입사했다. 성격이 사납고 용맹했으며, '위 큰입'이라는 별명을 갖고 있었다. "상책을 준비하여 행하면 최소한 중등의 성과를 얻게 될 것이고, 중책을 준비하여 행하면 하등의 성과를 얻게 될 것이며, 하책을 준비하여 행하면 아무런 성과도 얻지 못하게 될 것이다"라는 말을 신봉하며, 상위 목표를 선호했다. 그가 무선 제품 라인 부문의 총재를 맡았을 때 화웨이의 GSM 제품은 나날이 부진에 빠졌다. 경쟁 기업에 의해 적지 않은 판매 계약 건수를 빼앗겼는데 위청둥은 이럴 때일수록 큰소리 치면서 다음과 같이 말했다.

"위상이 지위를 결정한다. 과거에 GSM의 목표는 장기간 2, 3류에 있었고, 그 결과 3, 4류의 제품을 만들어냈다. 진정으로 우리를 패배하게 만든 것은 우리 자신이지 다른 사람이 아니다. 추구하는 높이가 최종 지위를 결정하며, 하려고 한다면 '제일'이 되어야 한다."

나중에 화웨이의 GSM은 '세계 제일'이 되었다. 위청둥은 휴대폰 사업을 맡기 전에 화웨이 유럽 지역 총재였다. 과거 화웨이가 유럽으로 돌진하여 에릭슨, 노키아, 알카텔, 지멘스로부터의 압력에 직접 마주하게 되었을 때 위청둥이 분포식 기지국을 발명했다. 또한 보다폰과의 협력을 순조롭게 이끌어내면서, 이를 통해 유럽에서의 새로운 국면을 천천히 열어나갔다.

그 이후에도 그는 4세대 기지국을 연구개발해냈고, 아울러 이를 핵심으로 하여 SingleRAN 솔루션을 출시하게 되었다. SingleRAN 솔루션은 보다폰의 기술 전문가에 의해 "매우 섹시한 기술 발명"이라고 일컬어졌다. 하나의 캐비닛(컴퓨터 등 전산처리 기계들의 케이스) 안에서 2G, 3G, 4G 등 세 종류의 무선 통신 방식의 융합 기능을 실현해냈다. 이는 이론상 고객으로 하여금 50퍼센트의 비용을 절약할 수 있도록 했고 무엇보다 매우 친환경적이었다.

이 기술이 세상에 나오자마자 화웨이를 무선 분야에서 우월한 지위에 올려놓은 것은 물론 유럽 시장을 휩쓸게 된다. 2018년, 화웨이는 또한 SingleRAN Pro 솔루션을 출시했는데, 이는 5G를 지원하고 아울러 2G, 3G, 4G를 겸용할 수 있는 것이었다.

위청둥은 '세상에 불가능한 일이란 없고 단지 마음먹기에 달려 있다'고 보았다. 다시 말해, '다른 사람이 하고 있는 일이라면 나도 반드시 해낼 수 있을 뿐만 아니라 다른 사람보다 더 잘해낼 수 있는 것'이었다. "세계 2위를 기억하는 사람은 없다. 오직 세계 1위만 기억할 뿐이다"는 그가 했던 명언으로 위청둥 역시 전형적인 '런정페이 스타일'

에 가까웠다.

"새로 부임한 관리는 세 개의 횃불처럼 기세등등하다"라는 격언처럼 새로 부임한 관리는 처음에 의욕에 차서 일을 하게 된다. 마찬가지로 위청둥은 취임하자마자 약 3,000만 개에 달하는 저가폰과 피처폰을 모두 없애버리고, 개방 시장과 고품질 제품을 향해 나아가는 것을 견지했다. 그는 절대로 우유부단하지 않았고 태도가 분명했다. 위청둥은 줄곧 "내 수중에는 화웨이의 단말기 사업이 없어지든지 아니면 계속 해나가든지 이 두 가지 뿐이며 제3의 길은 없다"라고 강조한 것만 봐도 그의 결심과 기백을 살펴볼 수 있다.

2011년, 화웨이 휴대폰이 정식으로 시장에 진입했지만 시기적으로 이미 매우 늦었다. 삼성, 애플, 샤오미 등의 브랜드 휴대폰이 '기회의 창문'을 장악했고, 화웨이 휴대폰이 발전하기 시작한 2016~2017년 전체 스마트폰 시장은 이미 포화 상태였다. 이에 화웨이는 어쩔 수 없이 삼성과 애플이라는 두 거두의 입 속에 있는 먹잇감을 빼앗을 수밖에 없는 처지였다.

2011년, 화웨이 휴대폰의 앞을 가로막고 있는 애플과 삼성으로 인해 화웨이는 한동안 판세를 움직일 수 없었다.

오랜 라이벌 중싱은 이미 훨씬 앞서 나가고 있었고, 출고량은 화웨이 휴대폰의 두 배가 넘었다. 샤오미는 신참내기였지만 새로운 인터넷 판매 방식을 통해 단번에 휴대폰 시장을 교란시키며 이른바 '샤오미 기적'을 창조해냈다. 그해 8월, 샤오미 휴대폰은 정식으로 시장에 발매되었다. 12월에는 개인 이용자를 향해 구매 루트를 개방하면서 한 사람당 두 개까지만 구입할 수 있도록 제한했음에도 3시간 만에 10만 대가 판매됐다. 무명에 가까웠던 샤오미가 명성이 자자한 다른 모든 휴대폰을 당혹스럽게 만들어버린 것이다.

하지만 화웨이의 뒷심은 아직 충분했다. 수년간 맞춤형 휴대폰을 제작했던 경력은 화웨이로 하여금 많은 경험과 기술을 축적하게 만들었다. 단지 화웨이가 이전에 제작했던 '약정 휴대폰'은 모두 중저가 제품이었기때문에 소비자에게 '화웨이 휴대폰은 싸구려 선물용'이라는 좋지 않은 인상을 남겼던 것이다. 따라서 화웨이 휴대폰의 브랜드 컨셉을 정할 때 저가의 저품질 제품은 당연히 적합하지 않았다. 화웨이는 반드시 대표적인 브랜드를 만들어내야 했고, 중고가의 고품질 휴대폰을 만들어 고객들 사이에서 입소문을 타야 했다.

이는 샤오미 휴대폰과는 확실히 차이 나는 것이었고, 국내 절대 다수의 휴대폰 업체의 위상과도 다른 것으로, 오직 오랜 시간 기술 축적이 누적되어 있는 화웨이만이 만들어낼 수 있는 것이었다.

2012년, 화웨이의 첫 번째 브랜드 스마트폰인 Ascend P1이 시장에 출시되었다. 판매 가격은 2,999위안이었다. 그 이후에는 P2가 출시되었다. 위청둥 등은 가장 선진적이고, 가장 콤팩트하며, 가장 세련된 설계를 적용하여 소비자가 놀라고 흠모하도록 할 수 있는 모든 노력을 쏟아냈다.

그러나 일부의 고객이 놀라고 흠모하기도 했지만 결과적으로 이 두 모델은 인기몰이에 실패하고 말았다. 전 세계에서 모두 약 50만 대가 판매된 P1은 화웨이의 이전 중저가 스마트폰과도 별다른 차이가 없었다. 게다가 '저가의 싸구려 제품'이라는 이미지 위에 유통 채널이 정비되어 있지 않았고, 단말기 매장의 수가 많지 않았으며, 품질 관리 및 UI의 문제가 P1, P2의 판매를 어렵게 만들었다. 또한 가격도 문제가 발생하여 얼마 지나지 않아 크게 떨어졌다. 결국 시스템 업데이트를 포기해 소비자의 마음에 더 큰 상처를 입히게 되고 말았다.

이에 신참내기 화웨이는 수업료를 더 지불하기로 마음 먹는다. 그러나 이어서 출시된 D1도 역시 문제가 발생했다. 판매 가격은 3,999위안으로 높았고, 화웨이맨에 의해 이른바 '만신창이'라고 불렸으며, 일설에 따르면 런정페이가 사용하던 도중 다운이 되어 위청둥을 불러 한바탕 욕설을 퍼부었다고 한다.

연이은 부진으로 인해 화웨이 휴대폰이 쇠퇴하고 있다는 미디어의 목소리가 곳곳에서 나오기 시작했다. 이러한 상황에 위청둥은 강한 사퇴 압력을 받게 된다. 위청둥은 "나는 반대 목소리로 인해 큰 고통을 겪었는데 다양한 이견도 존재했고, 또한 많은 잡음도 있었으며 압력은 대단히 컸다"라고 당시 상황에 대해 말한 적이 있다. 이러한 이견 및 내부의 반대 의사는 오늘날까지 계속 존재한다. 다행히 런정페이가 그를 강력하게 뒷받침해주었기 때문에 위둥청은 비로소 전환의 시기를 맞이할 수 있었다.

2013년 P6이 출시되어 전 세계 판매량 약 400만 대를 기록했고 위청둥은 확고한 기반을 구축하게 되었다. 다음 해, Mate 7이 출시되었는데, 일반 버전은 2,999위안, 고급 버전은 3,699위안이었다. 이것은 많은 사람들을 놀라게 했다. 중국에서 그 어떤 휴대폰 회사도 정가가

3,000위안이 넘는 고가의 휴대폰을 만들어 외국 브랜드 제품에 도전장을 내민 적이 없었기 때문이다.

Mate 7은 휴대폰 전체가 금속 재질로 되어 있고, 화웨이가 독자적으로 연구개발해낸 최신의 '기린 925' 반도체칩을 채택했다. 무엇보다 프로세서 방면에서 경쟁상대를 훨씬 앞섰다. 또한 특수한 기술이 내장되어 있었고, 디자인 측면에서도 매우 발전된 것이었다. 가장 눈에 띄는 기능은 지문 인식으로 1초 만에 휴대폰을 여는 것이었는데, 이것은 엄청난 파문을 불러일으킨 '최초의 발명'이었다. 이전에 잡스가 손가락으로 밀어 올려 휴대폰을 여는 방안을 고안해냈다면, 화웨이는 지문으로 여는 방안을 고안해낸 것이다. 이전에 몇몇 회사가 이 방식에 도전했지만 모두 성공하지 못했다.

최종적으로 Mate 7는 모든 사람의 예상을 뛰어넘어 품귀 현상까지 발생했다. 전 세계적으로 700만 대가 판매되어 그해 '히트 상품'이 되었다. Mate 시리즈는 단지 시장을 세분화하기 위한 제품에 불과했고 따라서 특별한 목적 아래 진행된 제품은 아니었다. 화웨이는 Mate 7이 이처럼 크게 히트칠 줄 예상하지 못했다. 따라서 부품이나 재료의 부족 현상이 심각해 물량을 공급하지 못하는 현상이 발생해 외부로부터는 샤오미의 '헝그리 마케팅' 수법을 학습하고 있다고 전해졌다.

후속으로 출시된 Mate 8이나 Mate 10 그리고 P9 등의 제품은 모두 당시 업계에서 가장 앞선 기술을 이용했다. 큰 화면과 긴 배터리 수명, 높은 성능, 세련된 디자인 등 소비자에게 대단히 만족할 수 있는 경험을 안겨주었다.

이전에 런정페이가 저조할 때는 격려하고 순조로울 때는 냉수를 끼얹으며 경각심을 일깨웠던 것처럼, 단말기 사업 역시 걱정과 우려를 갖고 지켜보았다. 특히 이전에는 발전이 늦지는 않을까 우려했는데 현재는 발전이 너무 빨라서 혹여 잘못되지는 않을까 걱정했다.

"우리는 단말기 사업을 진행함에 있어서 전략적 인내심을 지녀야 하고 고독함을 견뎌내야 한다는 것을 다시 한번 강조하고자 한다. 당신들이 너무 황급히 발전하게 되면 아마도 하나의 부품 문제로 인해 휴대폰 수십만 대, 수백만 대에서 문제가 발생하게 될 것이다. 이로 인해 회사의 단말기 사업 부문 전체를 망가뜨리게 될 것이며, 때로는 다시 일어나기가 어렵게 될 수도 있다.

따라서 우리는 계속해서 착실하게 일해야 하고, 헛된 욕망을 억제해야 하며, 합리적인 발전 속도를 견지해야 한다. 쓸데없이 만용을 부리는 것은 과오를 범하게 될 것임을 알려주는 전조 현상이다. 이 시대는 '춘추전국 시대'와 같지만 설령 경쟁이 격렬해진다 하더라도 나는 최악의 저가 경쟁을 하도록 격려하지 않을 것이다. 오직 품질을 높이며 인내심을 갖고 앞을 향해 뛰어가는 것을 격려할 것이다. 이렇게 해야만 비로소 경주에서 승리를 거둘 수 있다.

남이 단기간 내에 이 시장을 점령해버리게 될 것이라고 걱정할 필요는 없다. 일반적으로 사람들이 2~3년에 한 번 휴대폰을 바꾸는 비율을 고려해보면 다음 차례는 응당 화웨이 휴대폰이 될 것이다. 3년 후에야 비로소 '물에서 나와야만 양발에 진흙이 묻어 있는 것을 알게 되는 것(出水才見兩腿泥)'처럼 그 결과를 객관적으로 분별할 수 있는 것이다."

런정페이가 2015년에 '소비자 BG 소통대회'에서 했던 연설 내용 중 일부다. 삼성의 경우는 전차지감(前車之鑑), 즉 '앞수레가 뒤집히는 것을 보고 뒷수레가 교훈으로 삼는 것'처럼 앞사람의 실패를 교훈으로 삼았지만, 2017년 화웨이의 이른바 'P10 플래시 메모리 속도' 사건은 하마터면 화웨이의 명성을 무너뜨릴 뻔했다.

2011~2013년은 샤오미 휴대폰이 주름잡던 시기로 휴대폰 업계에 거대한 충격을 가져왔고, 새로운 사고방식과 모델이 만들어졌다. 샤오미 휴대폰으로 인해 인터넷을 통한 새로운 가격 전쟁이 벌어졌다. 샤오미 방식은 수많은 다른 휴대폰 업체로 하여금 어쩔 수 없이 응전하도록 내몰았고, 이로 인해 이윤은 수직으로 하강하여 퇴장할 수밖에 없었다.

샤오미는 각 소매상을 통한 번거로운 판매 방식을 생략하고 모두 직접 판매했다. 이를 통해 엄청난 비용을 절감했고, 가장 우수한 가성비를 갖춘 저가 휴대폰에 고급 포장과 '헝그리 마케팅'을 결합시켜 유명세를 만들었다. 또한 온정적인 PR을 통해 대규모의 '매니아 층'을 확보했다.

샤오미의 CEO 레이쥔(雷軍)은 일반 사람들도 브랜드 가치를 충분히 지닌 개성적인 휴대폰을 갖고 싶어 한다는 수요를 파악했다. 소비자에게 비싼 애플 휴대폰과 삼성 휴대폰을 구입할 필요가 없다는 심리적 근거를 제공해주었다. 이것이 바로 인터넷 사유와 전통적 사유의 확연히 다른 부분이다. 샤오미는 인터넷 마케팅을 대단히 잘했고, 화웨이는 이러한 인터넷 마케팅을 학습하기 시작했다.

강대한 기술의 뒷받침과 연구개발 능력을 보유하는 것은 화웨이가 휴대폰 승리를 위해 필요한 것이었다. 성능은 경쟁상대의 것보다 뒤지지 않고, 심지어 일부 초월하기도 하면서도 가격은 도리어 저렴한 것, 바로 이것이 화웨이 제품이 천하를 종횡했던 일관된 특징이었다. 그것의 핵심은 기술이지 마케팅이 아니었다. 마케팅에 더 많이 의존하는 샤오미 휴대폰과는 다른 것이었다. 비록 샤오미는 기술의 연구개발에도 힘을 쏟아 네 번째로 자체 제작한 반도체칩을 보유한 스마트폰 회사가 되었지만 결국 뒷심이 부족했다.

2018년 제1사분기 샤오미 휴대폰의 중저가 제품 비율은 75퍼센트를 넘었고, 초보자용 가격은 약 500위안 정도였으며, 중급 가격은 약 800위안이었다. 샤오미가 고가 휴대폰 시장 점유율을 확대하려면 강대한 기술력의 뒷받침이 필요했는데, 이 방면에서 화웨이는 후적박발(厚積薄發), 즉 '자신이 쌓아온 실력을 쉽게 드러내지 않는' 준비를 충분히 해왔기에 샤오미보다 앞날이 밝았던 것이다.

2013년 말, 위청둥은 특별히 '룽야오 시리즈'를 제작하고, 인터넷을 통한 전자비즈니스 방식을 활용하여 샤오미 휴대폰과 경쟁했다. 룽야오와 샤오미 휴대폰의 유사성과 관련하여 항간에서는 '픽셀급 모방'이라는 말이 회자되었다. 하지만 화웨이의 전자비즈니스 플랫폼 VMALL이 구축되고, 판매 루트에서도 협력이 이루어지면서 샤오미 휴대폰에 큰 충격을 안겨주었다.

가격 전쟁은 바로 화웨이의 특기였다. 화웨이는 그 누구도 두렵지 않았고, 화웨이만이 이러한 뱃심을 갖고 있었다. 화웨이가 목숨을 걸고 가격 전쟁을 벌이던 곳에는 종종 풀 한 포기조차 자라지 않았다! 2017년, 국내 휴대폰 판매량에 있어서 룽야오는 샤오미 휴대폰을 제치고 인터넷에서 드디어 1위를 차지했다. 7년만에 화웨이는 모방자에서 추월자로서의 전환을 이뤄낸 것이다.

롄샹 휴대폰 상황은 매우 좋았다. 개인용 컴퓨터 시장에서 세계 2위를 차지할 정도였다. 당시 류촨즈는 은퇴하고 지휘봉은 양위안칭(楊元慶)의 수중으로 건네진 상황이었다.

롄샹 역시 고가 휴대폰 만들기에 도전했다. 즉 '필살기로 살아남기'를 계획하고, 아이폰을 직접 복제하며 러폰(레노보 스마트폰을 지칭한다-옮긴이)을 제작했지만 결과는 단지 70만 대를 판매하는 데 그쳤다. 그이후 롄샹의 움직임은 움츠러들었지만 계속해서 통신사업자와 협력하는 노선을 취하게 된다.

얼마 지나지 않아 중국 국무원 국유자산감독관리위원회는 3대 통신사업자 측에 4G 약정 휴대폰의 수량과 보조금을 줄이도록 요구했다. 롄샹은 모토로라와 합병하는 묘수를 구상하며 실현되기를 바랐다. 효과는 물론 있었다. 2014년, 롄샹 휴대폰의 출고량은 9,000만 대를 초과하여 단번에 국내 1위, 세계 3위의 자리를 차지했다. 이때가 롄샹 휴대폰의 최고 전성기였다.

그러나 그 이후 롄샹은 우왕좌왕하기 시작했고, 리더층이 교체되었으며, 제품 라인마저 혼란에 빠졌다. 2015년에는 출고량이 급속히 줄어들어 2,210만 대가 되었고, 2016년에는 다시 500만 대에 머물며 맹렬한 속도로 감소됐다. 2017년에는 단지 179만 대에 머물렀다. 롄샹휴대폰은 이미 상황을 뒤바꿀 수 있는 힘이 없었다.

이와 비교하여 중싱 휴대폰의 쇠락은 사람들로 하여금 매우 안타까운 마음이 들게 했고, 심지어는 분노하게 만들기도 했다. 이는 중싱과 화웨이의 차이를 잘 보여주는 것이었다.

2007년, 중싱은 이미 세계 6위 휴대폰 제조업체 위치에 있었다. 휴대폰 사업의 연간 수입은 76억 4,500만 위안, 이윤율은 22퍼센트나 높게 달성했다. 2009년, 중싱 휴대폰은 계속 성장하여 세계 5위 스마트폰 제조업체의 행렬에 들어갔고 그해 판매 대수가 400만 대를 넘어섰다. 2011년에 이르러서 중싱 휴대폰의 출고량은 화웨이 휴대폰의 2배가 넘었다.

하지만 2012~2014년에 중싱 휴대폰은 특이하게 쇠락기에 접어들었다. 2012년, 시장에 진입한 지 15년 만에 처음으로 결손(금전상의 손실)이 발생했고, 그 손실액은 28억 4,000만 위안에 달했다.

2013년, 중국의 통신사업자는 4G 약정 휴대폰의 수량과 보조금을 줄였다. 약정 휴대폰에 지나치게 의존했던 쿠파이는 곧 비극적인 상황에 내몰리면서 빠른 속도로 자취를 감췄다. 당시 화웨이 휴대폰은 이미 앞서 퇴출됐기 때문에 큰 영향을 받지 않았다. 이때 중싱은 해외 시장을 중점적으로 개척하기로 하고, 특히 미국 시장을 노렸다. '미국 시장을 개척하지 않으면 세계에서 앞서 나갈 수 없다'고 생각한 것이다. 중싱 휴대폰은 미국에서 깃발을 펄럭인 뒤 그 전략적 우세를 활용하여 국내 시장을 반격하겠다는 계획으로 그날을 기다렸다. 그런데 결과적으로 중싱이 규모가 큰 국내 시장에 오히려 느린 반응을 야기시켰고, 기해전술(機海戰術, 대규모 휴대폰 물량 공세)을 선택할 수밖에 없도록 만들었다.

중싱의 스마트폰 출고량은 1년 동안 4,000만 대에 달했지만 그 이윤율은 매우 낮았고, 품질 관리의 문제도 노출되었다. 또한 '내부 파벌 투쟁' '가족화 문제' '자회사가 모회사에 의지하여 수혈을 받고 있다' 등의 소문이 끊임없이 나도는 등 경영상의 단점들이 남김없이 폭로되었다. 중싱 휴대폰은 두 차례 리더를 교체했지만 흐름을 바꿀 수 없었고, 장기간 누적되어온 적폐는 고치기 어려웠다.

2018년도 제1사분기 전 세계 휴대폰 시장 점유율 리스트를 살펴보면 중싱 휴대폰은 겨우 북미 지역에서 랭킹 4위를 차지했을 뿐, 기타 지역에서는 모두 5위 바깥으로 밀려나 있다.

비바람이 거세게 부는 가운데 2년 전 한 사건의 여파가 갑자기 폭발하여 하마터면 중싱의 허리가 잘려나갈 뻔했다.

이 사건은 2016년 3월 7일에 일어났다. 미국 상무부가 중싱을 포함한 4개의 기업에 대해, 이들이 이란을 향해 미국이 규제하고 있는 화물을 보내어 미국의 수출관리규정(EAR)을 위반했다고 공표했다. 해당 4개 기업을 미국의 수출 제한 리스트에 올리면서 7년 동안 미국 기업 또는 미국 제품 및 기술을 대리하는 업체에게 관련된 기술 및 제품을 수출하지 못하도록 금지했다.

한 차례 중재 및 화해의 절차를 거친 후, 중싱은 8억 9,200만 달러라는 거액의 벌금을 납부하기로 했다. 아울러 관련된 인사에 대해 조치하겠다는 의사를 밝히며 미국과의 화해를 이끌어냈다. 중싱에서 이 사건은 'A사건'이라고 불린다. 그 영향으로 2016년 중싱은 23억 6,000만 위안의 순손실이 발생했고 큰 손상을 입게 되었다.

2018년 4월, 미국은 중싱이 35명의 관련 직원에 대해 경제적 처벌을 하겠다는 뜻을 이행하지 않고, 아울러 거짓 진술을 하는 것으로 간주하여 금지명령을 활성화시켰다. 중싱은 퀄컴의 반도체칩에 크게 의존하고 있었고 핵심 부품의 절대 다수를 미국으로부터 수입하고 있었다. 즉 미국이 제재를 가하면 중싱은 곧바로 심장이 멎어 쇼크 상태가 되고 말았다.

은퇴한 지 이미 2년이 지난 허우웨이구이는 어쩔 수 없이 강호 세계에 모습을 다시 드러냈다. 위태로운 상황 아래 무너질 위기에 처한 중싱을 구제하게 되었다.

2018년 6월 8일, 중싱 사건은 '벌금 10억 달러와 보증금 4억 달러 납부, 제3자에 의한 감독 관리, 30일 이내에 중싱 이사회 및 관리자 교체, 이후 중싱에 대한 현장 검사는 그 어떠한 제한도 받지 않는다'라는 조항에 합의하는 것으로 결론이 났다.

미국의 윌부르 로스(Wilbur Ross) 상무부 장관은 "이것은 강력한 화해 방법이자, 미국 상무부가 수출 규제를 위반한 기업에 대해 부과하여 얻어낸 가장 규모가 큰 벌금"이라고 말했다. 2017년 중싱 매출액은 169억 달러, 순이윤은 7억 달러였다는 것을 알아야 한다. 두 차례에 걸쳐 벌금을 내는 것은 미국을 위해 10년간 공짜로 일해주는 것과 같은 것이었다.

6월 29일, 리쯔쉐(李自學) 등 8명의 중싱 신임 이사가 부임했고, 리쯔쉐는 신임 이사장이 되었다. 인이민(殷—民)과 장젠헝(張建恒) 등 14명의 이사회 구성원은 모두 사직했다. 그중 중싱 글로벌 마케팅 부총재는 공개 서한을 공표하면서 비장한 마음과 분노, 깊은 체념 속에 "이렇게 떠나는 것은 실로 원하는 바가 아니며 깊은 굴욕감을 느낀다" "우리와 같은 중싱맨이 회사를 떠나는 것을 통해 회사에 더나은 미래가 도래하기를 바란다"고 말했다.

7월 12일, 미국은 약 3개월간 미국의 공급업체와 중싱 간의 상업 거래 금지명령을 취소했다. 이로써 중싱은 운영을 회복할 수 있게 되었다. 금지명령의 완전한 해제는 중싱이 추후 미국 측에 4억 달러의 보증금을 지불한 이후에 행해질 것이었다. 그러나 주목해야 할 것은 '금지명령'이 결코 철저하게 해제되지 않았고, 미국 상무부는 여전히 중싱의 행동을 예의 주시하고 있다. 중싱은 반드시 미국이 선임한 특별 이행조정관(SCC)을 받아들여야 하고 그 임기가 10년이라는 점이다. 10년 동안 중싱은 미국 상무부의 감시 아래에 놓이게 될 것이다. 일단 미국 수출관리규정을 위반하거나 행해야 할 의무 사항을 이행하지 않은 것으로 간주되면 미국 상무부는 다시 금지명령을 활성화시킬 것이다. 이것은 바로 핵심 기술이 없는 것에서 초래된 나쁜 결과다.

런정페이는 2013년에 행한 한 차례 내부 연설에서 다음과 같이 말했다.

288

"우리가 현재 '단말기 운영체계'를 운용하고 있는 것은 전략적 고려다. 만약 그들이 갑자기 우리의 식량을 끊어버린다면, 다시 말해 우리에게 안드로이드 시스템과 Windows Phone 8 시스템을 공급하지 않는다면 우리는 일순간 바보가 되지 않겠는가?

마찬가지로 우리가 첨단 반도체를 자체적으로 제작할 때 나는 결코 당신들이 미국의 첨단 반도체를 구입하는 것에 대해 반대하지 않았다. 나는 당신들이 가능한 한 미국의 첨단 반도체를 최대한 이용해야 한다고 생각한다. 그들이 우리에게 판매를 하지 않을 때 우리의 물건은 품질이 조금 떨어지는 면이 있기는 하겠지만 임시변통으로 사용할 수 있을 것이다. 우리는 편협한 자부심을 가져서는 안 된다. 이러한 자부심은 우리를 해치고 사망하게 만들 것이다. (중략)

우리는 편협해서는 안 되며, 우리가 운영 시스템을 만드는 것은 첨단 반도체를 만드는 것과 같은 이치다. 이는 그들이 우리의 식량을 끊는 대신 우리에게 이용을 허락하게 만들기 위해서가 아니다. 그들이 우리의 식량을 끊어버릴 때 '예비용 시스템'을 가동하여 충분히 버텨내기 위해서이다."

이보다 앞선 2006년에 허우웨이구이는 인터뷰에서 "핵심 기술은 자체적으로 있어야 하고 그래야만 비로소 남에 의해 속박당하지 않게 된다"라고 말한 적이 있다. 이와 유사한 말을 많은 기업가들이 서로 다른 장소에서 이야기한 적이 있지만 문제는 '자체적 핵심 기술 보유'라는 이 길을 걷는 것이 무척 어렵다는 것이다.

2000년으로 돌아와 살펴보면, 허우웨이구이가 이끄는 중싱은 일찍이 핵심 기술을 보유할 기회가 있었다. 그때 중싱은 국가개발투자공사와 공동으로 투자하여 '중싱집성전로설계유한회사'를 창설했고 3G 휴대폰 '베이스밴드 칩(Baseband Chip)'의 연구개발을 시작했다. 하지만 안타까운 것은 중간의 시행착오와 연구개발의 어려움이 허우웨이구이로 하여금 중도에 포기하도록 만들었다는 것이다.

매출액이 1,000억 위안을 넘으며 중국 통신 제조업 2위 자리에 있던 회사가 갑자기 제대로 손도 못써보고 이렇게 쉽게 봉쇄되어 낭떠러지에 내몰리게 되었을 때, 많은 사람들이 비로소 환상을 깨뜨렸고, 자신의 취약점이 이렇게 치명적인 것인지에 대해서 다시 한번 경각심을 갖게 되었다. 수년간 우쭐거리며 마냥 즐거워했던 OEM 방식의 비즈니스 모델이 얼마나 취약하기 이를 데 없는 것인지 깨닫게 된 것이다.

이 냉혹한 현실은 중국 기업에 '철썩' 하고 갈기는 따귀 한 대였다. 현실은 결국 무거운 대가를 지불하며 런정페이의 예언이 얼마나 정확한지를 증명했다. 지식재산권이 없는 회사는 한 발짝도 나아가기 어려운 것이다.

당시 화웨이 휴대폰은 두 다리로 지탱하고 있었다. 그중 하나인 룽야오를 내세워 샤오미와 필사적으로 가격 경쟁을 벌였다. 여기에는 '퀄컴 칩'이 적용되었고, 또 다른 하나는 화웨이 중고급 휴대폰으로 화웨이 산하의 하이쓰(海思) 자체 '기린 칩'을 적용했다. 설령 초기의 기린 칩은 성능에 있어서 퀄컴 칩과 비교가 안 되었지만 화웨이는 이를 악물고 고집스럽게 밀고 나갔고, 결국 기린 칩은 기술적으로 퀄컴 칩과 막상막하에 이를 정도로 진보하게 된다.

통계에 따르면, 2017년 출하된 화웨이 휴대폰 중 3분의 2는 '하이쓰 칩'이 장착되어 있는데, 이 수치는 2014년의 4분의 1보다도 훨씬 높은 것이다. 하이쓰 칩은 이미 퀄컴 칩의 경쟁상대였다. 2018년 1월 초에 미국 시장에 진입할 예정이었던 Mate 10 Pro 및 Mate 10 Pro 포르셰 디자인이 채택한 것은 화웨이 자신의 기린 칩이었지 퀄컴 칩이 아니었다. 화웨이는 오랜 시간 투자하여 기술 장벽을 극복했고 AT&T로 하여금 기린 칩을 인정하도록 만들었다.

2011년부터 2017년까지 하이쓰의 연구개발에 투입된 비용은 3배가 넘었다. 40억 달러 미만이던 것에서 140억 달러로 증가했다. 현재 하이쓰는 전 세계에서 약 1만 명의 직원을 보유하고 있다. 이것은 런정페이의 안목과 식견 그리고 담력과 실행력의 성과다.

3

삼성과 애플을 초월할 수 있는가?

최근 들어 삼성 휴대폰은 중국에서의 판매량이 갈수록 악화되어 곤두박질치듯이 폭락했다. 2018년 제2사분기에 삼성 휴대폰의 중국 시장 점유율 비중은 겨우 0.8퍼센트였다. 중국 휴대폰 시장 1위는 화웨이 휴대폰으로 점유율 27.2퍼센트였고, 그다음은 OPPO 20.2퍼센트, vivo 19퍼센트가 뒤를 이었으며, 애플도 겨우 6.7퍼센트를 기록했다.

2013년에만 해도 삼성 휴대폰은 중국 휴대폰 시장에서 점유율 20퍼센트였다. 삼성 휴대폰이 중국 시장에서 퇴출된 것은 애플과 화웨이, 샤오미 등에 의해 시장에서 밀려난 것 외에 더욱 중요한 것은 중국 소비자에 의해 외면당했다는 점에 있다.

삼성 휴대폰 Note 7이 미국에서 폭발했다는 소식이 한국에 전해진 이후, 삼성은 〈뉴욕타임스〉〈월스트리저널〉〈워싱턴포스트〉 등 미국의 3대 신문에 전면 광고를 싣고, 미국 소비자에게 공개적으로 사과했다. 또한 신속하게 전 세계로부터 200여만 대의 휴대폰을 회수했는데, 대상 국가에는 미국, 한국, 호주 등이 포함되어 있었고 유독 중국만이 포함되어 있지 않았다. 삼성이 공표한 성명에는 중국 대륙에 판매한 Note 7은 기타 국가에서 사용하는 것과는 다른 공급업체의 상품으로 안전성에 문제가 없다고 했다. 그로부터 15일 이후, 삼성은 처음으로 중국에서 1,858대의 휴대폰을 회수했지만 여전히 안전성 문제가 존재한다고 인정하지 않았다.

삼성의 이러한 행동이 중국의 소비자를 매우 화나게 만들었던 것이다. 이에 따라 품질과 설계, 가격에 있어서 실리적인 화웨이 휴대폰이 존재하는 가운데 중국 소비자의 선택이 어떠했을 지는 말하지 않아도 알 수 있는 바다.

삼성이 스스로 자초한 불행이다. 중국에서의 판매량이 화웨이와 격차가 크게 벌어진 것은 차치하고, 삼성 휴대폰은 특허권 소송에 있어서도 여러 차례 화웨이에 패배했다.

2016년, 미국 캘리포니아 북부 법원은 그해 5월 화웨이가 삼성에 대해 제기한 소송에 대한 심리를 진행했다. 삼성이 11개의 특허 중 2개의 특허에 대해 제기한 무효 발의는 법원에 의해 기각되었다. 이것은 삼성과의 특허 분쟁 중 첫 전투에서 화웨이가 승리를 거두었음을 의미하는 것이었다.

2017년 4월 6일, 푸젠성(福建省) 취안저우(泉州) 중급법원의 1심 판결은 삼성이 여러 제품에서 화웨이의 특허권을 침해했고, 아울러 삼성이 특허 기술과 관련하여 분쟁이 발생한 단말기를 제조·판매하거나 해당 기술을 탑재된 것의 판매 중단을 선고했다. 여기에는 삼성의 '갤럭시 시리즈' 휴대폰도 포함되었다.

현재 해당 사건은 아직 완결되지 않았고, 삼성은 계속해서 상소를 진행 중이다. 2018년 제1사분기에 화웨이 휴대폰의 전 세계 시장 점유율 11퍼센트로 3위를 차지했고, 삼성 휴대폰은 22퍼센트, 애플 휴대폰은 15퍼센트를 각각 차지했다. 그런데 제2사분기가 되자 화웨이 휴대폰은 15.8퍼센트의 시장 점유율을 기록하며 애플 휴대폰의 12.1퍼센트를 제치고 세계 2위로 뛰어올랐다.

스티브 잡스가 사망한 후 애플 휴대폰은 영혼을 잃어버린 듯 매력이 점차 사라지면서 중국에서의 시장 점유율 순위는 화웨이, OPPO, vivo 의 뒤를 이은 4위에 머물렀다. 혁신 이후 그것을 지속하는 힘이 결여되어 있던 애플 휴대폰을 화웨이 휴대폰이 초월하는 것은 이미 시기적으로 머지않아 실현될 것이었다.

위청둥은 화웨이 휴대폰의 최근 수년간의 발전에 대해 "2014~2015년에는 생존을 위해 싸워 살아남았다. 2016~2017년에는 부상하기 위해 싸웠고 이미 기본적으로 설정한 목표를 실현했다. 따라서 2018년에는 기존 방식을 뒤집는 제품과 혁신 기술로 세계 시장을 선도해나갈 것이다"라고 총결했다. 그의 발언대로라면 2020년 무렵, 화웨이 휴대폰은 애플과 삼성 휴대폰을 초월하게 될 것이었다.

그런데 2018년 1월 9일 라스베이거스에서 열린 CES 대회에서 AT&T는 화웨이와의 협력을 포기하며 미국에서 화웨이의 스마트폰을 판매하지 않겠다고 선포했다. 곧이어 미국 의회 의원 18명이 연대

서명하여 연방통신위원회(FCC) 아지트 파이(Ajit Pai) 위원장에게 보낸 한 통의 편지가 세상에 알려졌다. 편지는 화웨이와 미국의 통신사업자(AT&T)와의 협력에 대한 조사를 FCC에 요구하는 내용이었다. 이 편지는 동시에 별도로 제프 세션스(Jeff Sessions) 미국 법무부 장관 등에게도 발송되었다.

중국과 달리 미국에서의 휴대폰 주요 판매 루트는 통신사업자이며, AT&T는 미국에서 2위 규모의 통신사업자로 미국 전체에 깔려 있는 4G 네트워크와 1억 명이 넘는 이동통신 고객을 보유하고 있었다. 동시에 그 산하인 MetroPCS는 미국 최대의 선불형 통신사업자이다. 화웨이 휴대폰이 AT&T의 판매망에 진입하게 된다면 장차 판매량과 브랜드 인지도를 크게 촉진시키는 작용을 하게 될 것이었다.

하지만 현재 이 과정은 갑자기 끊어져버렸다. 여러 해 동안 공략했으나 성과를 거두지 못하자 화웨이 순환 CEO 쉬즈쥔은 다소 낙심하여 "어떤 일은 우리가 변화시킬 수 없는 것으로 그것을 너무 심각하게 인식할 필요는 없다. 우리는 더 많은 정력과 시간을 가질 수 있고, 고객에게 필요한 서비스를 제공하며, 더 좋은 제품을 개발하고, 고객의 수요를 만족시킬 수 있다. 어떤 일은 흘러가는 대로 놔두도록 하자. 그래야 우리도 심안이득(心安理得, 마음 편하게 지켜야 할 도리를 거스르지 않고 흡족해하는 것)하게 될 것이다"라고 말했다.

이 말은 미디어에 의해 '올해 화웨이 휴대폰이 미국 시장에서 퇴출될 것'이라고 독해되어 한 차례 떠들썩했다. 하지만 그 이후 위청둥은 곧 소문에 대해 반박했다. 창업 초기와 비교해보면 화웨이는 한 마리의 전투적인 '야생 이리'로서 온종일 도처에서 먹잇감을 쟁탈하던 면모에서 현재는 한 마리의 너그럽고 부드러운 '큰 코끼리'로 변모했다. 또한 화웨이는 국제적 대기업으로서의 풍격을 갖추게 되었고, 경쟁상대를 초월하는 과정 중에 상대의 강점을 자신의 것으로 만들고자 노력하는 것을 강조하고 있다.

화웨이는 삼성 및 애플과 경쟁해야 하지만 또한 조화를 이루고 상생하며 협력해야 한다. 부단히 승리를 위해 노력하고 이윤을 추구해야 하지만 승리를 쟁취하는 방법이 '경쟁상대를 소멸시킨다'라는 방법만 있는 것은 아니다.

2016년, 화웨이 휴대폰의 부상은 '1인 미디어' 등을 포함한 일부 언론이 애국심에 의해서든 관심을 끌기 위해서든 과도하게 화웨이를 추켜세웠다. 일시적으로 "화웨이가 3년 안에 애플을 제치고, 5년 안에 삼성을 제친다" "중국 전체가 들떠 있다! 화웨이가 퀄컴을 제압하고 구미를 섬멸하는 등 5G 시대를 장악하면서 중국이 처음으로 가장 높은 고지를 점령하게 되었다" 등의 뉴스 제목이 사방 곳곳에 나와 화웨이의 이미지에 심각한 영향을 미쳤다.

이것은 런정페이가 오랫동안 미디어에 과도할 만큼 노출되지 않았던 것이 원인이었다. 신문 매체는 사람들의 눈길을 사로잡기 위해 핫이슈를 만들어내고 공정성과 객관성을 중시하지 않는다는 것이다. 미디어는 기업 및 기업인을 하늘 높이 추켜세우다가도 호되게 하늘에서 굴러떨어지는 모습을 보고 싶어 한다. 외부의 잡음이 화웨이 내부에 영향을 미치지 않도록 하기 위해, 그리고 화웨이의 랑성에서 발산되는 난폭한 기운을 제거하기 위해 런정페이는 큰 소리로 말했다.

"삼성을 멸망시킨다, 애플을 멸망시킨다 등의 말은 공식 석상이나 사적인 자리를 불문하고 단 한 번이라도 발언해서는 안 된다. 그것을 한 번이라도 말하는 자는 누구라도 즉시 100위안의 벌금을 물릴 것이다."

심지어 그가 보기에도 OPPO와 vivo는 화웨이의 친구였다. 화웨이는 이윤율 측면에서는 OPPO와 vivo를, 친환경 및 서비스 체계 방면에서는 애플을 학습해야 한다. 10여 년 전 시스코에 대해서조차도 런정페이는 '때려눕히려' 하지 않았고, 심지어 존 챔버스와도 관계가 나쁘지 않았다. 그런 탓에 존 챔버스가 CEO 자리에서 은퇴할 때 런정페이에게 특별히 '후계자' 문제와 관련하여 조언을 구하기도 했다.

화웨이가 이리의 예민한 후각과 이리의 분투 정신, 이리의 집단 관념을 가지고자 한다면 이리의 잔인무도함과 수단을 가리지 않는 공격 성향을 멀리 해야 하며, '화웨이가 지나간 자리에는 풀 한 포기 자라지 않는다'라는 말이 나오지 않도록 해야 한다. 그렇지 않으면 화웨이 또한 최후에 살아남을 수 없다는 것을 런정페이는 이미 오래 전에 명확히 깨닫고 있었다.

7장

화웨이 DNA,
자동 진화의 비밀

이 시대의 전진은 너무 빠르다. 만약 우리가 자만하여 3개월만 안주해버려도 역사에서 지워지는 운명을 피할 수는 없을 것이다. 우리는 장기간 자아비판을 견지하며 동요하지 않았기 때문에 비로소 오늘까지 살아남을 수 있었다. 올해 이사회 구성원은 모두 대포의 포문을 열고 '화웨이에 대한 포격(비판)'을 진행했고, 중고위층 간부는 모두 '우리 눈에 비친 경영 문제'를 발표하여 마음속으로 많은 것을 깨닫게 했다. 발표된 각 논문은 내가 직접 수정하며 편집한 것으로 직원 여러분들 또한 '심성사구(사내 커뮤니티)'에서 비평을 논할 수 있다. 이를 통해 우리는 결국 어떤 부문에 존재하는 문제를 해결하게 될 것이고, 회사는 부단히 스스로 최적화될 것이다.

_런정페이, '연례 간부 업무 회의 연설'(2013)

1

엔트로피 감소

"열역학 제2법칙은 자연계에서 저온이 자동적으로 고온으로 전도될 수 없고, 반드시 동력이 있어야만 이러한 종류의 역전이 가능하다는 것을 명확히 말해주고 있다. 인간의 천성은 부유해진 이후에 나태하고 게을러지는데 이러한 현상은 결코 객관적 규칙이 아니고, 인간의 주관적 능동성으로 바꿀 수 있다.

우리 조직의 책임은 곧 자발적인 규율을 거스르며 행동하는 것이고, 이익 분배를 구동력으로 삼으며, 게으르고 나태한 성장을 반대한다. 민의(民意), 인터넷을 통한 의사 표현은 대다수가 자발성을 지니는 것이지만 우리 조직은 도리어 물결치는 대로 표류하는 것처럼 남의 장단에 춤추는 상황에 빠지게 된다. 조직의 무작위는 곧 '엔트로피(Entropy) 소멸'을 발생시키게 될 것이다."

런정페이가 이때 처음으로 '엔트로피 감소'에 대해 언급했던 것은 아니다. 런정페이는 왜 특별히 '엔트로피 감소'의 경영 철학을 숭배했을까? 그것은 '엔트로피 감소'의 핵심 가치가 바로 조직과 조직 사이의 사람을 활성화시키는 것이기 때문이다. 엔트로피는 열역학 제2법칙의 개념으로 시스템의 혼란 정도를 측정하는 데 이용된다. 또한 열역학 제2법칙은 '엔트로피 증가 법칙'이라고도 불리는데, 즉 모든 자발적 과정은 항상 엔트로피가 증가하는 방향으로 발전하게 된다는 것이다. 런정페이는 이 개념을 다음과 같이 사회 영역과 경영학 영역으로 확장시켰다.

"나는 '열역학 제2법칙'을 자연과학 영역에서 사회과학 영역으로 적용했는데, 그 뜻은 격차 및 거리를 벌여서 수천 명의 중견 역량이 15만 명의 대오를 이끌고 앞을 향해 힘차게 전진하도록 하기 위해서였다. 우리는 끊임없이 대오를 활성화해야 하고, '엔트로피 소멸' 현상을 방지해야 한다. 우리는 결코 조직에 '블랙홀'이 출현하는 것을 용납하지 않을 것인데, 이 블랙홀은 바로 나태함으로 그것이 우리의 빛과 열을 먹어치우고 활력을 없애버리도록 방치할 수는 없다."

작게는 개인, 더 나아가 집단, 사회, 국가에 이르기까지 그리고 크게는 지구, 우주에 이르기까지 모두 '죽음'이라는 두 글자에서 결국 벗어나지 못하며 아무리 발버둥 쳐봐야 소용이 없다. 인간의 노쇠, 조직의 해이 등 이러한 '기능 상실'은 곧 엔트로피 증가에 해당한다. 그러나 이러한 필연적인 방향에서 우리는 어떤 일을 할 수 있으며 사망 시간을 늦추거나 지연시킬 수 있다. 사람은 음식물을 섭취하여 신체를 건강하게 하며, 조직은 질서 확립을 통해 활력을 진작시키는데 이는 곧 '엔트로피 감소'에 해당한다.

우리로 하여금 엔트로피 증가에서 감소로 변하게 하는 것들은 바로 네겐트로피(Negentropy)인데, 예를 들면 물질, 에너지, 정보, 새로운 구성원, 새로운 지식, 간소화 경영 등이 해당하며 그것들은 일부 활성화를 돕는 요소다.

2011년, 런정페이는 소고기 먹는 것을 예로 들면서 엔트로피 감소에 대해 다음과 같이 설명했다.

"당신이 매일 뜀뛰기를 하며 신체를 단련하는 것은 일종의 '산일 구조(Dissipative Structure)'다. 왜 그러한가? 당신은 신체의 에너지가 많아졌는데, 이것을 소진하게 되면 근육으로 변하게 되고, 혈액 순환이 더욱 좋아지기 때문이다. 에너지를 모두 소모하게 되면 당뇨와 비만을 예방하고 몸매가 예뻐지는데, 이것 또한 가장 간단한 형태의 '산일 구조'다. (중략) 당신들이 소고기를 너무 많이 먹고 뜀뛰기를 하지 않으면 당신들은 곧 미국인 뚱보처럼 될 것이다. 당신들이 소고기를 너무 많이 먹고 뜀뛰기를 하면, 당신들은 곧 류샹(劉翔, 중국의 '남자 110m 장애물 달리기' 선수다-옮긴이)처럼 될 것이다. 둘 다 소고기를 먹었는데 그 차이점은 오직 에너지를 소모했는가의 여부

에 따라 구별된다. 따라서 우리는 반드시 장기간 이 제도를 견지해
야만 한다."

이것이 바로 '엔트로피 감소'다.

이리의 입장에서 말하자면, 배부르게 먹으면 곧 날렵하게 뛸 수 없
고, 뛸 수 없으면 사냥을 할 수 없으며, 사냥을 할 수 없으면 그것은
곧 죽는 것인데, 우리는 뚱뚱한 야생 이리를 결코 본 적이 없다는 것
이다.

개인의 입장에서 논하자면, 단련을 통해 신체를 활성화시켜 스스로
침전되고 쌓이지 않게 해야 하는데, 그렇지 않을 경우 신체를 보충해
주는 에너지가 사람의 목숨을 앗아가는 흉기로 변해버릴 수도 있다.

한 회사의 관점에서 말하자면, 시시각각 활력을 유지하여 경영 및
제도가 교착 상태에 빠지지 않도록 해야 한다. 교착 상태에 빠지고,
기량이 노화되며, 대오가 경직화되면 이것은 곧 바보가 되는 것으로
경쟁상대는 남몰래 기뻐하게 될 것이다.

한번은 누군가 런정페이에게 화웨이의 기업박물관을 건설하여 제1
세대 교환기부터 시작하여 생산된 제품 등을 모두 그 안에 보관하고
전시할 것을 제안했다. 하지만 런정페이는 동의하지 않았다. 하이테크
기업은 절대로 지나간 역사의 향수에 젖어서는 안 되고, 과거에 세운
공로 속에서 안주해서도 안 된다. 그렇게 할 경우 매우 위험해진다는
것이 그의 생각이었다.

실제로 어떤 사람이 세계 500대 기업 중에서 사라져버린 기업과 관

련된 통계 속에서 하나의 공통된 특징을 발견했다. 그것은 바로 해당 기업들이 모두 기업박물관을 가지고 있었고, 그 안에 해당 기업의 빛나는 역사를 전시했다는 것이었다.

활력이 있으면 회사는 흐르는 물처럼 자동적으로 앞을 가로막고 있는 커다란 산도 비켜서 지나갈 것이다. 웅덩이가 있는 저지대도 스스로 메우면서 '백 번을 돌고 천 번을 굽이치며(百轉千回)' 결국 큰 바다로 돌아가게 되는 것이다.

회사에 자동 조절 기능이 있게 되면 언제라도 전략과 전술을 수정할 수 있고 언제라도 의견을 제기할 수 있다. 비록 많은 부분이 단지 파편화된 영감에 불과하지만 그것은 상관이 없는 것이며 정책 결정자들은 자연히 그것을 제련하여 추출하게 될 것이다.

화웨이에게 많은 돈을 벌게 해준 '데이터 카드' 사업은 회사의 접대 수행원이 보다폰 고객의 우연한 문제 제기를 주의 깊게 들었던 것에서 시작되었다. 운이 트이면 생각도 영민해진다는 말이 있듯이, '화웨이의 데이터 카드'가 탄생하게 되었다.

시티폰에 의지하여 화웨이를 앞질렀던 중싱과 UTStarcom의 약점 또한 일반 직원 한 명이 발견한 것으로 화웨이는 그것을 받아들인 이후 매우 빠르게 중싱과 UTStarcom의 높은 이윤을 종식시켰다.

해외 시장 개척을 위해 수행했던 100개의 국가별 시황 조사 및 국제 협력 비즈니스 가이드북은 화웨이 직원이 제기한 것이다. 이는 화웨이로 하여금 무수한 비즈니스 과정에서의 사기 피해 및 손실을 사전에 피할 수 있도록 했다.

화웨이가 통신사업자를 위해 제작하여 나눠준 1,000위안 이하의 맞춤형 스마트폰은 화웨이 소비실험실 소속의 한 직원이 제기하여 만들어진 것인데, 통신사업자로부터 높은 평가를 받았다.

중요한 것은 직원이 합리적 방안을 제기했을 때 회사가 이를 받아들이고 아울러 그것을 널리 보급하는 것이다. 화웨이는 30년간 쉬지 않고 뛰었고, 또 한편으로는 부단히 개진하며 한 번도 멈추지 않았다.

화웨이에 입사한 신인은 시시각각 화웨이의 이리 떼 분위기를 느끼게 되고, '쑥이 삼 가운데서 자라면 붙들어 주지 않아도 스스로 곧아지는 것(蓬生麻中 不扶自直)'처럼 좋은 환경에서 생활할 경우 그 영향을 받아 건강하게 자랄 수 있게 되어 자기도 모르는 사이에 한 마리의 이리가 된다.

이것이 바로 화웨이의 활력이다. 활력이 있게 되면 사병이 적군을 마주하여 고함을 지르며 용감하게 적진에 뛰어들 수 있다. 단지 2~3명의 화웨이 해외 인원이라도 과감하게 아프리카로 가서 새로운 판매 구역을 개척할 수 있게 된다. 런정페이는 다른 회사 관계자들이 어안이 벙벙할 정도의 높은 목표를 책정했다.

화웨이는 창조력이 있는 이리 떼들이지 뇌가 없는 좀비의 무리가 아니다.

2018년 4월, 한 명의 기자가 런정페이를 인터뷰했을 때 "최근 2년간 화웨이의 '이리 문화'를 언급한 내용이 보도된 바 있는데 화웨이는 여전히 '이리 문화'를 견지하고 있습니까?"라고 물었다. 이때 당시 화웨이는 2017년 영업이익 실적을 발표했는데, 매우 좋았고, 실적도 대단히 눈부셨다. 설령 상황이 이렇다고 해도 런정페이는 여전히 제대로 하지 못하고 있다고 여겼다.

2017년 화웨이에는 '불태워도 죽지 않는 새, 그것이 바로 봉황이다'와 관련된 일이 하나 있었는데 당시에 적지 않은 고위급 경영자들의 계급을 조정하거나 징계했다. 매우 많은 사람들이 2계급 강등되었고, 런정페이도 처분을 받는 대상 중 한 명이었으며, 순환 CEO들도 모두 처분을 받았다. 그 이유는 무엇이었을까? 그것은 이를 계기로 경각심을 느끼게 하기 위해서였다.

'이리 문화'에 대해 런정페이는 다음과 같이 긍정적으로 말했다.

"우리는 영원히 '이리 문화'를 견지할 것이다. 누군가는 '이리'를 왜곡해서 이해할 수도 있지만 그것은 결코 우리가 이리를 의인화한 본래의 뜻은 아니다. 첫째, 이리의 후각은 매우 영민하여 기회의 냄새를 맡으면 목숨을 걸고 앞을 향해 거침없이 나아간다. 둘째, 이리는 줄곧 한 무리의 이리 떼를 이루어 분투하며 개인 영웅주의를 표방하지 않는다. 셋째, 먹잇감의 고기를 먹기까지 많은 어려움이 있지만 그럼에도 이리는 불요불굴하다. 이 세 가지 사항은 분투와 관련하여 모두 긍정적인 것이다."

화웨이라는 이리 떼가 날렵한 체형을 유지하며 오직 '쿵쿵'거리는 한 무리의 돼지 떼로 변하지 않도록 하기 위해, 런정페이는 화웨이를 상장하지 않겠다는 방침을 견지해왔다. 상장하게 되면 일련의 사람들은 백만장자, 천만장자가 될 것이고 격정은 곧 쇠퇴되며, 분투자에서 향수자로 변할 것인데 이것은 화웨이에 있어서 좋지 않은 일이며, 직원들 본인에게도 좋은 일이 아니다. 화웨이는 이로 인해 성장 속도가 완만해지게 될 것이고 대오 또한 뿔뿔이 흩어지게 될 것이다.

화웨이는 매년 5,000~6,000명의 신입 직원을 채용하는데 그중 대부분은 막 졸업한 대학생으로 이러한 신선한 혈액을 공급하여 화웨이의 혈관이 잘 통하도록 유지하고 아울러 '꼴등 퇴출제'를 이용하여 매년 한 무리의 사람들을 퇴출시킨다. 설령 그러한 사람들 중에 일을 행함에 있어서 매우 노력했고 업적도 좋았던 일부 사람이 있다 해도 '꼴등 자리'로 밀려나면 도태된 것으로 즉시 제거해야 한다. 비록 회사는 감정을 갖고 있는 사람들이 모여 있는 집단이지만, 회사가 집단으로서 생명이 없고 혈액의 흐름이 중단되면 곧 사망에 이르게 되는 것이다.

이밖에 대규모의 전략예비대가 뒤에서 추격해오는 악랑(나쁜 이리)으로서의 역할을 수행하고 있다. 화웨이는 전체가 이리의 큰 무리로서, 내부에서도 이리가 다른 이리를 추격하여 이리 떼가 퇴화하는 것을 방지하고 있다. 늙은 이리의 정력이 부족할 때는 새로운 이리가 등장하게 된다. 전체의 이리 떼는 자연스럽게 신구 교체가 이루어지고 끊임없이 생장하고 번성하게 된다.

화웨이는 역사적으로 공헌해왔던 사람을 존중하지만, 해당 인물의 지난 공헌 때문에 그 사람이 시위소찬(尸位素餐), 즉 '벼슬아치가 직책을 다하지 않고 자리만 차지하며 국록을 받아먹는 것'을 절대로 방치하지 않는다. 덕망과 직위가 서로 균형을 이루지 못하면 회사 전체 이익에 손해를 초래하게 되는 것이다. 화웨이에서 최고의 목표는 모든 것을 희생해서라도 생존하고 승리를 쟁취하는 것이지 균형과 체면을 유지하는 것이 아니다. 회사의 생존에 유해한 모든 사람과 행위는 제지되고 제거되어야 한다. '생존'이라는 이 커다란 문제 앞에서 균형과 체면은 돈 한 푼의 가치도 없는 것이다.

심지어 이리 떼의 전투성을 유지하기 위해 화웨이에는 휴양퇴직과 관련된 복지가 없다. 그것은 화웨이 직원이 계속해서 실적을 올린다는 조건 하에 투자를 통한 수익을 얻는 기회를 유지하게 한다. 절대로 직원의 퇴직으로 인해 초래되는 압력에 영향을 받지 않기 위해서이다. 화웨이는 영원히 양로형 회사로 변하지 않을 것이다.

2011년, 쉬즈쥔은 〈연구개발 직원에게 고하는 글〉이라는 제목의 글을 발표하여 연구개발 직원에게서 보이는 나약하고 나태한 성향을 직접적으로 지적했다. 이 글은 화웨이의 '4대 명저' 중 하나로 꼽힐 만큼 대단히 유명한데, 흥미로운 것은 쉬즈쥔의 말투가 런정페이와 대단히 유사하다는 것이다. 만약 이 글을 런정페이가 썼다고 말해도 그 누구도 의심하지 않을 만큼 말이다. 이전에 쑨야팡 또한 유사한 스타일의 글을 쓴 적이 있는데, 이로부터 화웨이 고위층의 사상과 가치관이 통일되어 있음을 알 수 있다.

〈연구개발 직원에게 고하는 글〉의 전문을 옮기면 다음과 같다.

회사의 연구개발은 성공하기 위한 요소지만 유일한 요소는 아니다. 회사의 성공은 각종 종합적 요인으로 구성되며 연구개발 인원 또한 천지교자(天之驕子, 좋은 운명을 타고 태어난 사람)가 아니기 때문에 다른 부문을 향해 당신을 과도하게 돌봐달라고 요구해서는 안 된다. 우리 회사의 연구개발 인원의 수입은 식당에서 비교적 좋은 음식을 먹는 데 있어서 문제가 없다.

하지만 일부 직원은 각종 채널을 통해 회사 식당의 식대가 높다고 불평불만을 하고 있다(우리의 월 평균 식대는 350위안이다). 또한 일부 간부들도 역시 사람들에게 탄원을 하고 있다. 우리는 이러한 현재 상황을 변화시키고자 하며 직원은 이미 성인임으로 마땅히 스스로 생활을 꾸려나갈 줄 알아야 하고 회사 돈에 의지하지 않는 방식을 선택할 수도 있다. 위민청명(爲民請命, 백성의 생명을 보호하고 고통을 덜어 줄 것을 청원하는 것)하는 간부는 성숙하지 못한 것이므로 주방에 3개월 동안 파견하여 그의 건의사항을 현장에서 실천하도록 하고, 그것이 실현된 이후에 다시 연구개발 업무에 복귀시키도록 할 것이다.

우리의 연구개발 인원은 그랑데(1833년 출간된 오노레 드 발자크의 소설 《외제니 그랑데》에 등장하는 '샤를 그랑데'를 지칭하며 수전노를 의미한다-옮긴이)와 같은 인물이 되지 않기를 바란다. 매일같이 소요되는 자신의 기본적인 생활에서조차 돈을 지불하지 않고 타인의 서비스에 대해 온갖 방법으로 트집을 잡고자 하는 사람을 과연 누가 좋아할 수 있겠는가? 화웨이의 겉만 번지르르한 후광 효과로 인해 사회의 일부 여성들이 맹목적으로 우리의 연구개발 인원을 좋아하곤 하는데, 그녀들이 진실로 현실을 이해하고 있는가? 자신의 식대조차 아까워서 지불하지 않는 사람과 함께 생활한다면 당신은 행복하겠는가? 타인에 대한 서비스와 관련하여 온갖 방법을 동원하여 트집을 잡는 사람을 당신은 받아들일 수 있는가? 그 사람이 당신에 대해 트집을 잡지 않겠는가? 당신을 괴롭혀 죽일 정도가 되어서야 비로소 원망을 하겠는가?

생활에 대해 좀스럽게 따지는 사람이 어떻게 효율적으로 일처리를 할 수 있겠는가? 그랑데와 같은 인물은 회사에서 발전할 수 있는 미래가 없는 것이다. 우리의 일하는 방식은 업무에 노력하고 수입을 늘리며 생활을 개선하는 것이다. 동시에 당신을 위해 기여하는 사람들도 생활을 유지해야 한다는 것을 이해해야 한다. 결코 당신 한 사람의 생활만 좋아질 수는 없으며, 이는 다른 사람을 고려하지 않는 것이다. 우리의 연구개발 인원은 은혜에 감사하는 것을 배우고 당신을 위해 기여하고 있는 사람들에게 감사해야 한다. 간부들 또한 제멋대로 아무에게나 창끝을 겨냥해서는 안 되고, 경영 관련 직원들의 기대 심리를 학습해야 한다. 당신이 주방에 가 있는 3개월 동안 당신의 월급을 잠정적으로 낮추지는 않을 테지만, 만약 일을 잘하지 못할 경우에는 다시 고려하게 될 것이다.

런정페이는 다음과 같은 내용의 비시(상급 기관이 하급 기관의 공문서에 대해 서면으로 의견을 표시하는 것)를 하달했다.

"이 얼마나 좋은 글인가! 연구개발 및 해외 대표처 직원들은 이 글을 학습하기를 바란다. 당신들은 모두 성인이 되었고, 자립(自立)과 자리(自理)를 배워야 한다. 우리는 고객을 중심으로 삼고 있는데 행정 시스템에서 어떻게 영문도 모르게 '직원 만족도'라는 개념이 나올 수 있고, 또한 그것은 누가 발명한 것인가? 직원들이 불만이 있다면 당신은 어떻게 할 것인가? 현재는 만족하지만 2년간 표준이 다시 높아지면 다시 만족하지 못하게 되는데, 당신은 또한 어떻게 할 것인가? 만족할 수 있는 돈은 어디에서 나오며 당신의 신용카드를 그들에게 주는 것인가? 일하는 데 있어 정확한 방식은 우리가 더 많은 고생을 하더라도 고객을 만족시키는 것이며 이후에 계약이 체결되면 곧 돈이 생기게 되고 우리는 살아남을 수 있게 되는 것이다.

직원은 마땅히 공헌을 많이 하여 소득을 높이고 생활을 개선해나가야 한다. 우리의 일부 간부는 유치한 상태에 처해 있고, 업무 능력이 없으며, 모순을 회사에 전가하는 것에 익숙해 있는데 이러한 간부는 성숙하지 못하며 마땅히 그들의 직위를 조정해야 한다. 해외 급식위원회는 민의를 대표하는 기구가 아니며 책임을 져야 하는 기구다. 자신의 책임을 다해야 하는 것이지 질책을 행해야 하는 것이 아닌 것이다. 국내의 물류(Logistics) 부문은 시장 규칙에 따라 관리해야 하며, 가격을 유연하게 하고 품질을 통제하고 관리해야 한다. 전체 직원은 물류 서비스를 자신들의 울분을 토로하는 곳으로 삼지 말아야 하며, 확실히 불편한 부분이 있으면 심리 자문기구를 찾거나 천애망(天涯網, 화웨이 내부 인트라넷망)을 찾아야 할 것이다."

안정되고 평온한 일상을 보내고자 했던 직원들의 입장에서 볼 때, 이 두 편의 글은 뭔가 찔리는 게 있을 것이다. 하지만 이는 단지 사소한 일에 불과할 뿐이며 근본적으로 마음 쓸 일이 아니다. 바로 쉬즈쥔이 말한 바와 같이 "생활에 대해 좀스럽게 따지는 사람이 어떻게 높은 효율의 일처리를 할 수 있겠는가?"의 의미다. 따라서 화웨이에 대해 일반 직원의 각도에서 바라볼 수도 없고 또한 일반적인 상식으로 평가할 수도 없는 것이다.

런정페이는 화웨이 직원들에게 높은 임금과 많은 이익 배당금을 제공하는 한편 '향락에 탐닉하는 것'에 대해 강한 경계심과 반감을 갖고 있다. 런정페이는 '즐기고 누리는 것'에 익숙해진 오래된 직원이 이제 막 졸업하여 학교 문을 걸어 나와 가진 것이 아무것도 없는 열혈 대학생보다 못하다는 것을 잘 알고 있다.

"성공이란 '혐오스러운 교사'라고 할 수 있다. 그것은 총명한 사람으로 하여금 자신이 실패하지 않을 것이라고 생각하도록 유도한다. 하지만 그것은 우리를 미래로 인도하는 데 있어서 전적으로 의지할 수 있는 나침반이 아니다. 화웨이는 이미 상승 가도를 달리고 있고, 그것은 종종 우리에게 이미 승리를 거뒀다고 여기도록 만든다. 이것은 매우 두려운 것이다. 우리와 중국 내외 기업 간의 격차는 아직 많이 벌어져 있지만, 계속해서 간고분투하고 진취적이며, 뒤처지지 않으려는 자세를 유지하는 것만이 비로소 멸망하지 않을 수 있다. 번영의 배후에는 실로 위기가 도처에 가득한 것이다.

편안함을 선호하고 고단함을 싫어하는 것은 인간의 천성이다. '엔트로피 감소'를 실현하려면 인간의 천성과 투쟁해야 하고, 영원히 분투자의 마음가짐을 유지해야 한다.

미국의 실리콘 밸리를 방문했을 때 런정페이는 일부 젊은 과학기술 인재들과 좌담회를 한 적이 있다. 좌담회에서 젊은이들은 매우 성실하고 부지런하게 필사적으로 일한다고 말했다. 이것은 런정페이가 상상했던 '병명삼랑(拼命三郎, 죽음을 두려워하지 않고 용감하게 맞서 싸우는 사람)'보다 더욱 대단한 것이었다. 런정페이는 그들에게 "이렇게 일하는 것을 한평생 할 수 있는가?"라고 물었고 그들은 "현재 사회의 기술 진보가 너무 빠르기 때문에 목숨을 걸지 않으면 죽음 외에 다른 출로가 없다"고 대답했다.

어떻게 보면 이는 매우 가혹한 일이다. 하지만 당신이 스스로에 대해 가혹하지 않으면, 당신의 후반생은 당신을 가혹하게 만들 것이다. 이 시대에 살고 있는 한 당신은 갈수록 빠른 기술 진보의 압력과 생존의 압력으로부터 영원히 벗어날 수 없다.

1950, 60년대는 전통공업의 생존 방식으로 하나의 제품으로 기업이 20년간 보장되었지만 현재는 3개월 전까지만 해도 세계를 선도했던 기업에 대해 더 이상 관심 갖지 않는 일이 다반사다.

런정페이는 미국과 유럽의 창업자들과 대화를 나눈 적이 있었다. 그들 또한 매우 고되고 힘든 과정을 거쳤다는 것을 깨달았다. 이 과정에서 미국인들이 치러야 했던 고되고 힘든 대가는 중국인들보다 결코 적지 않았다. 런정페이는 "진정으로 장군이 되고자 하는 사람은 천신만고를 거쳐야 하며 절대로 어떤 지름길도 없다"고 강조했다. 이는 수백 년이나 낙후된 화웨이가 단기간 내에 그들을 쫓아가려면 목숨을 거는 것 외에는 다른 방도가 없다는 뜻이다.

화웨이의 창업사는 곧 하나의 추격사이자 초월사이다. 판매 인원은 목숨을 걸고 판매를 하고, 연구개발 인원도 생사를 걸고 연구를 하니, 아무리 큰 산이라 할지라도 모두 뚫어버릴 기세였다!

화웨이의 기술은 모두 '0'에서 창조되었고, 한 장의 백지에서 명화를 만들어냈다. 한 가지 화웨이가 그들이 지름길로 용감하게 앞질러 나아가는 것은 경쟁력 있고 차별화된 제품을 직접 모색하거나 선택해왔다는 것이다. 또한 경쟁 기업을 초월할 때까지 멈추지 않았고 결코 '미봉책'을 쓰지 않았다는 점이다. 목표를 정한 이후에는 아무리 큰 어려움에 직면하더라도 온갖 방법을 동원하여 해결 방안을 강구했다. 이러한 결심과 행동력은 화웨이 연구개발부에서 항시 존재했던 특유의 기업 문화라고 할 수 있다. 웨이보(微博) 연구가 바로 이러했다. 초기 화웨이는 독자적인 솔루션이 없어서 다른 기업 제품에 의존할 수밖에 없었다. 하지만 비용이 높아지고 대역 폭이 협소해지면서 독자적 제품을 개발하기로 결심한다.

2007년, 화웨이가 밀라노에서 보다폰 프로젝트 경쟁 입찰에 참가했을 때, 한 책임자로부터 "당신들의 제품 사양은 경쟁력이 없다" "당신들의 제품은 임시로 모아놓은 것에 불과하다!"라는 가혹한 비판의 목소리를 들었다. 그런데 그로부터 1년 후 웨이보 연구개발팀은 보다폰이 '불가사의'하다고 느낄 만큼 마음에 쏙 드는 제품을 만들어냈다. 기술 혁신에 있어 현재 화웨이의 웨이보는 이미 세계 제일이 되었고, 업계의 선두 주자가 되었다. 전 세계 50위 안에 드는 통신사업자 및 라디오, TV, 전력, 정부, 에너지, 교통 등 여러 영역에서 서비스를 제공하고 있다.

IP 칩도 이와 같다. 10G, 20G 공유기에서 40G 공유기를 향해 약진할 때 화웨이 연구개발팀은 완전히 새로운 틀과 계산법을 도입했다. 더불어 최신의 반도체 기법을 채택하여 전례 없는 기술상의 도전을 가져왔다. 2009년에 이르러, 핵심 기술을 장악한 40G IP 칩 연구개발에 성공했다. 또한 그로부터 1년이 채 되지 않아 세계에서 세 번째로 클러스터 공유기를 만들어낸 회사가 되었다. 2013년, 400G 공유기 상용화가 시작되었고, 기술적으로 동종 기업보다 1년 6개월 앞서 나갔으며, 더 이상 경쟁상대가 존재하지 않았다. 2016년 스페인 바르셀로나에서 개최된 '세계 이동통신 전시회'에서 화웨이는 세계에서 가장 빠른 2T 공유기를 선보였다.

GSM(Global System for Mobile communications) 시스템도 그러했고, GSM 다중 반송파 시스템 기술과 싱글 안테나 역시 그러했다. 계획을 구상할 때 연구개발 인원은 대충대충하며 허송세월 하지 않았고, 현재 보유하고 있는 기초 위에 업데이트를 하여 신속하게 시장에 출시하는 것을 추구했다. 물론 업계 최고가 되는 것을 겨냥하면서 말이다. 그 결과 5년 동안 화웨이 안테나 역시 업계의 선두주자가 되었다.

화웨이의 2세대 '소프트 플랫폼'은 1세대 기초 위에 진행된 혁명적인 성과물로 경쟁 기업보다 5년이상 앞설 수 있도록 모든 역량을 동원해 추진했다. 수백 명이 수백 일 동안 밤낮을 가리지 않고 연구개발하여 2007년, 2세대 플랫폼이 순조롭게 세상에 나오게 되었다. 2세대 플랫폼이 경쟁 기업을 저 멀리 따돌리며 앞서 나갈 때 화웨이는 또다시 자신의 운명을 혁신했다. 즉 새로운 '클라우딩 플랫폼'을 구축한 것이다. 사실 화웨이의 1세대 '소프트 교환' 플랫폼은 연구개발과정에서 심각한 오류를 바로잡은 후에야 비로소 작동하게 되었다. 이 오류는 하마터면 화웨이 핵심망의 목숨을 앗아갈 뻔했다.

2001년, 화웨이는 새로운 종합교환기 iNET을 출시했다. 이것은 수백 명의 연구개발 인원이 2년이 넘는 시간을 분투해 얻어낸 성과였다. 하지만 예상 밖에 그들을 맞이한 건 꽃다발과 칭찬의 박수도, 끊이지 않는 수주 계약도 아닌 "화웨이는 근본적으로 새로운 세대의 통신 네트워크를 이해하지 못하고 있다"라는 고객의 원망 섞인 비판이었다. 결국 경쟁 입찰에서 실패하며 고객이 네트워크에 접속할 수 없게 되어버렸다. 고객에 의해 버림받게 된 현실을 마주할 수밖에 없었지만 사실 그 화근은 일찍이 화웨이 연구개발 인원의 교만과 자만심, 그리고 자기중심적인 마음가짐 속에 잉태되어 있었다.

화웨이 연구개발 인원은 ATM에 기초한 '종합교환기'여야만 비로소 고객의 수요에 맞는 것이라고 고집을 피웠다. 고객과의 소통 속에도 '소프트 교환'의 개선을 반대했을 뿐 아니라, 심지어 고객의 결정에 대해서도 비난을 가하여 큰 실망감을 안겨주었다.

실제로 IP에 기초한 '소프트 교환'이 올바른 솔루션이었다. 화웨이의 연구개발 인원은 자신의 눈과 귀를 닫아버렸고, 일방적인 혼자만의 생각으로 고객을 향해 iNET을 판매했다. 그리고 실망한 고객에게 버림을 받은 후에야 비로소 깜짝 놀라 깨어나게 되었다.

다행히 화웨이는 아직 젊고 용기가 있었다. 그들은 전략 방향을 조정하여 IP에 기초한 플랫폼을 다시 만들기로 결정하고 '고객 중심'으로 다시 돌아온다. 그리고 2003년에 이르러, 화웨이의 '소프트 교환' 플랫폼은 결국 성공을 거두며 후발주자였지만 앞선 주자들을 추월하게 되었다. 동종 기업들과의 격차를 크게 벌여나간 화웨이의 핵심망은 세계 제일이 되었다.

용감하게 목숨을 거는 18만 명의 화웨이맨이 있었기 때문에 현재의 화웨이가 있는 것이다. 그들 덕분에 '중국의 과학기술 기업은 낙후되었고 저급하며, 중국 상품은 저가이고 질이 낮다'라는 좋지 않은 인상을 바꿀 수 있었다.

런정페이는 〈토끼와 거북이〉 우화를 이용해 화웨이맨에게 다음과 같이 말했다.

"〈토끼와 거북이〉라는 우화가 있다. 선천적으로 우세한 토끼가 빨리 뛰었고, 때때로 중간에 차를 마시며 풀밭에서 잠시 휴식을 취하기도 했다. 그러나 결국엔 느린 거북이에 의해 추월당하고 만다. 화웨이는 한 마리의 큰 거북이로서 25년간 계속 기어 다녔지만 양쪽 길가에 피어 있는 꽃들을 전혀 보지 못했다. 20여 년간 경제도 잊은 채 언덕을 기어올랐으며, 수많은 사람이 부유한 계층이 되었지만 우리는 아직도 고되고 힘들게 분투 중이다. 다시 말해, 여전히 기어가고 있는 중이다. (중략) 한 차례 머리를 들어 바라보니 앞에 '스페이스엑스 드래곤(SpaceX Dragon)'이 우뚝 솟아 있고, 테슬라 등 신과 같은 거북이가 뛰어가고 있는데 우리는 아직도 바보스럽게 기어가고 있으니 어찌 그들을 쫓아갈 수 있겠는가?

우화는 '거북이 정신' 즉 지속적으로 노력하는 자가 결국엔 승리한다는 믿음을 준다. 화웨이의 '거북이 정신'은 바뀔 수 없고 나 또한 이러한 정신을 빌려 화웨이맨의 분투를 설명한다. 뜨거운 피가 끓어오르는 것은 필요하지 않다. 그것은 기지국에 전기를 공급할 수 있는 것이 아니기 때문이다. 우리에게 필요한 것은 열렬하면서도 침착한 마음가짐이자 긴장하면서 질서정연하게 일하는 것이다. 모든 것은 '가치 창조'를 기초로 삼아야 한다."

중국에서 거북이는 '느림'과 '보수'의 대명사이며, '보수'는 폄훼의 의미를 갖고 있다. 근현대 이래 '격진'은 곧 중국의 주류 사상이 되었다. 사람들은 모두 조급해졌고, 미국, 영국, 일본, 러시아를 빨리 따라잡지 못하는 것을 몹시 안타까워했으며, 모든 것이 신속하게 추진되었다. 이러한 심태(마음가짐)는 현재 중국의 생활 도처에서 살펴볼 수 있고, 매우 많은 사람에게서 흔히 볼 수 있다. 특히 인터넷 시대에는 모든 것이 신속한데, 가령 오늘 인터넷 창업 모델을 구축하면 내일 투자자를 확보하고, 모레 IPO를 하며, 이튿날 전 세계 시장으로 밀고 나아가는 것을 추구하는 식이다.

그런데 너무 조급해졌다. 너무 많은 사람이 '신속함'을 좋은 것으로 여기고, 크고 눈부신 물건을 좋아하며, 체면을 차릴 수 있는 물건을 좋아하고, 환상(공상)을 좋아하며, 끊임없이 핫이슈를 쫓아다니면서 온 힘을 착실하게 일하는 것에 쏟을 수 없게 되었다.

런정페이는 직원들에게 일본인과 독일인의 견실하게 일하는 태도를 학습할 것을 호소한 적이 있다.

"GDP 전체 규모에 있어서 중국이 일본과 독일을 이미 추월했다고 하여 그들을 내려다볼 수 있게 된 것처럼 보이지만 사실은 그렇지 않다. 일본, 독일 기업의 수준 및 직원의 소양은 중국보다 우수하며 수십 년간 학습할 만한 가치가 있다.

또한 미국은 결코 노쇠하게 변하지 않았다. 새로운 세계적인 기업들이 부단히 탄생하고 있는데 구글, 아마존, 페이스북, 트위터에서 테슬라까지 미국은 바야흐로 강대한 생기를 발산하고 있다. 우리는 미국의 강대하고 선진적인 제도, 유연한 메커니즘, 명확하고 분명한 지식재산권, 개인 권리에 대한 존중과 보장 등을 직시해야 한다. 이러한 비즈니스 생태 환경은 전 세계의 우수한 인재를 흡수하며 이를 통해 수많은 인재가 미국 땅에서 혁신을 이루고 자신의 능력을 맘껏 분출하고 있다. 실리콘 밸리의 꺼지지 않는 등불은 여전히 환하게 비치고 있고, 미국은 결코 몰락하지 않았으며 여전히 우리가 학습해야 할 본보기다. 테슬라가 그 전형적인 사례가 아니겠는가?

우리가 어렵고 힘들게 추격하고 있다 하더라도 그것은 결코 구호를 외치는 것처럼 쉬운 일은 아니다. 구호를 연이어 외치기만 하는 것은 경영에 있어서 곧 낭비에 해당한다.”

따라서 런정페이는 발걸음을 다소 적게 내딛더라도, 다소 보수적으로 드러내더라도, 사람들이 비아냥거리더라도 상관없었다. 기업 생존의 압력을 감당하고 있는 사람은 바로 런정페이 자신이지 그를 비웃는 사람이 아니며, 타인이 선의에 의해 제기한 권고나 악의적인 조롱 때문에 자신의 발걸음과 리듬을 바꿀 필요가 전혀 없는 것이다.

2016년, 런정페이는 재차 인적 자원 정책이 ‘엔트로피 감소’ 방향으로 발전해야 한다고 일깨우며 각 부문의 순환 부능(무능한 사람을 능력 있는 인물로 만들어 주는 것을 의미, 기업 경영 측면에서 상하 관계 탈피, 직원들의 자주적인 업무수행, 직원 개인의 재능과 잠재력을 최대한 발휘하게 하는 것을 말한다─옮긴이), 간부의 순환 이동은 절대로 중단되어서는 안 된다고 말했다. 그것이 중단되어 버리면 회사의 분위기는 바로 침체되고 타성에 젖으며 미래의 새로운 도전에 적응할 수 없게 되기 때문이다. 예비대 방식이 일으키고 있는 소용돌이는 갈수록 커지고 있고, 포함되어야 하는 사람들을 모두 활성화시키고 있다. 이러한 유동성은 ‘엔트로피 감소’에 유리하며 회사로 하여금 극도의 무사안일을 추구하는 타성에 젖지 않도록 만든다.

언제 화웨이가 초안정 상태에 진입할 것인지, 또는 언제 스스로 개진이 불필요하다고 인식할지, 아니면 언제 걸음을 멈추고 편안한 상태에 있게 될 것인지 등을 고려하게 된다면, 머지않아 죽음의 길을 걷게 되는 것이다.

2007년 화웨이에서 '이직 후 재취직'하는 사건이 발생하기 전에 런정페이는 화웨이 내부의 간행물에 앞서 한 차례 언급했던 〈천도수근〉이라는 글을 게재한 적이 있다. 그 글에서 런정페이는 다음과 같이 논했다.

간고분투 정신으로 지탱하지 않는 기업은 오랫동안 생존하기 어렵다. 그런데 현재 화웨이의 일부 간부, 직원 중 몇몇이 '교(嬌, 유약함)'와 '교(驕, 교만함)'의 두 가지 기운에 전염되어 평안한 생활을 누리는 것을 즐기기 시작했다. 스스로에 대한 요구를 느슨하게 하는 것은 물론 고통을 두려워하고 피곤함을 두려워하며, 업무에 대해 더 이상 맡은 바 일을 성실하고 부지런하게 하지 않고, 대우에 대해 시시콜콜히 따지고 있다. 이러한 현상은 직원 모두가 반드시 방미두점(防微杜漸, 나쁜 일이 아직 경미할 때 더 이상 커지지 못하게 방지하는 것) 해야 하는 것이다. 바로잡을 수 없는 간부에 대해서는 언제라도 환송회를 열 수 있다.

이 글은 이른바 '집단 사직' 사건의 전주곡이었다.

2007년 10월, 화웨이에서 8년 동안 일했던 5,100여 명의 직원이 회사에 퇴직 신청서를 냈다. N+1 방안에 따라 이 일련의 직원들에게 화웨이는 10억 위안에 달하는 퇴직위로금을 지불했다. 이와 동시에 선택적으로 '희망퇴직'을 한 직원과 노동 계약에 다시 서명했는데 새롭

322

게 책정된 임금은 퇴직 전보다 더 높았다.

그러나 대부분의 사람들은 단지 '희망퇴직'만 보고 10억 위안의 배상금에 대해서는 알지 못했다. 화웨이가 이렇게 많은 대가를 지불한 이유는 오로지 한 가지 목적 때문이었는데, 그것은 바로 회사의 랑성과 분투 정신을 유지하기 위해서였다. 런정페이는 열정으로 충만해 있는 이제 막 졸업한 대학생을 원했지, 의지가 소침해 있고 아무 일도 하지 않으며 멍한 상태로 하루하루를 보내는 늙은 직원을 더 이상 필요로 하지 않았다.

2017년 2월 24일, 런정페이는 네팔에서 열린 '직원과의 좌담회'에서 퇴직을 고민하는 34세 직원에 대한 이야기에 다음과 같이 반응했다.

"인터넷에 어느 34세의 직원이 퇴직할 것이라는 이야기가 돌고 있는데 과연 누가 그에게 퇴직금을 줄 것인지 모르겠다고 한다. 우리 회사는 퇴직금이 없고, 그 대신 재직하고 있는 직원들을 위해 사회보험, 의료보험, 상해보험 등에 가입하여 비용을 지불해주고 있다. 당신의 퇴직은 국가 정책에 합치된다. 당신이 설령 이직한다고 해도 스스로 그 비용을 납부해야 하며, 그렇지 않을 경우 양로금(일종의 중국 국민연금) 납부는 중단될 것이고, 국가는 이를 승인하지 않을 것이다. 따라서 당신의 양로금은 곧 사라지게 된다.

물론 당신은 티베트, 볼리비아 등의 전란 및 전염병이 많은 지역에서 용맹하게 분투하는 직원에게 물어볼 수 있다. 당신을 위해 양로금을 제공하는 것에 응할 것인지 여부를 말이다. 왜냐하면 그러한 지역에서 일하는 직원들에게 지급되는 보상금은 높기 때문이다. 그들은 얼음 위를 기어오르고 눈 속에 누워 지내며 온갖 고생을 참고 견디고 있는데, 당신을 위해 자신들의 돈을 나누어줄 수 있을지는 잘 모르겠다. 화웨이에는 돈이 없고, 직원들이 분투하지 않으면 곧 무너지게 되며, 분투하지 않는 자에게 무언가를 지불해주는 것은 불가능하다. 서른 살 정도의 젊고 건장한 사람이 노력하지 않고 오로지 침대 위에 누워서 돈 세는 것만 생각하는 것이 과연 바람직한 일인가?"

이 말은 입밖으로 나오자마자 중국 사회에 큰 반향을 불러일으켰다. 그렇다면 런정페이는 여전히 겸손하고 온화하여 대하기 쉬운 인물인가? 정답은 '그렇다'이다. 직원들의 눈에 비친 런정페이는 대단히 친절하고 마음이 따뜻하다. 런정페이는 누구를 만나든 기운을 북돋워주며 다음과 같이 말하곤 했다.

"일을 잘하면, 당신의 미래는 매우 좋을 것이다."

사원 번호가 63번인 쑨진진(孫進進)은 처음에 필사적으로 일했던 과거를 회상하며 "그의 기억력은 대단히 좋아서 매우 많은 사람을 한 차례 만나더라도 다음 날 바로 이름을 부를 수 있을 정도입니다. 저녁에 초과 근무를 하는 직원들을 보면, 그는 직접 인원수를 센 뒤 운전기사를 시켜 빵이나 우유와 같은 야식을 구입하여 전달하곤 했습니다"라고 말했다.

런정페이는 해외에 파견된 직원들이 행여나 모기에 물리지는 않을까 걱정하며 다음과 같이 지시하기도 했다.

"우리는 공공구역(예를 들면 식당 등)에 대한 소독 작업을 하고, 숙소에는 적외선램프를 설치하여 직원이 문밖으로 나갈 때는 램프를 켜고 저녁에 돌아와서는 끄게끔 한다. 적외선은 에볼라 바이러스를 포함하여 살균 작용을 한다. 어떤 사람은 모기를 무서워하고 말라리아를 무서워하는데 왜 그들에게 대형 모기장을 구입하여 제공하지 않는가? 아마도 일부 청년들은 수면을 제대로 취하지 못할 것이고, 수면 중에 손이 침대 바깥으로 나갈 수도 있으므로 모기장을 조금 크게 만들고, 저녁에 모기를 모두 제거한 다음 다시 모기장을 치기 바란다."

그러나 런정페이는 직원을 '이리의 마음'으로 사납게 쫓아냈고 전혀 사정을 봐주지 않았다. 그 이유를 살펴보면, '엔트로피 감소'와 '이리 문화'로 해석할 수밖에 없다.

2

런정페이의 용인술

화웨이에 들어온 사람이라면 자신이 끓는 큰 솥에 떨어져 위아래로 요동치는 한 톨의 쌀 알갱이처럼 느껴지는 순간을 경험한 적이 있을 것이다. 화웨이에서 이것은 지극히 정상적인 것이다.

한번은 어느 화웨이 직원이 회사를 대표하여 에릭슨 등의 회사와 3G 협력에 대해 의논했다. 당시 에릭슨 측 사람들이 화웨이맨에 대해 가장 감탄한 것은 능상능하(能上能下), 즉 '위로는 지도자가 될 수도 있고, 아래로는 일반 평직원도 될 수 있다'는 것이었다. 예를 들어 만약 프로젝트 협상이 잘 이루어지지 않으면 6개월 내에 그 사람은 더 이상 화웨이에서 찾아볼 수 없게 되었는데 이러한 일은 에릭슨에서는 있을 수 없는 일이었기 때문이다.

화웨이에서는 주요 간부일수록 고생을 많이 하고 순조롭게 승진하는 것은 기본적으로 불가능하다. 오늘 당신이 부문의 총재라면, 내년에는 구역 사무처의 주임이 될 수도 있고, 내후년에는 해외에 파견되어 시장을 개척할 수도 있다. 대략 평균적으로 2년마다 한 차례씩 직위상의 변동이 있게 되는 것이다. 이른바 '불태워도 죽지 않아야만 비로소 봉황인 것'으로 능상능하할 수 없고 거듭되는 부침을 담담하게 지켜볼 수 없다면, 리더로서의 무거운 압력을 감당하지 못하는 것은 물론 시장에서의 시련으로 가득한 세례를 통과할 수 없고, 부문을 이끌고 앞을 향해 전진해나갈 수도 없게 된다. 런정페이가 요구하는 것은 단단한 화강암이지 물러터진 스펀지가 아니다.

이른바 '하마위(下馬威, 과거에 벼슬아치가 부임 초부터 짐짓 위풍을 부리던 것을 일컫는 말로, 첫 시작부터 호된 맛을 보여주는 것을 비유적으로 의미한다─옮긴이)'는 신입 직원이 회사에 들어오자마자 바로 시작된다.

런정페이가 직접 작성한 〈신입 직원에게 전하는 글〉에서는 그의 인재 양성에 대한 독특한 발상이 충만하다.

"실천은 사람을 개조하고 한 세대의 '화웨이맨'을 만들어낸다. 당신은 전문가가 되고 싶은가? 노동자로 일하기 시작한 당신은 이미 회사 사람들의 마음속에 깊이 파고 들었다. 당신이 회사에 들어와 한 주를 지내고 나면 박사, 석사, 학사 및 중국에서의 지위는 모두 사라지고, 실제 재능에 근거하여 모든 지위가 결정된다는 것을 깨닫게 될 것이다. 이는 이미 다수의 사람들이 받아들였다. 당신 또한 운명의 도전을 받아들이고 불요불굴 전진하며 머리를 부딪쳐 피가 흐르는 것을 꺼리지 않기를 희망한다. 단련을 거치지 않고 어떻게 인재가 될 수 있겠는가? (중략) 회사는 결코 말단 경험이 없는 사람을 고급 지도 업무에 발탁하지 않을 것이다.

단계적으로 한 걸음 한 걸음 원칙에 따라 앞으로 나아갈 때 그것의 연결고리들은 각각 당신의 인생 전반에 걸쳐 큰 의의가 있을 것이다. 당신은 어떤 일이든 매우 진지하게 현재 수중에 있는 그 업무를 대해야 하고, 당신의 기록을 누적해야 한다. 무엇보다 현재 당신을 이끄는 리더를 존중해야 하는데, 설령 당신이 주어진 업무 그 이상의 능력이 있다 하더라도 심지어 리더보다 더욱 능력이 출중하다 하더라도 그래야 한다. 그렇지 않으면 장래에 당신의 부하직원 또한 당신을 존중하지 않을 것이다.

또한 건의를 할 때는 시스템적으로 그리고 분석적으로 신중한 판단 하에 제기해야 한다. 당신이 문화적 소양이 있는 사람이라면 말이다. 경솔한 건의는 당신이 책임질 수 없으며, 또한 다른 사람의 시간을 낭비하게 만든다. 특히 새로 들어온 신입 직원은 부서에 발령을 받아 업무를 시작할 때 요란해서는 안 된다. 주어진 업무를 심도 있게 분석한 뒤 하나의 연결고리에 있어서의 문제와 해결 방법을 찾아 착실하게 하나씩 하나씩 해내가야 한다. 또한 화중취총(嘩衆取寵, 말이나 행동으로 군중심리에 영합하여 환심을 사거나 또는 인기를 얻는 것)하지 말아야 한다."

각자 맡은 바 소임을 다하고, 직분을 다하며, 말단 직원은 오직 구체적인 업무 수행에 힘써야 하고 절대로 쓸데없는 일을 해서는 안 된다. 이것이 바로 런정페이의 〈신입 직원에게 전하는 글〉에 내포되어 있는 뜻이다. 화웨이의 신입 직원은 본연의 업무를 잘 수행해내야만 비로소 자신의 견해를 제기할 수 있다.

실무적인 런정페이는 특히 상황을 제대로 이해하지 못하고 과장하여 말하는 사람을 싫어한다. 과거에 이제 막 회사에 들어온 신입 직원이 회사의 매우 많은 문제점들을 발견하게 되었다. 화웨이의 전략 문제도 포함되어 있었다. 그리하여 런정페이에게 1만 자가 적힌 긴 편지를 써서 자신의 견해를 거침없이 밝혔다. 런정페이는 편지를 읽은 후 "이 사람이 만약 정신병을 앓고 있다면 병원에 보내 치료할 것을 권한다. 만약 그게 아니라면 퇴직할 것을 권한다"라고 말했다.

런정페이는 수시로 일부 직원이 보낸 회사의 대규획에 관한 메일을 받았는데, 그는 그것을 모두 휴지통에 집어넣었다. 런정페이는 한 명의 말단 직원이 회사의 전략 규획을 통찰하여 꿰뚫어 보고 아울러 건설적인 제의를 할 수 있다고는 결코 생각하지 않는다. 일반인은 이러한 '고생'을 하는 것에 적응하기 어렵다. 또한 기업에서 이렇게 직무 이동이 빈번한 것도 매우 드문 일로 화웨이 직원들은 부단히 움직이는 하나의 거대한 루빅큐브(Rubik's Cube) 조각과도 같은 셈이었기에 더욱 그러했다.

이 끓어오르는 큰 솥은 적응하지 못하는 사람들을 도태시켰는데 그 속에는 매우 많은 인재와 천재도 포함되어 있었다. 화웨이를 떠난 리위쥐도 그런 경우였다. 리위쥐가 화웨이를 떠난 이유 중 하나는 여러 차례에 걸쳐 런정페이에 의해 인사이동을 당했고, 새로운 업무 환경에서 종종 '병사가 없는 사령관'처럼 사람들로부터 버림받고 외톨이 신세가 되었기 때문이다. 심지어 2개월 동안 그의 곁에는 한 명의 비서도 없었다. 자신조차도 새로운 직위가 도대체 무슨 일을 하는 것인지 파악하지 못했다. 한번은 런정페이와 산책을 했는데, 갑자기 그에게 항저우 사무처에서 행정 조리(행정 보조)를 하라고 한 것이다. 나이 많은 집행부총재가 갑자기 사무처에 가서 행정 조리를 한다는 것은 실로 지나치게 폄하를 당한 것이었다.

또 한 명의 인재 리이난도 런정페이의 다소 거친 성격을 참지 못하고 화웨이를 떠났다. 자신의 존재감을 증명하기 위해 런정페이와 논쟁을 벌이며 기술 발전 방향에 있어서 의견 차이를 보였던 것 외에도 직위 변동이라는 원인이 있었다. 모베이커에 배치되면서 자신이 유배 처분을 당했다고 느끼게 되었고, 마음속에 화웨이를 떠나야겠다는 생각이 굳어진 것이다.

이러한 사례는 매우 많다. 신입 직원이 화웨이에 들어오면 직위 이동에 '복종할 것인가' 하는 어려운 문제에 직면하게 된다. 그러나 남아 있는 자는 모두 '화웨이 모델'을 받아들일 수 있었고, 런정페이의 세계 정복에 함께하고자 하는 사람들로 매우 자연스럽게 화웨이라는 집단에 녹아들게 되었다. 숱한 단련을 거쳐 결국 훌륭한 인재가 되었고, 이겼다고 자만하지 않고 졌다고 낙심하지 않는 강자 마인드가 생겨나게 되었다. 그 이후 곧바로 독당일면(獨當一面, 독자적으로 한 부분을 감당해내는 것)하게 되었는데, 그야말로 진정으로 쓸 만한 인재들이었다. 하지만 화웨이에서 경력을 쌓는 것은 고되고 대체로 가장 희망이 없는 출세길이라고 할 수 있다.

하나의 군대와 마찬가지로 어떤 장령은 공격을 잘하고, 어떤 장령은 수비를 잘하며, 어떤 장령은 기습을 잘하고, 어떤 장령은 사투를 잘하지만, 어떤 장령은 합격을 받은 장령이라고 말하기 어려울 때가 있다. 그것은 바로 승리하면 오만방자해지고 패배하면 의기소침해지는 경우다. 이와 상응하여 사병 중에도 어떤 자는 순조로운 전투만 해온 탓에 순조로울 때는 하늘을 찌를 듯한 기세로 마치 호랑이를 주먹으로 때려 잡을 것 같아 보이지만 전황이 불리해지면 머리를 돌려 곧바로 도망치고 혼비백산하게 된다. 이러한 군대로는 전쟁을 치를 수 없고 치안을 유지하는 것조차 힘들어 포로를 관리하는 일만 할 수 있다.

런정페이가 필요로 하는 것은 전쟁에서 승리를 거둘 수 있는 대오일 뿐만 아니라 '힘겨운 전투를 능히 해낼 수 있고 패배하더라도 무너지지 않는' 강철 대오다. 이러한 대오는 오직 '승리'를 갖고 있을 뿐이다. 그들은 웃음으로 성공을 대하고, 더욱 분발하며, 실패를 두려워하지 않고, 부끄러움을 알기에 용맹하게 나아갈 수 있다. 그들은 타고난 강자는 아니지만 부단히 '강자 마인드'를 초월하여 결국 '영웅'이 된다.

2016년, 런정페이는 '화웨이 전략예비대 건설 보고대회'에서 연구개발 인력으로 매년 2,000명을 전선으로 보내야 한다고 제기하며 다음과 같이 말했다.

"이러한 우수한 인원이 2~3년간 전쟁 속에서 훈육과 테스트를 거친다면 고객의 수요에 대한 이해가 더욱 심화될 것이다. 다시 돌아와서는 제품 생산의 리더가 되어 업무를 잘 수행해낼 것이다."

단대(팀) 협력은 화웨이 핵심 가치관의 중요한 표현이다. '승리를 거두면 술잔을 들고 서로 축하하고, 패배하면 목숨을 걸고 서로 구해주는 것(勝則擧杯相慶, 敗則拼死相救)'으로 명확한 집체주의(집단주의) 관념을 갖고 있다. 화웨이는 이리 페이지 이리 한 마리의 산술적인 누적이 아니다. 모든 이리는 반드시 통일된 사상, 통일된 방향, 통일된 리더, 통일된 발걸음을 갖고 있어야 한다. 그렇지 않으면 곧 전투력이 없게 되는 것이다.

군인 출신의 런정페이는 집체주의(집단주의)에 대해 다음과 같이 비유했다.

"우리가 전투를 할 때 '당신들'의 프로젝트는 없었고, 모두 '우리'의 프로젝트였다. '당신들'이라고 말하는 사람에게 나는 다음과 같이 묻고 싶다. 당신은 무슨 공헌을 했는가? 당신은 고지를 향해 올라간 적이 있는가? 총을 쏘아본 적이 있는가? 전쟁터에 가본 적이 있는가? 피를 흘려본 적이 있는가? 없다면, 바로 내려가라. 전쟁에 임하게 되었을 때 한 명의 전투원이 되어야 하는 것이지 맞은편 언덕 위에 서서 관망하는 전문가가 되어서는 안 된다. 이후에 나는 심수구(물이 깊은 구역)와 천수구(물이 얕은 구역)가 있는 수영장에 밀어 넣고 심사 및 평가를 할 것인데, 그가 만약 다시 방관하는 태도로 '당신들의 프로젝트'라고 말한다면 나는 그를 곧바로 심수구로 밀

어 넣어버릴 것이다. 언제나 언덕 위에 서서 관망하는 사람처럼 한
가한 소리를 해서는 안 되는 것이다!"

'이기면 질투하고, 패하면 죽어도 구해주지 않는다는 의미'의 '승즉
질한조롱, 패즉견사불구(勝則嫉恨嘲弄, 敗則見死不救)'라는 열두 글자는 일
반 회사들 중 심지어 아주 작은 부서나 개인 간의 이익 충돌에서도 빈
번히 일어나는 현상이다. 승리를 거두면 술잔을 들고 서로 경축하고,
패배하면 목숨을 걸고 서로 구해주는 것은 말하기는 쉽지만 실제로 행
하기는 매우 어려운 것이다. 화웨이가 그것을 기층(밑바닥)까지 관철할
수 있었다는 것은 런정페이의 뛰어난 능력을 보여주기에 충분하다.

집체주의(집단주의)의 기초가 있어야만 화웨이는 비로소 무수한 전
선 가까이 나아갈 수 있는 정예 요원을 파견할 수 있고, 회사의 역량
을 일선에 모두 집중시킬 수 있다. 이 정예 요원은 회사의 플랫폼을
통해서 적시에 또 적확하게, 효과적으로 일련의 균형을 이루며 역량을
발휘하게 된다. 전방에는 단지 몇 명만 있는 것처럼 보이지만 실제로
는 후방에서 수백 명이 인터넷 플랫폼을 통해 지원을 하고 있는 것이
다. 오늘날 첨단기술의 전쟁처럼, 한 명의 분대장은 포화 지원을 외칠
수 있는데, 이것은 곧 '분대장의 전쟁'이자 '포화를 들고 있는 사람으로
하여금 포화 지원을 외치도록 하는 것'이다. 정예 요원의 리더는 산을
향해 공격할 용기가 있어야 할 뿐만 아니라 전체 국면을 파악하고 마
음속에 전략을 지니고 있어야 하는데, 이 때문에 '소장=중대장'이라는
표현법이 생겨 나게 되었고 '중대장'의 중요성이 부각되었다.

후방의 포화 지원을 받게 되면 이 철삼각은 맨주먹으로 천하를 쟁취하는 민간 영웅이 아니라 집단군(군단 또는 사단)이 파견한 특수부대로서 과감하게 전진하여 신천지를 개벽하게 되는 것이다!

3

진흙탕에서 기어올라오는 사람

중국 기업 및 세계 기업들 가운데 직원에게 끊임없이 비판과 자아비판을 하도록 호소하는 회사는 아마도 화웨이밖에 없을 것이다.

반궁내성(反躬內省), 즉 '자신을 돌이켜보고 스스로 반성하는 것'은 오랜 전통이다. 중국인은 침착하고 온화하며 근면하지만, 종종 교만하고 자만심에 빠지기도 하며 참을성이 부족하고 실속을 챙기기보다는 허례허식에 치중하는 경향이 있다.

1934년, 린위탕(林語堂) 선생은 《오국과 오민吾國與吾民》이라는 책을 집필했는데 그중 중국인의 15가지 국민성으로 ①온건 ②단순 ③자연을 매우 좋아하는 것 ④인내 ⑤소극적으로 현실에서 도피하는 것 ⑥초탈·노회함 ⑦자식을 많이 낳고 많이 기르는 것 ⑧부지런히 일하는 것 ⑨절약·검소함 ⑩가정생활에 대한 열의 ⑪화평주의 ⑫만족함을 알고 항상 즐거워하는 것 ⑬유머·해학 ⑭낡은 것을 답습하는 것 ⑮가무와 여색에 탐닉하는 것 등을 제기했다.

그로부터 대략 100년이 흐르면서 이러한 특성들은 중국인의 몸에 자연스럽게 배어들었다. 특히 인터넷이 출현하면서 시야가 크게 열린 반면, 자신에 대한 통제력이 낮아지고, 개인주의가 팽창하여 비판을 받아들이지 않게 되었으며, 자아비판은 더욱 찾아보기 어렵게 되었다. 이와 관련된 런정페이는 린위탕 선생보다 더욱 신랄했다.

> "중국인은 산만하고 자유분방하며, 환상에 빠져 있고 자신의 본 분을 지키지 않으며, '수박 겉 핥기' 식의 혁신을 좋아한다. 또한 무 미건조하고 날마다 반복되는 일에 종사하는 것을 원하지 않으며, 공정의 흐름과 규칙의 구속을 받지 않으려 하기 때문에 직업적으로 대하기 어렵다."

화웨이에서 자아비판은 하나의 추상적인 구호가 아니다. 항시적으로 견지되는 제도이자 문화이며, 화웨이 핏줄기 속에 융합되어 있는 유전자다. 만약 이 점을 이해하지 못하고 인식하지 못한다면 화웨이가 왜 자발적으로 진화할 수 있었는지를 이해하는 것이 불가능하다.

런정페이는 자아비판에 대해 다음과 같이 말했다.

> "자아비판은 회사를 살려내는 가장 중요한 행위다. 세계에서 자 아비판을 잘하는 회사만이 오직 살아남을 수 있는 것이며, 세계는 영원한 '부정의 부정' 속에서 발전하는 것이다. 만약 자아비판이라

는 원칙을 견지하지 않았다면 화웨이의 오늘은 절대 없었을 것이다. 또한 화웨이는 고객의 수요를 진지하게 청취하지 않았을 것이고, 동종 업계의 다른 회사가 갖고 있는 강점을 면밀하게 지켜보며 학습하지 않았을 것이다. 또한 자신을 중심으로 삼게 되어 빠르게 도태되었을 것이다."

비판과 자아비판은 모두 화웨이의 활력을 계속 유지하기 위한 것이다. 자아비판은 세뇌를 해서는 안 되고, 세뇌는 그 어떤 쓸모도 없는 것이다. 어떤 업종이든 세뇌된 사람은 모두 IQ가 낮아지고, 집착하거나 또는 바보처럼 변하게 되어 사람들로부터 혐오감을 불러일으킨다. 이러한 사람에게는 희망을 가질 수 없으며, 결국 그러한 사람이 문제를 발생시키게 되는 것이다.

항상 두뇌가 깨어 있고 의욕적인 사람이어야만 화웨이가 필요로 하는 인재다. 예를 들어, 결사대라 하더라도 두뇌가 있고 임기응변에 능통해야 하는 것이지 절망 속에 자살하는 돌격을 하는 것은 아니다. 자아비판은 화웨이맨으로 하여금 자신을 부단히 일깨우고 개진하며 앞을 향해 나아가도록 만들며, 다른 사람보다 더욱 빨리 뛰고 바보가 되지 않도록 만든다. 이러한 맥락에서 런정페이는 다음과 같이 논한 바 있다.

"그 어떤 시대의 위대한 인물도 모두 시련 속에서 단련되었다. 광석은 자연적으로 강철이 되는 것이 아니라 뜨거운 불 속에서 달구어져 불순물이 제거되어야 하는 것이며, 사상 방면에서의 시달림, 타인의 비의(비방·비난)는 모두 용광로의 불꽃을 더욱 활활 타오르게 촉진하는 것에 해당한다. 결점과 오류는 우리 몸속의 불순물에 해당하므로 그것을 제거하면 우리는 위대한 전사가 될 수 있다."

우리는 역사 속에서 수많은 영명부종(令名不終, 좋은 명성이 끝까지 유지되지 못하는 것)의 사례를 찾아볼 수 있다. 일찍이 휘황찬란한 사업을 일으켰던 사람이 인생 후반에 교만하고 오만방자해지는 등 '기업가 정신'의 감퇴로 추락하는 것을 본적이 있을 것이다. 해당 인물은 애당초 그렇게 하지 말았어야 했다고 깨닫지만 때늦은 후회일 뿐이다.

자아비판의 동기를 상실하고 무기를 없애버린 대기업들은 더욱 비참하게 무너졌다. 비록 그 대기업들이 당초에 분투를 기점으로, 고객을 중심으로 삼았으며, 연구개발에 대대적으로 자금을 투입하고, 선진적 경영 모델을 갖고 있었음에도 불구하고 말이다.

세계 휴대폰 브랜드 1위 자리를 장장 14년간 홀로 차지했던 노키아는 바로 오랫동안 순조로운 상황으로 인해 동력을 상실했고, 그 결과 '완벽한 패배자'가 되었다. 마이크로소프트에 의한 합병 관련 기자회견에서 노키아의 CEO 스티븐 엘롭(Stephen Elop)은 매우 슬프고 풀이 죽은 모습으로 "우리는 잘못한 것이 없었지만 그럼에도 실패하게 되었다"라고 말했다.

2010년 신기한 인터넷 마케팅 모델에 힘입어 천녠(陳年)의 판커성품(凡客誠品)은 최고의 핫이슈가 되었다. 연이어 다섯 차례의 융자를 실현한 천녠은 자본 유치에 득의양양하여 기자를 향해 "나는 장래에 루이비통(Louis Vuitton)과의 합병을 희망하고 있다"라고 말했다. 1년의 시간 동안 판커성품은 단일한 남성 티셔츠, 운동화 등의 플랫폼에서 19만 개 종류의 제품을 취급하는 전자상거래 플랫폼으로 팽창했다. 하지만 2011년, 판커성품은 6억 위안의 대규모 적자를 보았다.

노키아는 물론 판커성품처럼 무수한 회사의 실패 원인은 모두 이와 같은 것이다.

화웨이도 런정페이가 매 시각 각성하도록 일깨웠지만 여전히 분투정신의 감퇴를 막지는 못했다. 2000년, 화웨이는 이미 부상했고, 화웨이 초기에 입사한 많은 직원들은 오히려 창업 시기의 분위기를 그리워하며 지금은 옛날보다 못하다고 느꼈다. 직원 중 한 명은 "예전에는 회사 내부에 좋은 분위기가 있었고, 직원들은 모두 진정으로 회사를 집으로 여겼으며 조금도 사심이 없었다. 그때는 비록 조건이 매우 고되고 힘들었으며 직원들의 수입도 높지 않았지만, 사기는 매우 높았고 분투의 격정으로 충만해 있었다. 나중에 회사의 여건이 점점 좋아지면서 직원들의 수입도 높아졌지만 그러한 분투의 충동과 멸사봉공(滅私奉公)의 정신은 퇴화한 듯하다. 이렇게 주저없이 말할 수 있다는 것은 화웨이맨의 사기가 이미 크게 떨어졌다는 것이다. 만약 장래에 화웨이에 문제가 발생한다면 아마도 이 부분에서 생겨나게 될 것이다"라고 말했다.

화웨이가 30년간 거둔 성적은 확실히 사람들을 놀라게 만드는 것이지만, 화웨이가 범했던 오류 또한 그 수를 전부 헤아릴 수 없을 만큼 많았다. 각종 판단 오류와 경영 과실, 낭비, 마찰이 반복되어 이로 인해 수많은 인재가 유실되었다. 줄곧 오류를 범하지 않는 날이 없는 회사의 입장에서 관건은 오류를 줄일 수 있는가의 여부와 똑같은 오류를 재차 범하지 않을 수 있는가의 여부, 오류로부터 교훈을 얻을 수 있는가의 여부다.

'불태워도 죽지 않는 새가 비로소 봉황이다'에서 '진흙탕에서 기어올라온 자가 바로 성인이다'까지 화웨이는 자아비판을 실천하고 있다. 바로 이렇게 스스로 바로잡는 행동이 화웨이로 하여금 최근까지 건강하게 성장할 수 있도록 만든 것이다. 이러한 자아비판이 없었다면 화웨이는 아마도 1996년에 스스로 팽창되어 압사되었을 것이며, 2000년 이후의 '겨울'에 얼어 죽었을 것이다. 또한 2011년에 소비자 관련 업무에서 모질게 마음을 먹지 못해 롄샹 그룹과 쿠파이 그룹이 걸었던 길을 뒤따랐을 것이다.

2000년, 화웨이 연구개발 시스템은 1만 명 규모의 대회를 한 차례 거행했는데, 대회의 주제는 "진흙탕에서 기어올라온 자가 바로 성인이다"였다. 현장에서 런정페이는 업무에 진지하지 않고 테스트에서 엄격하지 않으며 맹목적인 혁신으로 인해 초래된 대량의 폐기물, 그리고 이로 인해 현장으로 급히 달려가 문제를 해결하기 위해 사용했던 왕복 비행기표를 상자 형태로 만든 뒤 특별한 경품으로 포장하여 수백 명의 주요 간부들에게 보냈다. 이는 런정페이의 스타일을 잘 보여주는 것으로, 오직 그만이 이렇게 대대적으로 일을 벌일 수 있는 것이다. 그는 심지어 경품 수령자에게 이러한 폐품을 집으로 가져가 가족과 함께 누리도록 건의했다.

그의 사고 패턴은 다음과 같은 것이었다.

"화웨이는 아직 젊고 힘과 열정으로 충만해 있다 하더라도 또한 미숙함과 자만심으로 가득해 있다. 우리의 경영은 아직 표준화되어 있지 않다. 오직 끊임없이 자아비판을 해야만 최대한 빠르게 성숙해질 수 있다. 우리는 비판을 위해 비판하는 것도 아니고, 전면적으로 부정하기 위해 비판하는 것도 아니며, 최적화와 건설적인 비판의 최종 목표는 회사 전체의 핵심 경쟁력 향상을 이끌어내는 것에 있다."

대신 그날 런정페이는 수백 개의 부끄러운 경품을 활용하여 연구개발 시스템의 거대한 성장을 이끌어낼 수 있다는 희망을 보았다.

"연구개발 시스템이 이번에 철저하게 스스로의 자아비판 행동을 분석한 것은 회사 역사에 있어서 한 차례의 이정표이자 분수령이 되었다. 그것은 10년간의 분투를 거치면서 우리의 연구개발 인원이 성숙해지기 시작했고, 그들이 진정으로 분투의 진수를 인식하게 되었음을 알려주었다. 앞으로 10년은 그들의 성숙함이 역할을 발휘하게 될 10년이며, 또한 장차 대규모의 우수한 청년들이 회사에 들어왔을 때 이들을 인솔하여 반드시 더욱 커다란 성취를 만들어낼 것이고, 회사도 앞으로 10년은 더 발전하게 될 것이다."

현실은 확실히 런정페이가 말한 바와 같았고, 화웨이의 연구개발 시스템은 확실히 해냈으며, 더욱 잘 해냈다.

2018년 1월 17일, 런정페이는 '경영 관리를 제대로 하지 못한 책임자 문책에 대한 통보'에 서명한 뒤 이를 공표했다. 런정페이 스스로 100만 위안의 벌금을 냈고, 궈핑, 쉬즈쥔, 후허우쿤(胡厚崑) 등도 각각 50만 위안의 벌금을 냈으며, 동시에 화웨이의 상무이사 리제 또한 50만 위안의 벌금에 처해졌다. 아울러 회사 전체 직원에게 모든 해당 사실을 통보했다. 이유는 해외의 일부 대표처에서의 경영 문제와 업무상 거짓 보고 행위에 의한 것으로 회사 경영층이 제대로 지도하지 못한 것에 대해 책임을 진 것이었다. 그 이후 '인적자원 2.0 총강' 제2기 연구 토론반에서 각급 관리자는 개방적인 토론 분위기에서 런정페이에 대해 비판하면서 이른바 '10대 죄상'을 다음과 같이 열거하게 된다.

□ 런정페이 회장의 인적자원에 관한 사상은 세계적인 혁신이라 할 만하다. 하지만 어떤 때는 너무 심오하고, 자세하며, 조급하게 지도하여 HR(인적 관리) 시스템의 집행이 지나치게 기계화, 경직화, 운동화되고 전문적 역량이 잘 발휘되지 못한다

예를 들면, 하이쓰의 일부 과학자들은 평가에서 반드시 C급 점수를 받아야 한다. 그러한 제약의 결과 회사를 떠나는 사람들이 많다. 이러한 인재들이 다른 회사의 CTO로 채용되어 일을 아주 잘하고 있다. 현재 HR 시스템이 너무 시시콜콜하고 각종 제약이 많은 관계로 각급 책임자들의 인적자원 관련 일부 정책에 대해 원망하는 목소리가 가득

하다. 모든 사람이 그것을 알고 있지만 HR은 기본적으로 외면하여 그 기능이 유명무실해지고 있다.

② 새로운 것에 대해 너무 일찍 부정하지 말고 개방적인 마음을 가져야 한다.
   즉 총알이 먼저 한 차례 날아가도록 해야 한다

최근 수년간 런정페이 회장은 '많이 모이면 얻게 되는 이익도 많다'
고 강조했지만 하나의 새로운 기술, 새로운 사물에 대해서는 명확해지
기 전에 부정하는 일이 많다. 이는 많은 사람들이 느끼고 있는 바다.

또한 회장의 연설은 모두 외부에 공개되는데, 런정페이의 개인적 영
향력과 위세, 명망이 너무 높기 때문이다. 하지만 한편으로는 그런 이
유로 직원들이 매우 많은 시간을 들여 회장의 말을 뒷수습하느라 분주
해지는 경우도 많다. 가령 런정페이 회장이 인공지능(AI)에 대해 말했
을 때, 그 자리가 끝나기가 무섭게 직원들은 바로 '노아의 방주' 전문
가와 대담했지만 사실 그것은 별 의미 없는 일이었다. 또 한번은 런정
페이 회장의 '증강 현실·가상 현실(AR/VR)'에 관한 연설이 끝나자 직
원들은 '증강 현실·가상 현실' 전문가와 만나 설명을 들어야 했고, 자
율주행에 관하여 조사하며 관련자들의 의견을 청취해야 했던 적도 있
었다.

런정페이 회장의 연설은 본래 내부용 발언이지만 현재는 사회 구성
원 누구나 모두 볼 수 있게 되었다. 런정페이 회장이 새로운 기술에
대해 부정적으로 말하면, 그 부하직원들이 어떻게 인재를 끌어올 수
있겠는가? 때로는 관련 전문가가 "당신은 여기에 나를 불러서 무엇을

하고 싶은 것인가?"라고 반문하곤 한다. 심지어 인공지능(AI), 증강 현실·가상현실, 자율주행 등은 모두 업계의 우수한 인재를 흡수하기가 매우 어려운 영역이다.

③ 임금, 보조금, 장려금, 장기적 격려 메커니즘 등의 가치 분배 기제와 관련하여 시스템적인 정리와 검토가 필요하다

회사에 하나의 기이한 현상이 발생했는데, 그것은 바로 전통적 업무의 일부 관리자 직급이 쓸데없이 높고, 월급과 복지가 높은 까닭에 퇴직 후 현재 정도의 직장을 찾지 못하고 있는 것이다. 또한 새로운 업무의 핵심 골간을 대량으로 다른 회사가 낚아채가고 있는데, 가장 좋은 젊은 인재들을 표적으로 삼고 있기 때문에 피동적인 상황에 내몰리고 있다. 화웨이의 HR 정책에 있어서 실제를 제대로 파악하지 못하고, 업무를 이해하지 못하며, 전문가를 중시하지 않고, 신인을 중시하지 않는 것 등이 커다란 재앙을 초래하고 있다. 이러한 상황은 대단히 보편적으로 만연해 있고, 사람들의 지탄을 받는 일도 비교적 많다. 화웨이 경영자 런정페이와 HR 시스템은 모두 반성할 필요가 있다.

④ 중용의 도를 극치에 이용할 수 없고, 회도(스케일)를 보여주고 나서 다시 회도(스케일)를 보여줄 수 없으며, 타협하고 나서 다시 타협할 수 없는 것이다

런정페이 회장이 지닌 철학의 관점에서 논하자면, 그는 줄곧 영국의 개혁을 숭상하고 프랑스의 대혁명을 숭상하지 않았는데, 개혁이 혁명보다 좋은 것이라 여기고, 건설이 파괴보다 좋은 것이라고 보았다. 런

정페이 회장은 최근 수년간 회사의 변혁에 있어 개량을 많이 하고 혁명을 적게 하고, 양적으로 증가하는 변혁을 많이 시도하여 현재 또 다른 종류의 상황이 발생하게 만들었다. 회사의 상하 도처에 '중용의 도'가 너무 극치에 이르게 되어 회도(스케일)에서 다시 회도(스케일), 타협에서 다시 타협에 도달하게 된 것이다. 사람들은 모두 개혁을 해야 하며 고치지 않으면 안 된다는 것을 알고 있지만 여러 해 동안 토론에 토론을 거듭해왔음에도 줄곧 고쳐지지 않았다.

⑤ 간부 관리는 리스크와 효율에 있어서 균형을 추구해야 한다

전체적으로 볼 때 화웨이의 간부들에 대한 관리는 지나치게 복잡하다고 할 수 있다. 간부 관리는 향후 리스크와 효율에 있어서 균형을 추구해야 하며, 간부 관리와 관련된 권력 분배를 다시 정리해야 할 필요가 있다.

⑥ 전문가를 중시하고 전문가의 가치를 강화해야 한다

전문가 조직에서의 가치 창출 지위 및 가치 분배에 대해 과거의 어떤 시기에는 상대적으로 낮게 평가되었던 적이 있다. 현재 적지 않은 전문가들이 모두 두려움과 곤혹감을 갖고 있다. 전문가 하나의 방향을 바라보면 책임자들은 종종 "Why?"라고 그에게 질문할 뿐 "Why not?"이라고 그를 격려하지 않는다. 항상 이런 식이라면 전문가는 억눌려서 말을 하지 않게 될 것이고 또는 리더가 맞다는 것을 증명하기 위해 노력할 것이다.

⑦ 해외 경력에 적합한 직무 범위의 문제를 재고해야 한다

'지(之)'자 형태의 발전과 해외 경험을 강조하고 있기 때문에 화웨이의 SPDT 경리는 여러 차례 순환을 거친다. 현재 절대 다수의 SPDT 경리는 모두 백발이 무성하고, 패기가 결핍되어 있다. 왜냐하면 젊은 간부는 해외 경험이 없는 탓에 발탁될 수 없기 때문이다. 이러한 상황이 계속된다면 진정으로 제품을 잘 만들어내고자 하는 이상과 꿈을 지닌 젊고 우수한 '제품 경리'를 말살하게 될 것이다. 화웨이의 제한에 따라 레이쥔(雷軍) 역시 해외 경험이 없다는 이유로 합격하지 못했다. 그렇다면 스티븐 잡스도 문제가 있게 된다. 그는 중국을 방문했던 적이 없기 때문이다. 실사구시의 견지에서, 결과적으로 시장의 환류 SPDT 경리 등은 물론 심지어 제품 라인 총재 중 상당수가 일을 잘 해내고 있지 못하다.

⑧ 보고 내용과 그것의 좋고 나쁨에 기초하여 보고한 사람을 부정하거나 긍정 해서는 안 된다

현재 보고는 간부 승진에 있어서 핵심 관건이 되고 있다. 우리는 보고하는 것이 업무에 있어서 중요한 소통 방식이라는 것을 부인하지 않으며, 또한 간부의 채널을 이해하고 있다. 하지만 고급 관리자(특히 사장, 순환 CEO)는 보고 내용과 그것의 좋고 나쁨에 기초하여 보고하는 사람을 부정하거나 긍정해서는 안 되며, 한 차례의 보고 때문에 한 명의 간부를 경솔하게 판단해서는 안 된다. 또한 반대로 한 차례의 보고 때문에 한 명의 간부를 신속하게 승진시키거나 심지어 두 계급 이상

승진시켜서는 안 된다. 우리는 전장에서 간부를 선발해야 하며, 보고에만 근거하여 선발하는 것은 철저히 막아야 한다.

9 런정페이 회장이 언급한 많은 경영 사상 및 경영 관련 요구 사항은 단지 통신사업자 업무에 적합한 것이며 기타 업무에는 적용할 수 없다

다시 말해, 런정페이 회장이 했던 많은 말들은 '통신사업자 직접 판매 업무의 경우에 있어서'라는 말을 덧붙여야 하는 것으로, 기타 업무에 맹목적으로 요구하는 것은 실로 적합하지 않고 심지어는 하나의 재난이 될 수도 있다.

10 전략예비대는 본래 하나의 '중앙당교'에 해당하지만, 실제 운용 및 집행상의 문제로 인해 결과적으로는 일종의 '5.7 간부학교'로 변해버렸다

지난 1년간 전략예비대 운용 과정에서 확실히 적지 않은 문제가 있었다. 즉 업무의 실제에서 이탈되어 있고, 비록 전투 훈련 효과는 그런대로 괜찮지만 예비대의 입대와 제대 메커니즘이 우수한 인재의 추천 및 간부 임용과 맞물려 있지 않다. 또한 대원의 제대가 곤란하고, 일선에서는 직급이 높은 사람을 기피했는데 그 쓸모가 크지 않아 그러한 사람을 받아들이고자 하지 않았다. 따라서 적지 않은 대원들이 방황했기에 이러한 문제는 더 이상 회피할 수 없다.

런정페이 회장은 연설 중 어떤 때는 전략예비대와 자원 풀(Resource Pool)을 하나로 섞어버렸는데, 이는 적지 않은 혼란을 야기했다. 많은 사람들의 견지에서 볼 때 전략예비대는 쓸모 없는 인원이 모여 있는

일종의 완충 지대로 이해되었고, 이로 인해 전략적 역할이 퇴색되어
갔다. 전략예비대는 본래 하나의 '중앙당교'에 해당하지만 실제 운용
및 집행상의 문제로 인해 결과적으로는 일종의 '5.7 간부학교'로 변해
버렸다. 메커니즘 차원에서 논하자면, 미래의 전략예비대는 원래 정해
진 위치로 회귀하게 될 것이고, 하나의 '중앙당교'로 변할 것이다. 그
곳에서 학습을 하면 메리트가 있을 것이며, 최소한 해당 인물이 전략
예비대에 들어간 것은 전도가 유망한 것이라고 인식하게 될 것이다.

이러한 10가지 비판은 대단히 신랄하며, 그중 일부 내용은 런정페
이의 핵심 사상을 직접적으로 지적하고 있다.

회장에 대해서도 이렇게 비판을 할 수 있다면, 위에서부터 아래로
'민주생활회(중국 당원들이 모여 상대에 대한 비판과 함께 자아비판을 하는 자
리로 2015년 시진핑 주석에 의해 부활했다-옮긴이)'가 열리고 비판과 자
아비판이 진행되며, 회가 거듭될 수록 순조롭게 관철되어갈 것이다.
이러한 비판과 자아비판의 분위기는 오직 화웨이만이 보유하고 있는
것이다.

런정페이는 자신에 대한 비판을 솔직하게 마주하며 매우 자신감 있
게 다음과 같이 말했다.

"만약 회사가 진정으로 강대하면 스스로를 비판하는 것에 과감
해야 하며, 곧 무너지기 직전의 회사라면 근본적으로 과오에 대한
폭로를 감히 할 수 없는 것이다. 이것이 바로 이른바 '황자생존(惶者

348

生存)'에 해당하는 것으로, 즉 끊임없이 위기감을 갖고 있는 회사만이 반드시 살아남게 되는 것이다."

어느 날, 화웨이맨이 자아비판을 원하지 않고, 사람들마다 공적과 은덕을 칭송하며, 윗사람은 허세 부리고 아랫사람은 아부하며 화기애애할 때 위기는 곧바로 도래하게 될 것이다.

| 8장 |

나의 세계에 제일이란 없다

20, 30년 후 미래의 인류 사회는 장차 하나의 지능화 사회로 변하게 될 것인데, 그 깊이와 폭은 우리가 상상할 수 없을 정도일 것이다.

화웨이의 현재 수준은 공학 수학, 물리적 알고리즘 등 공학에서의 혁신 차원에 머물러 있고, 아직은 진정으로 기초 이론 연구에 진입하고 있지 못하다. 점진적으로 샤논 이론(Shannon theory), 무어의 법칙(Moore's Law)의 극한에 가까이 접근하고 있기는 하지만 빅데이터 등의 이론을 창조해내지 못함에 따라 앞길이 막막하고 방향을 찾지 못하고 있다. 화웨이는 방향을 잃고 있는 가운데 전진하고 있는 것이다. 중대한 혁신은 '무인구(無人區)'의 생존 법칙이며, 이론적 돌파가 없으면 기술상의 돌파도 없다. 또한 대량의 기술 축적 없이 폭발적인 혁신을 이루어내는 것은 불가능하다.

화웨이는 업계에서 점진적으로 무인구를 공략하여 진입하고 있는데, 우리 앞에는 아무도 없고, 기존에 정해진 규칙도 없으며, 아무도 뒤쫓아오지 않는 상황에 처해 있다. 화웨이가 다른 기업들과 함께 뛰었던 기회주의적 차원의 빠른 속도는 점차 완만해질 것이며, 새로운 이론을 정립하고 이끌어야 할 책임을 감당해야 하는 시기가 이미 눈앞에 도래했다.

_런정페이, '전국 과학기술 혁신대회에서의 보고'(2016)

1

30년, 휘황 속의 위기

2017년, 화웨이는 전 세계 사람들을 놀라게 하고 감탄하게 만드는 성과를 냈지만 런정페이는 여전히 만족할 수 없다는 답안지를 건넸다. 화웨이의 전 세계 매출액은 6,036억 위안을 실현하여 전년 동기 대비 15.7퍼센트 증가했고, 순이윤은 475억 위안으로 전년 동기 대비 28.1퍼센트 증가했다. 영업이익과 순이윤이 모두 상승한 것이다.

전 세계 최대 통신 설비 제조업체로서 세계 500대 기업 중 83위에 랭크되어(2018년에는 72위), 2016년에 비해 46위나 상승했다. 또한 인터브랜드(Interbrand)의 '2017년 세계 최고 브랜드 랭킹' 안에 진입한 중국 대륙의 유일한 기업이 되었는데, 여기서는 70위를 기록했다. 아울러 특허권 신청은 2017년에 세계 1위 자리를 차지했다.

다른 중국 기업들의 영업이익과 비교해보면, 알리바바는 1,583억 위안, 텐센트는 2,377억 6,000만 위안, 바이두는 848억 위안, 중싱은

1,088억 위안, 샤오미는 1,146억 위안이었다. 이로써 화웨이의 영업이익은 BAT바이두(Baidu)+알리바바(Alibaba)+텐센트(Tencent)의 영업이익 총합을 뛰어넘었고, 그들의 1.25배를 기록했다.

화웨이의 '영업활동으로 인한 현금흐름(CFO)'은 2016년의 492억 1,800만 위안에서 단번에 963억 3,600만 위안으로 거의 2배 증가했고, 화웨이의 재무 상황이 매우 안정적이라는 것을 명확히 보여주었다. 하지만 놀랍게도 2016년의 데이터와 비교해보면 우리는 다음과 같은 문제점들을 살펴볼 수 있다.

(1) 화웨이의 2017년 영업이익 이윤율은 약간 증가하여 9.3퍼센트에 도달했다. 하지만 앞서 언급한 BAT와 비교해볼 때 화웨이의 이윤율은 결코 높지 않으며 알리바바의 순이윤율은 36.5퍼센트, 텐센트는 38퍼센트, 가장 낮은 바이두도 22퍼센트였고 총이윤을 계산해보면 BAT가 화웨이의 3.5배에 해당한다. 중국의 많은 젊은이들이 BAT에 입사하고 싶어하는 것이 전혀 이상하지 않은 이유다. 즉 화웨이보다 BAT의 이윤율이 높고 발전할 수 있는 여지가 더욱 큰 것이 사실이다. 애플 휴대폰의 수익 규모는 사람을 더욱 놀라게 만드는데 무려 456억 9,000만 달러였고, 이윤율은 21퍼센트였으며, 세계에서 가장 돈을 많이 벌어들인 기업 중 하나로 애플이 월계관을 쓴 지도 이미 수년째다.

(2) 화웨이의 3대 사업 중 통신사업자가 차지하는 비중이 49.3퍼센

트로 떨어져 성장 폭이 2.5퍼센트로 가장 적었다. 2016년의 성장률은 23.6퍼센트였으므로 2017년의 성장은 기본적으로 정체되었다고 보아야 한다. 2013년부터 시작된 대규모 4G 네트워크 건설은 2016년에 이르러 기본적으로 완성되었고 이른바 '공백기'가 시작되었다. 시장의 투자 주기 파동의 영향으로 시스코의 이윤은 11퍼센트 하락했고, 에릭슨은 심지어 44억 7,600만 달러의 손해를 봤다. 통신사업자든 통신 설비 업체든 모두 5G 시대의 도래를 기다리고 있는 중이지만 5G가 상업상의 폭발과 엄청난 이윤을 가져올 수 있을 것인지의 여부는 관심을 갖고 좀더 지켜봐야 할 것이다. 하지만 많은 사람들이 긴장의 고삐를 늦추지 못하고 이를 악물며 5G에 모든 자원을 투입하고 있다. 2G에서 3G까지, 또 그리고 3G에서 4G까지의 시기에서 살펴볼 수 있는 것처럼 역사는 다시 반복의 움직임을 보이고 있다.

(3) 2017년 화웨이의 순이윤 증가는 28.1퍼센트로 2016년에는 겨우 0.4퍼센트의 증가율을 보인 것과 비교하자면 장족의 발전을 했다고 말할 수 있다. 이것은 주로 운영 효율의 제고, 판매와 관리 비용율이 1.2퍼센트 하락한 것에 힘입은 것이며 총 기간 비용율은 1.1퍼센트 하락했다. 최근 수년간 화웨이 휴대폰에 투입된 비용은 규모가 매우 컸지만, 수익이 별로였기 때문에 런정페이로부터 비판을 받았다. 그런데 2017년 단말기 사업은 결국 호전되어 매우 좋은 성과를 올렸다.

⑷ 국내 시장에서의 영업이익은 2005년 이후 처음으로 국제 시장을 초월했고, 50.5퍼센트의 비중을 차지했다. 화웨이의 북미 지역에서의 수익은 축소되어 전년 동기 대비 10.9퍼센트 하락했고, 이곳은 전 세계 가운데 유일하게 화웨이가 마이너스 성장을 기록한 지역이 되었다. 또한 화웨이 휴대폰은 AT&T의 협력 하에 미국 시장에 진입하려고 노력했으나 마지막 타이밍에 미국 정부의 개입으로 거칠게 중단되어버렸다. 중미 무역전쟁으로 인해 화웨이 휴대폰은 단시간 내에 미국 진입이 어려워지게 되었다.

화웨이는 2020년에 삼성과 애플 휴대폰을 제치고 화웨이 휴대폰이 세계 판매량 1위를 차지하고, 회사 전체 매출이 1,500억 달러가 되는 목표를 지향하고 있지만 그 난이도는 역시 대단히 큰 것이다. 특히 미국 시장의 대문을 열지 못하고 있는 상황에서 매년 전년 동기 대비 17퍼센트의 성장을 실현해야 하고, 2017년의 15.7퍼센트 성장률을 초과해야 한다.

화웨이 휴대폰이 희망을 걸고 있는 것은 화웨이가 2019년에 출시할 5G 기술을 지원하는 '기린 칩'과 5G 기술을 지원하는 스마트폰 외에도 3,000~5,000위안의 가격 선을 차지하는 시장이다. 5,000위안 이상의 시장은 애플과 삼성이 틀어쥐고 있고 중국의 국산 휴대폰은 3,000~5,000위안의 범위 내에서 아직은 공백이 크기 때문에 이것은 장차 화웨이 휴대폰이 지속적으로 힘을 발휘할 수 있는 시장이 될 것이다. 또한 장래에 화웨이 휴대폰은 5,000위안 이상의 고가 휴대폰 시장을 향해 마지막 힘을 짜내며 삼성과 애플을 향해 도전하게 될 것이다.

현재 전 세계의 휴대폰 시장은 포화 상태로 이미 머리가 천장에 닿았다는 것은 엄연한 사실이다. 따라서 5G 기술이 휴대폰에 응용되는 것을 통해 초래될 대규모 휴대폰 교환의 조류는 아마 도래하지 않을 것이다. 화웨이 휴대폰의 이윤 성장점은 삼성과 애플의 시장 점유 비중을 쟁탈하는 것과 5G 시대 이후에 폭발할 것으로 예상되는 플랫폼의 응용에 있다.

5G 시대 도래의 영향에 대해 런정페이는 다음과 같은 매우 신중한 태도를 보이고 있다.

"과학기술에서의 선행 연구는 사회에서 그 수요가 이미 발생했다는 것을 의미하지 않는다. 만약 사회의 수요가 우리가 상상했던 정도까지 발전하지 않는다면, 우리가 그것에 투입해야 할 의의는 그다지 크지 않게 된다. 이리하여 5G는 아마도 대대적으로 선전되어 과열되는 양상을 보이게 될 것인데, 나는 현재 이와 같이 커다란 시장 공간이 있는 것으로는 생각하지 않는다. 왜냐하면 수요가 완전히 생겨나지 않았기 때문이다. 만약 무인 자율주행에 5G가 필요하다면 현재 몇 대의 차량이 무인 자율주행을 할 수 있는가? 사실 기선, 비행기 등에서도 이미 무인 자율주행은 실현되었다. 하지만 만약 비행기 조종사가 비행기에 탑승하지 않는다면 승객이 감히 비행기를 탈 수 있겠는가? 바로 이러한 이치인 것이다. 시스템 공학은 나팔의 주둥이가 있다고 해서 문제를 바로 해결할 수 있는 것이 아니다."

화웨이가 애플과 삼성을 따라잡기 위해 노력하는 동안 샤오미도 화웨이를 앞지르려는 시도를 하고 있는 중이다. 원기를 회복한 이후 2017년 샤오미 휴대폰은 폭발적으로 유행했고, 그 성장 속도는 사람들을 놀라게 만들었다. 비록 샤오미가 초보자용과 중급자용 위주로 휴대폰 사업을 하고 있기는 했지만 화웨이는 이에 대한 대비책을 강구하지 않으면 안 되었다.

화웨이에 있어서 또 하나의 성장점은 기업 서비스로 현재 비중은 겨우 9.1퍼센트에 불과하다. 하지만 성장률이 35.1퍼센트에 도달하고 있고 속도가 빠르며 상승폭이 가파르다. 화웨이의 목표는 만물이 감지되고, 연계되며, 지능화되어 있는 '개방형 클라우딩 플랫폼'을 휴대폰 단말기 사업과 상호 연결시키는 것으로 이 안에는 거대한 기회가 포함되어 있다.

최근 들어, 각 기업들은 사전 준비를 통해 곧 도래할 인터넷의 '고조기(高潮期)'를 맞이하고 있고, 이를 바탕으로 대중의 생활과 엔터테인먼트를 주도하려 하고 있다. 예를 들면 텐센트, 알리바바, 바이두가 모두 그러한데 목숨을 걸고 확장하면서 각각의 잠재적 폭발점을 장악하기 위해 시도하고 있는 것이다. 화웨이 역시 뒤처지는 것을 달가워하지 않기에 이미 클라우딩 컴퓨팅, 광전송, 인공지능, 지능형 인터넷망, 고차원 알고리즘, 지능형 단말기, 고화질 이미지 등 첨단 영역에서의 배치를 진행하기 시작했다. 또한 화웨이는 전략적 투입을 더욱 증가시키면서 비즈니스 기회의 창문이 열리기만을 겨냥하고 있다. 종적 발전과 횡적 확장을 구가하며 30년 미래의 발전을 위한 견실한 기초를 쌓고 있는 중이다.

런정페이의 견해는 다음과 같다.

"사람과 사람, 사물과 사물, 사람과 사물 간의 지능형 인터넷망은 전 세계를 완전히 새로운 경로를 향해 나아가도록 만들고 있다. 또한 물리 세계와 디지털 세계의 심도 있는 융합을 특징으로 하는 '공업혁명 4.0'이 현재 발생하고 있으며, 모든 것이 완벽하게 연결되는 지혜의 시대가 새로운 상업 문명을 구동하고 있다. 즉 우리는 현재 인류 역사상 가장 빠르게 발전하는 과정 속에 처해 있는 것이다."

화웨이의 전략 포지셔닝은 '더욱 많이 연결시키고 큰 통로를 밑받침한다'는 것으로 일종의 '전면적인 클라우딩'이라고 할 수 있다. 설비, 네트워크, 사업 운영의 4가지 방면으로부터 ICT 기초 네트워크를 전면적으로 개조하여, 업계의 디지털화 전환을 추동하고 클라우드 시대를 이끌겠다는 생각이다. 화웨이의 새로운 청사진과 사명은 디지털 세계에 모든 사람, 모든 가정, 모든 조직을 이끌면서 만물이 서로 연결되어 있는 지능화 세계를 구축하는 것이다.

클라우딩 컴퓨터에 대해 화웨이는 관련 업무를 하지 않으며, 단지 하나의 기초 플랫폼을 만든다. 이 기초 플랫폼은 중국 동북 지방의 비옥한 땅과 같아서 비유적인 의미에서 누구라도 콩, 수수, 자동차 등의

'농작물'을 심을 수 있다. 전 세계 170여 국가 및 지역에서 1조 달러 규모가 넘는 네트워크 저장량의 전송 및 교환을 플랫폼으로 전환시키고, 이를 통해 모든 농작물을 성장시키는 것이 바로 런정페이의 원대한 구상이다.

2018년 초, 앞으로 1년 안에 자동차 인터넷망은 장차 화웨이의 중점 사업이 될 것이고, 화웨이는 글로벌 '자동차 인터넷망'의 큰형이 되는 것에 뜻을 세우고 있다는 글을 발표했다.

이것은 거대한 기회이자 그만큼 거대한 리스크가 존재하는 것으로 전략적 투자에 조금이라도 편차가 발생하면 곧 다음 번 성장점을 놓쳐버릴 수도 있다. 비록 화웨이에 대체적인 방향이 세워졌지만 구체적으로 어떤 점에서 폭발하게 될 지는 아무도 모른다. 따라서 사람들은 모두 안개 속에서 미친 듯이 말을 몰고, 앞쪽에 분명 위험이 있다는 것을 알고는 있지만 근본적으로 고삐를 당겨 말을 멈추게 할 수 없다. 단지 통제할 수 없는 상황에서 맹렬하게 앞으로 나아갈 수밖에 없는 것이다. 폭발점이 출현하기를 기다렸다가 거액의 벤처캐피탈에 힘입어 새로운 선두 주자가 수년 내에 땅 위에 우뚝 서게 되고 원래의 구조를 완전히 뒤바꿔버리게 될 것이다.

화웨이 내부의 관점에서 논하자면, 연구개발 부문은 '고객 중심' 정신이 퇴화하고 있고, 각종 경영 문제가 끝없이 발생하고 있다. 대기업병이 상당히 심각하여 효율이 저하되고 있으며, 모두 오만방자한 태도를 보이고 타인을 깔보는 각종 비시련(鄙視鍊, 현재의 인터넷 사회에서 자기중심적 사고에 기반하여 타인을 조직적으로 폄훼하거나 경멸하는 일련의 네트워크를 의미한다―옮긴이)이 존재하고 있다.

〈화웨이 '인적자원' 관리 강요 2.0〉의 제기는 대대적으로 공표한 이후 하나씩 개혁을 하겠다는 의도에서 나온 것이었다.

쿵링셴(孔令賢)은 한 명의 지식청년이자 기술 마니아다. 그는 화웨이에서 'OpenStack 커뮤니티'에 진입한 첫 번째 인물로 OpenStack 커뮤니티의 핵심 회원이다. 그는 기술 관련 개인 블로그에 150여 편의 글을 게재했고, 또한 사상적으로 개방되어 있고 융합되어 있는 하나의 커뮤니티를 성공적으로 이끌고 있다. 아울러 오픈 소스와 비즈니스 성과를 상호 결합시킨 정예부대를 통해 화웨이가 OpenStack의 골드 회원이 되도록 밑받침하고 있다. 그가 인솔하고 있는 팀 중에서 두 명의 회원이 OpenStack의 핵심 회원으로 평가받아 선발되었다. 그 공헌이 탁월하여 2014년 쿵링셴은 화웨이에 의해 파격적으로 기술 14급에서 17급으로 승진되었다. 하지만 이러한 기술 인재는 팀 관리와 업무 논쟁 및 계속되는 회의에 시달리며 서서히 기술을 연구하고 개발할 마음을 상실하게 되고, 향후 자신이 어떤 길을 걸어야 할 지 모르게 된다. 그 이듬해, 쿵링셴은 결국 화웨이를 떠났다.

그로부터 2년 후, 화웨이의 '사내 커뮤니티'에 〈자시야를 찾습니다〉라는 제목의 글이 올라와 쿵링셴을 찾았는데, 그 아래의 내용은 온통 조롱으로 가득했다. 즉 "회사의 일부 책임자들이 업무에 집중하지 않고 인재를 잘 활용하지 못하며, 작은 내부 파벌을 만들고 줄서기를 하며, 다른 사람과 정치 투쟁을 하고 억압을 하며" "결정을 하지 않거나 또는 마구 결정을 하거나, 아무 일도 하지 않거나 아부를 떨고 있거나” “일부 부문의 책임자들은 은폐하면서 정치 투쟁을 진행하고, 현명하고 능력 있는 자를 질투하며, 파벌을 형성하여 사람들이 업무에 집중할 수 없도록 만들고 있다”라는 것이었다.

런정페이는 해당 글을 읽은 이후, 화웨이 전체에 이메일을 보내 다음과 같은 의견을 피력했다.

“왜 우수한 인재가 화웨이에서 성장하기 어렵고, 3급씩이나 파격적으로 승진한 사람이 떠나려고 하는 것인가? 우리는 어떤 사람에게 의지하여 가치를 창조해야 하며 왜 영웅의 출현을 용납하지 못하는 사람이 존재하는 것인가? 화웨이는 아직도 ‘어제의 화웨이’인가? ‘승리를 거두면 술잔을 들고 서로 경축하고, 패배하면 목숨을 걸고 서로 구해주는 것’은 아직까지 존재하는가? 일부 서방의 회사도 일찍이 찬란했던 과거가 있었다. 화웨이의 문화는 초심으로 돌아가면 안 되는 것인가?

3급 단대(팀)는 ‘전력투구를 하여 질이 낮은 일을 해서는 안 되는 것’과 ‘만광즈(滿廣志), 샹쿤산(向坤山)은 모두 우리 시대의 영웅’이라는 것을 학습하고 있다. 이는 보수주의로 이끌려는 것이 아니라 일부 진정한 영웅으로 하여금 열정적으로 현장에서 착실하게 일하고, 용맹하게 분투하며, 이론과 실제를 연계하여 이러한 사람들에게 리더의 직위를 담당하게 하기 위해서이다. 왜 그들을 파격적으로 책임자가 되도록 승진시키지 못하고, 왜 그들을 고급 전문가와 직원이 되도록 하지 못하는가? 왜 그들의 실제 공헌에 따라 직책과 직급

362

을 정하지 못하는가? '도처의 영웅들이 석양 아래 귀환하는 것(遍地英雄下夕烟)'처럼 100여 개의 대표처에서 일종의 올바른 기개를 형성해야 한다. 올바른 기개를 형성하지 못하는 책임자는 마땅히 자신의 향후 거취를 고려해야 할 것이다."

사실 해당 이메일을 발송하기 이틀 전 런정페이는 다음과 같은 내용의 이메일을 먼저 발송한 바 있다.

"우리는 직원 및 각급 간부가 진실된 말을 할 수 있도록 격려해야 하는데 진실된 말에는 정확한 것도 있고 정확하지 않은 것도 있다. 각급 조직이 채택하든 채택하지 않든 결코 그 어떤 문제도 없지만 풍조는 개변되어야 한다. 진실된 말은 경영을 개선하는 데 도움이 되고, 거짓된 말은 단지 경영을 더욱 복잡하게 만들고 비용을 높일 뿐이다. 따라서 회사는 량산광(梁山廣), 직원 번호 00379880을 2급 승진시켜 16A급으로 임명하기로 결정한다. 효력은 즉시 발생한다. 이것은 정상적인 심사·평가 및 승진 등에 영향을 미치지 않는 것이다. 그가 원하는 업무 직위와 지점에 따라 상급 연구소에 가서 일을 할 수도 있는데, 덩타이화(鄧泰華)가 그를 보호하여 보복 타격을 받지 않게 할 것이다."

그해 8월, '량산광'이라는 이름의 해당 직원은 '내부 직원 포럼'과 '기술 교류망'에서 실명을 밝히며 "내츄럴(Natural) UI 부문은 장차 국외의 오픈 소스 UI 프로젝트를 중국화한 이후 자신의 과학연구 성과로 충당하려 한다"고 폭로했다.

런정페이의 해당 이메일은 화웨이 직원들로부터 환호를 받았고, 나날이 침체되고 답답해졌던 분위기와 거짓 보고를 일삼는 작풍을 일소했다. 해당 이메일의 말미에 런정페이는 그를 보호해줄 사람을 지정하며, 화웨이 내부의 '보복 타격' 현상이 확실히 엄중하다는 것도 명시했다.

수년 전, 런정페이는 '화웨이의 겨울'에 다음과 같이 외쳤다.

"회사의 모든 직원은 만약 어느 날 회사의 매출액과 이윤이 급격히 하락하여 심지어 파산할 수도 있다는 것을 생각해본 적이 있는가? 그렇게 되면 우리는 어찌해야 할까? 우리 회사의 태평스러운 시간이 너무 길어지고, 평화의 시기에 너무 출세하게 되면 이것은 아마도 우리의 재난일 것이다. '타이타닉 호'도 환호성 속에서 바다를 향해 나아갔다. 또한 나는 그러한 날이 반드시 도래할 것이라고 믿는다. (중략) 우리의 많은 직원들은 맹목적으로 자부심을 갖고 맹목적으로 낙관하는데, 만약 이러한 미래를 고려하고 있는 사람이 너무 적으면 아마도 이러한 미래는 곧 임박할 것이다. 이는 거안사위(居安思危, 편안한 처지에 있을 때도 위험을 미리 생각하고 경계하는 것)이지, 위언용청(危言聳廳, 일부러 과격한 말을 하여 타인으로 하여금 놀라게 만드는 것)이 아니다. (중략)

화웨이는 늘 '이리가 나타났다'라고 외쳐왔는데, 많이 외치다보니 사람들이 일부 믿지 않게 되었다. 하지만 이리는 진짜로 출현하게 될 것이다. 올해 우리는 위기에 대한 토론을 광범위하게 진행했고, 화웨이에 어떤 위기가 있는지, 당신의 부서에 어떤 위기가 있는지, 그리고 당신의 프로세스 어떤 부분에 어떤 위기가 있는지에 대해 토론했다. 아직 개진할 수 있겠는가? 아직 1인당 평균 수익성을 향상시킬 수 있겠는가? 만약 토론을 명확히 했다면, 우리는 살아남을 수 있을 것이고, 우리의 생명은 연장될 수 있을 것이다."

화웨이는 이미 세계 최대의 통신 설비 제조업체가 되었고, 독고구패(獨孤求敗, 천하에 경쟁상대가 없는 것)의 상황에 이르고 있지만, 런정페이는 도리어 화웨이가 여전히 이루 말할 수 없이 취약하고 가장 위험한 때에 있다고 생각한다.

노자의 《도덕경》에 따르면, "천하에 가장 어려운 일은 반드시 가장 쉬운 일에서 시작되고, 천하에 가장 큰일은 반드시 가장 작은 일에서 시작된다. 따라서 성인은 끝에 가서 큰일을 하지 않으며 그렇기 때문에 큰일을 이루는 것이다. 무릇 가볍게 수락하는 사람은 반드시 신뢰감이 없는 법이고, 너무 쉽다고 생각하는 사람은 반드시 어려운 일에 많이 직면하는 법이다. 따라서 성인은 일을 어려운 것으로 여기며, 그렇기 때문에 끝에 가서 어려운 일이 없게 되는 것이다"라고 했다. 이를 자세히 음미해보면, 런정페이의 마인드가 이와 비슷하다는 것을 알 수 있다.

화웨이의 2016년 '시장 연중 회의'에서 런정페이는 또다시 외쳤다.

"타이타닉 호는 환호성 속에서 바다를 향해 나아갔는데, 화웨이의 오늘과 그 얼마나 비슷한가? 관성의 법칙에 따라 화웨이는 아직 3~5년간 고속 성장을 하게 되겠지만 그 후에는 어떻게 될 것인가? 100년 전 타이타닉 호를 만들어냈던 벨파스트(Belfast)는 공업 혁명 중 그 얼마나 번영했던가! 피츠버그(Pittsburgh), 디트로이트(Detroit) 또한 과거에 세계의 중심이었던 적이 있지만 북두성이 방향을 틀면 뭇 별들이 자리를 옮기게 되고 세상은 변하는 법이다. "30년은 황허 동쪽, 30년은 황허 서쪽(三十年河東, 三十年河西)"이라는 말처럼 흥망성쇠는 변화무쌍한 것인데, 화웨이도 30년째를 맞이하고 있으니 죽고 싶지 않다면 반드시 자아개혁을 하고 조직을 활성화시키며 혈액 순환을 촉진하고 청춘의 활력을 발산시켜야 한다."

1987년부터 2016년까지 화웨이는 이미 30년간 길을 걸어왔지만 런정페이는 여전히 걱정하는 마음이 가득하다. 이미 중국 기업의 평균 수명보다 훨씬 많은 해를 넘기고 있지만 화웨이는 언제라도 사망할 수 있기 때문이다.

미래의 화웨이가 계속해서 죽음을 불사하는 각오로 살아남겠다는 마인드를 유지할 수 있을 것인지가 런정페이는 물론 사람들이 가장 걱정하는 바일 것이다.

2

중미 무역전쟁

중미 무역전쟁 가운데 미국의 트럼프 대통령은 흡사 천극(쓰촨성 지방의 전통극을 지칭한다—옮긴이) 〈변검〉의 주인공처럼 이랬다저랬다 하는 매우 변덕스러운 인물이 되어버렸다. 트럼프가 무엇 때문에 중미 무역분쟁을 도발하고, 아울러 세계를 향해 전쟁을 개시하겠다는 목소리를 외치게 되었을까? 미국의 신경제는 단지 월스트리트를 부유하게 만들었을 뿐, 그 실제적 혜택은 미국의 국민에게 돌아가지 않았다. 오히려 그들의 생활수준은 더욱 열악해졌고, 미국 공장의 해외 이전 등은 미국인의 대량 실업을 야기했다.

트럼프는 대통령선거에서 "미국인을 고용하고, 미국 제품을 사용하며" "제조업을 다시 돌아오게 하겠다"고 선언했다. 또한 미국인에게 일할 수 있는 기회를 가져오겠다는 말을 하여 많은 득표에 성공하며, 결국 백악관의 주인이 되었다. 트럼프가 미국 국민을 매우 달콤한 말로 유혹하면서 제조업과 자본을 미국으로 다시 가져오겠다고 한 것은 사실 대세를 거스르는 것이자 강물의 흐름에 역류하는 명령을 내린 것과 같다.

오토바이를 만드는 회사인 할리(Harley)는 공장을 캔자스시티(Kansas City)에서 태국으로 이전하고자 했다. 하지만 이 소식을 전해들은 트럼프가 매우 분노하여 "그러한 결정이 장차 '최후의 날의 시작'이 되도록 할 것"이라고 발언했고, 할리 측에 "전례 없는 고액의 무거운 세금을 부과당할 수도 있을 것"이라며 위협했다.

미국의 전 대통령 버락 오바마는 매우 분명하게 "이미 미국 본토에서 떠났던 일자리가 되돌아오는 일은 더 이상 없을 것이다"라고 말했다. 바로 수년 전 대량의 외자 기업 공장과 중국 기업이 동남아시아로 향하고 난 이후 다시 중국으로 돌아오지 않았던 것과 마찬가지인 것이다. 자본과 기업가는 태생적으로 이익을 추구하고, 결코 정치적 압박이나 대중의 요구에 의해 제약을 받지 않으므로 미국의 트럼프는 오직 새로운 해결책을 강구할 수밖에 없다.

'미국 우선(America First)'은 보호무역주의가 전 세계에 만연하도록 만들고 있다. 중미 양국 간 무역에서 미국이 장기간 적자를 보았던 배경 아래 보호무역을 특징으로 하는 보수주의가 장차 미국에서 비교적 장기간에 걸친 무역 정책이 될 것이고, 미국과 중국 간의 무역분쟁 또한 장차 계속하여 존재하게 될 것이다.

민영기업이라는 화웨이의 특성이 결코 미국 진입에 있어서의 어려움을 얼마간 낮추게 하지는 않을 것이다. 화웨이의 미국 진입이 순탄

치 않을 것이라는 사실은 이미 운명적으로 결정되어 있다. 다만 진입할 수만 있다면 미국이 맞이하게 될 상황은 필경 천지를 뒤덮는 엄청난 충격이 될 것이다.

'중싱 사건'은 중국의 제조업계에 경종을 울렸다. 핵심 기술이 없으면 언제라도 윗선에 있는 업스트림 회사로부터 위협을 받을 수 있고, 미국 기업에 도전할 수 있는 뱃심이 없으면 단지 남이 부과하는 패널티에 고분고분 복종할 수밖에 없는 것이다.

어렸을 때 힘들고 어려운 나날을 보내며 얻은 교훈, 그리고 교환기를 대리했을 때 중간에 끼어서 고생했던 경험은 런정페이로 하여금 시종일관 '남이 갖고 있는 것은 내가 갖고 있는 것보다 못하다'라는 생각을 갖게 만들었고 그래서 시장을 갖고 있어야 하고, 매출액이 있어야 하며, 이윤이 있어야 하고, 경영이 있어야 하며, 핵심 기술이 있어야 한다고 믿었다. 그것을 이루지 못하면 잠자리에 들어도 그는 제대로 수면을 취할 수 없었다.

따라서 중미 무역전쟁에 직면하여 화웨이도 영향을 받고 있고 조급해지는 측면도 물론 있다. 하지만 런정페이는 당황하지 않으며 중국 내외에서 '준법'을 실천하고 있는 화웨이가 반드시 이 험난한 길을 통과할 수 있을 것이라고 다음과 같이 믿고 있다.

"언젠가는 우리가 미국에 반격을 가하며 그곳에 결국 진입하게 될 텐데, 그것은 소탈하게 한 차례 들어가는 것이 아니라 영광스럽고 멋지게 들어가는 일이 될 것이다."

비록 여러 차례 저지를 당했지만 2013년에 런정페이는 미국 시장 진입에 대해 여전히 자신감에 넘쳐 있었고 호방한 기운이 충만했다. 자신감은 실력에서 나왔고 런정페이가 일찍부터 갖고 있던 예감에서도 나왔는데 그는 이 모든 상황에 대한 준비를 미리 해두었다.

2014년, 런정페이는 'IP 지불 보장 단대(팀워크) 좌담회'에서 다음과 같이 말했다.

"우리는 미래에 반드시 지식재산권 대전이 있을 것이라는 점을 명확히 인식하고 강대한 지식재산권 능력을 구축함으로써 소멸당하지 않도록 스스로를 보호해야 한다. 하지만 우리는 영원히 지식재산권을 이용하여 패권을 추구하지는 않을 것이다. 우리가 이로부터 이익을 도모하고자 한다면 실제로는 죽음을 향해 나아가는 것이 될 것이다."

그로부터 2년 후, 런정페이의 예감은 더욱 강해졌고, 그는 '시장 연중 회의'에서 전체 화웨이맨을 향해 '블랙 스완'을 조심하라고 당부하면서 다음과 같이 말했다.

"향후 3~5년 안에 회사에 매우 커다란 리스크가 존재할 것이다. 화웨이는 반드시 기율과 규칙을 준수해야 하며 법률을 엄수하는 확실성을 통해 국제 정치의 불확실성에 대응해야 한다. 극심하게 변화하는 세계 속에서 우리는 스스로 기율과 규칙을 확정할 수 있고,

세계 각국은 모두 법률 위반을 원치 않는다는 점을 명심해야 한다. (중략) 자회사의 이사는 문제가 있다면 과감하게 폭로해야 하고, 중국 내외에서 준법을 잘 관리해야 한다. 법규와 규칙을 위반하지 말아야 하는 것은 물론 뇌물은 주지도 받지도 말아야 하며, 내부적으로 부패가 자생해서는 안 된다. 특히 대외적으로 당사국의 법률, 유엔 법률에 저촉되어서는 안 된다. 또한 민감한 지역에서 미국의 법률에 저촉되어서도 안 된다."

과연 그의 말대로 2018년에 위기가 찾아왔다. 4월에 런정페이는 한 기자로부터 질문을 받고 담담한 표정으로 다음과 같이 말했다.

"영향은 필연적으로 존재하게 될 것이고, 기업으로서는 천천히 극복해나가야 한다. 최근 수십 년 동안 우리는 각국의 법률을 준수하고 유엔의 결의를 준수했을 뿐만 아니라 미국의 역외 관할권도 존중해왔다. 시장이 우리 제품을 구입하지 않는다면 그것은 고객의 선택이며 매우 정상적인 것이다. 만약 우리가 미국의 국가안보를 위협하게 되었다면 그 이유는 무엇인가? 팩트는 무엇인가? 증거는 무엇인가? 미국은 하나의 법치국가이므로 문제를 처리함에 있어서 사실과 증거를 중시할 것이다. 우리는 잘못한 것이 없으므로 그것은 단지 유언비어 또는 오해로 인한 것이고, 그것이 그렇게 객관적인 것이 아니라면 우리도 크게 개의치 않을 것이다."

중미 무역전쟁이 발발한 이후, 일부의 사람들은 퀄컴의 칩을 사용하는 것을 거부하고, 이를 통해 미국에 반격을 가해야 한다고 호소하기도 했다. 하지만 "평등의 기초는 역량이다"라고 강조했던 런정페이는 확실히 실제 상황을 더욱 잘 이해하고 있었고, 그렇기 때문에 결코 감정적으로 일을 처리하지 않았다.

"우리는 미국의 강대함을 직시해야 하고, 격차를 보아야 하며, 미국에 대한 학습태도를 견지해야 한다. 또한 반미 정서가 우리의 업무를 영원히 주도하도록 해서는 안 된다. 사회적으로 민수주의(극단적 민족주의 or 배외주의)를 지지해서는 안 되고, 내부적으로 민수(극단적인 배타성)가 출현하는 것을 용납하지 않으며, 그것이 언론에서 언급되어 질 수 있는 최소한의 기회가 만들어지는 것 역시 용납하지 않는다. 전체 직원은 위기감을 갖고 있어야 하고, 맹목적으로 낙관해서는 안 되며, 편협한 민족주의를 지녀서는 안 된다. (중략) 우리와 미국 간의 격차는 추측컨대 향후 20~30년, 심지어 50~60년 이후에도 여전히 제거될 수 없고 미국이 세계에서 선도하고 있는 능력은 아직까지 매우 강력하다. 하지만 우리는 장차 격차를 "우리는 살아남을 수 있다"라고 말할 수 있는 정도까지 축소시킬 것이다. 이전에 이것은 '최저 강령'이었는데, 현재 이것은 우리의 '최고 강령'이다."

1985년에 창설된 퀄컴은 단지 화웨이보다 2년 앞서 설립되었는데,

특허 기술로 인해 오늘날 시장에서 넘기 힘든 장벽이 되고 있다. 현재의 단계에서 중국 본토에서 필요한 칩 수요와 공급에 큰 구멍이 뚫려 중국 기업이 퀄컴의 칩을 사용하지 않는 것은 비현실적이다.

2018년 화웨이는 퀄컴의 칩 세트 5,000만 개를 계획적으로 구매했는데, 이를 두고 런정페이는 "우리 화웨이는 영원히 대립을 향해 나아가지 않을 것이며, 우리는 모든 인류를 위해 창조를 하고 있다. 인텔, 브로드컴, 애플, 삼성, 마이크로소프트, 구글, 퀄컴 등은 우리의 영원한 친구다"라고 말했다.

화웨이의 '다빈치 계획'은 순서에 따라 한 걸음 한 걸음 착실하게 진행되고 있고, 향후 AI 서버의 칩 영역에서 엔비디아(NVIDIA)의 패권 지위에 도전할 운명을 앞에 두고 있다. 이것이 바로 원대한 목표를 갖고 있으면서도 전혀 거만하게 굴지 않고, 눈앞의 성공과 이익에 결코 급급하지 않으며, '거북이 정신'을 굳게 지키는 내심을 갖고 있고, 지속적으로 노력하며, 화웨이라는 이리 떼를 이끌고 있는 견인불발(堅忍不拔, 굳게 참고 견디며 마음이 동요하지 않는 것) 런정페이의 모습이다.

3

포스트 런정페이

2018년은 화웨이의 입장에서 말하자면 삼십이립(三十而立)이었다. 즉 '서른 살이 되어 말과 행동에 어긋남이 없게 되는 것'처럼 화웨이 또한 결국 새롭게 성립된 최신 이사회의 구성원 명단을 공표했다. 쑨야팡은 이사장에서 사임했고, 감사위원회 주석을 맡았던 량화(梁華)가 대신 그 자리를 맡게 되었다. 런정페이는 부이사장에서 사직했으며, 그의 장녀인 멍완저우(孟晚舟)가 직책을 승계했다. 그리고 '순환 CEO' 제도도 '순환 이사장' 제도로 바뀌었다.

현재 화웨이의 신임 이사장은 량화, 부이사장은 궈핑, 쉬즈쥔, 후허우쿤, 멍완저우다. 상무이사는 딩윈(丁耘), 위청둥, 왕타오(汪濤)이며 화웨이 이사회는 부이사장 궈핑, 쉬즈쥔, 후허우쿤이 회사의 순환 이사장이 되는 것을 확정했다. 런정페이는 비록 이사를 맡고 있을 뿐이지만, 은퇴하지 않았고 여전히 화웨이에 있어 실제적인 장악력을 갖고 있다.

노인(老人)이 다스리는 현상은 어쨌든 큰 문제이므로 화웨이 또한 반드시 '포스트 런정페이' 시대를 맞이해야 한다. 런정페이 이후에 누가 화웨이라는 이 거대한 '항공모함'을 지휘하며, 계속해서 승리를 향해 나아갈 것인가?

2013년, 화웨이에 후계자가 나타났다는 설에, 각종 음모론이 난무했다. 런정페이는 어쩔 수 없이 직원 대표 대회에서 다음과 같이 분명히 밝혀야 했다.

"회사는 나 개인의 것이 아니며, 그렇기 때문에 후계자는 내가 말한다고 해서 결정되는 것이 아니라 결국 사람들이 결정할 사안이다. 화웨이의 후계자는 세계 시장의 구조에 대한 안목이 있어야 하고, 무역 및 서비스 관련 목표를 집행할 능력을 갖추고 있어야 하며, 아울러 새로운 기술과 고객의 수요에 대해 깊은 이해가 있어야 한다. 또한 제자리걸음을 하며 안주하지 않을 능력을 갖추고 있어야 하는데 무엇보다 화웨이의 후계자라면 처음부터 끝까지 회사의 거대한 업무 흐름, 물류, 자금 흐름 등을 간소화하고 경영할 수 있는 능력을 갖추고 있어야 한다. 이러한 능력을 나의 가족들은 갖추고 있지 못하기 때문에 그들은 영원히 후계자 반열에 진입하지 못할 것이다."

런정페이는 후계자 문제에 대해 말하는 것을 결코 꺼려하지 않는다.

그의 관점에서 볼 때 후계자는 스스로 탄생할 것이므로 선택할 필요가 없는 것이다.

"어떻게 하면 일련의 우수한 간부를 육성하여 역사의 분수령이 되는 시기에 제일선에 서게 할 수 있을까? 이것은 우리의 명제다. 화웨이는 조만간 후계자 문제에 직면하게 될 것이다. 사람의 생명에는 결국 끝이 있기 때문이다. 화웨이의 가장 위대한 점은 무생명의 경영 시스템을 구축한 것이라고 할 수 있는데, 현재의 기술은 시대의 발전에 따라 도태될 수도 있지만 경영 시스템은 그렇지 않을 것이다. (중략)

이러한 경영 시스템을 굳게 지키기만 하면 후계자가 누가되든지 그것은 결코 큰 문제가 되지 않는다. 서로 다른 시기에 각기 다른 인물이 위로 뚫고 올라올 것이며 최후에 이 결과를 누가 완성해낼 수 있고, 누가 이 무거운 짐을 받아들일 수 있는가에 달려 있다. 장래에 그것을 해내는 자가 바로 후계자로 선택될 것이다. (중략)

후계자는 권력이나 돈을 위해서가 아니라, 이상(즉 사회를 위해 공헌을 하는 것)을 위해서 후계자가 되는 것이다. 이상을 목표로 삼은 인물이어야만 반드시 리더의 역할을 잘 해낼 수 있고, 그에 대해 걱정할 필요가 없게 된다. 만약 그에게 이러한 이상이 없다면 그가 돈을 벌기 바쁠 때 그의 아래에 있는 사람들은 신속하게 각종 수단을 이용하여 돈을 벌어들일 것이고 이렇게 되면 회사는 매우 빠르게 붕괴될 것이다."

이것이 바로 런정페이가 화웨이를 위해 빚어낸, 지속가능하며 끊임없이 스스로 진화하는 미래를 향해 나아가는 길이다. 수년 전부터 런정페이는 자신감에 찬 표정으로 "화웨이의 관성을 믿으며 후계자의 지혜를 믿는다"고 말했다. 이것은 화웨이의 관성이자 화웨이의 대세며, 런정페이의 자신감이기도 하다.

런정페이는 은퇴한 후에 무엇을 할까? 수년 전 자신의 계획을 다음과 같이 말한 적이 있다.

"인생에 있어서 내가 가장 좋아했던 것은 결코 전자(電子)가 아니며 나는 전자를 공부하지도 않았다. 내 인생의 목표는 사실 커피숍을 하나 여는 것이었는데 약간 고급스러운 것을 원했다. 다른 한편으로는 식당이나 농장을 경영하고 싶다는 생각도 있었다. 이것은 매우 작은 자본권이기에 내가 어떤 간부를 좋아하면 그 간부를 약간 높여주면 되고, 스스로 말하여 결정하면 그만이다. 예를 들면 그를 가게 주인으로 임명하거나 그에게 농장에서 소를 키우도록 명령하는 것이다."

그렇다면 언제 은퇴할 것인가? 런정페이는 결코 명확한 시점을 제시하지 않으며, "내가 언제 은퇴할 것인지는 '후계팀'에서 언제 나를 필요로 하지 않게 되는가에 달려 있다"라고 말했다.

2017년, 런정페이는 강철처럼 분투하는 큰 물결 속에서 대단히 많은 수의 예비 후계자를 선발했다. 파격적으로 '4,000명 플러스 알파'의 인원을 선발했는데, 이렇게 2~3년이 경과하면 경쟁과 충돌 속에서 안목이 있고 전투력이 있으며 기백이 있는 '작은 후계자'가 출현하게 될 것이며 그 후 천천히 큰 나무로 성장하게 될 것이라고 말했다. 그때가 되면 장래의 일은 후대에게 맡기고 스스로 해결하게 하면 되는 것이다.

화웨이가 미래에 새로운 승리를 거머쥐는 모습을 볼 수 있게 되길 희망해본다.

런정페이, 혁신과 미래를 논하다

1. 혁신을 논하다

'지식 경제' 시대를 맞이하여 기업의 생존 및 발전 방식에도 근본적인 변화가 발생하고 있다. 가령 과거에는 '정확하게 일하는 것'이 중요했지만 오늘날 더욱 중요한 것은 '정확한 일을 해내는 것'이다. 과거에 사람들은 혁신을 하려면 어느 정도의 리스크는 감수해야 하는 것으로 간주했지만 오늘날에는 혁신을 하지 않는 것이야말로 최대의 리스크라는 사실을 안다.

우리는 화웨이의 직원이 주요 업무 분야에서 주관적인 능동성과 창조성을 발휘하는 것은 허락하지만 맹목적으로 혁신을 추구하는 것은 허락하지 않는다. 이로 인해 화웨이의 투지와 역량이 분산될 수도 있기 때문이다. 주요 업무 분야가 아닌 사안은 진지하게 성공을 거둔 기업으로부터 학습해야 하고, 안정적으로 신뢰할 수 있는 운용을 견지해야 한다. 또한 합리적이고 효율적이며 최대로 간소화된 경영 시스템을 유지해야 하고, 맹목적인 혁신을 방지해야 한다.

대기업으로서 우선 연속적인 혁신을 해나가야 하고, 자신의 강점을 계속해서 발휘해나가야 한다. 걸핏하면 사회에서 유행하는 용어인 '파괴'라는 말을 사용하는데, 소규모 회사는 파괴적 혁신을 쉽게 할 수 있지만, 대기업이라면 파괴적 혁신에 대해 경솔하게 발언해서는 안 된다. 화웨이는 파괴적 혁신에 대해 여전히 높은 관심을 갖고 있고, 호응하고 있으며, 실제로 준비도 잘해두고 있으므로 일단 진정으로 기회가 찾아오면 곧바로 달려가 기회를 잡게 될 것이다.

화웨이는 급진적으로 개혁을 해서는 안 되고, 그 어떤 것도 계승하고 점진적으로 변화해야 한다. 존재한다는 것은 곧 합리성이 있기 때문이다. 우리는 이상을 과도하게 추구하는 개혁으로 현실을 어지럽게 해서는 안 된다. 오직 안정되고 조용한 물의 흐름이 있어야 더욱 멀리 나아갈 수 있는 것이다.

화웨이가 홀로 달리고 있을 때가 바로 우리가 죽음에 이르는 시기다. 성장을 하려면 경쟁 기업이나 동종 기업에 대해 겸손한 태도를 유지해야 하고, 겸손한 모습으로 세계와 협력해야 한다. 마음이 넓으면 넓을수록 천하도 그만큼 커지는 것이다. 만약 이 시대에 우리가 매우 훌륭하게 시스템적인 개방을 실현하여 다른 사람이 우리 위에서 다양한 많은 물건들을 만들어내게 한다면, 우리는 모두가 이기는 '공생 시스템'을 구축할 수 있을 것이다. 우리는 반드시 앞서 나가고 있는 사람의 어깨 위에 서서 시대의 발걸음을 더듬으며 모색해야 한다. 또한 인류의 성과를 계승하고 발전시켜야 한다.

한편 과학 연구는 본래 시행착오의 과정인데, 시행착오가 없다면 어떻게 혁신이 가능할 수 있겠는가? 혁신은 본래 쉽지 않은 일이고, 만약 혁신이 매번 성공한다면 그것은 또한 혁신이 아닌 것이다. 따라서 혁신에 성공할 수 있는 프로젝트는 극히 적을 수밖에 없고, 일단 성공하게 되면 그 사람은 곧 천재가 되는 것이다.

우리는 혁신을 격려하고 또한 혁신의 실패도 받아들여야 한다. 만약 실패하거나 착오를 범했다고 해서 바로 도태되거나 낙인이 찍히게 된다면 과감히 혁신을 추진하고자 하는 사람은 더 이상 존재하지 않게 될 것이다. 화웨이는 혁신을 하는 데 있어서의 실패를 포용할 것이고, 실패했다고 해서 그 사람을 부정하지 않을 것이다.

2. 미래를 논하다

앞으로 20~30년 안에 세계에는 반드시 중대한 기술 혁명이 발생하게 될 것이다. 이 혁명의 특징은 다음 세 가지를 들 수 있다.

첫째, 그래핀(Graphene)이 출현하게 됨으로써 전자기술에 있어서 낡은 것을 교체하는 변화가 발생한다. 우리는 그래핀이 실용화되기 전에 실리콘 칩 위에 중첩하여 추가하거나 또는 병렬로 연계하는 방식 등을 통해 물리적 극한을 돌파할 수도 있을 것이다.

둘째, 인공지능(AI)의 출현으로 사회에 거대한 분류가 생기고 인류도 AI에 의해 변화하게 될 것이다. 간단하고 중복되는 노동력은 필요가 없어질 것이고, 비교적 높은 문화적 소양이 필요해질 것이므로 '교육'이 매우 중요해진다. 인류 사회가 AI에 적응하게 되었을 때 서방 국가와 개발도상국(중국 등) 간의 공업 생산원가의 차이는 없어지게 될 것이고, 이는 곧 새로운 시대를 도래하게 만들 것이다. 우리가 만약 새로운 시대의 변혁을 쫓아가려면 우선 교육 구조를 바꿔야 하고, 반드시 모든 아이들이 문화적 소양을 지녀야 하며, 아울러 지식과 전문성을 구비하여 조작 능력을 갖춰야 한다.

셋째, 생물 기술의 돌파는 장차 거대한 정보사회의 변화를 가져오게 될 뿐만 아니라 그 경계선 또한 갈수록 모호해지게 될 것이다. 각국 언어의 경계선이 모호해지게 될 때 물리적 경계선 또한 모호해지게 될 것이다.

이 시대에 우리는 통계학, 시스템공학, 사이버네틱스, 신경학 등의 각종 전문 분야를 중시해야 할 뿐만 아니라 '철학'을 더욱 중시해야 한다. 왜냐하면 미래의 발전 과정 중에서 이러한 학문 분야는 모두 큰 역할을 해내야 하고, 단순한 기계 기술의 관점에서 작용해서는 안 되기 때문이다. 철학을 배우는 것은 상업적 가치를 바로 구현해내지 못하지만 중국 동북 지방의 비옥한 토지처럼 만약 개간을 하지 않거나 씨앗을 심지 않으면 그 비옥한 토지는 그냥 쓸모없는 땅으로 남게 될 뿐이다. 철학은 바로 비옥한 토지이며, 시스템공학과 통계학 등의 학문 역시 모두 마찬가지다.

지난 20~30년 동안 인류 사회는 네트워크화를 향해 발전해왔고, 앞으로 20~30년 동안은 정보화를 향해 나아갈 것인데, 이 시기에 여러 위대한 기업이 출현하게 될 것이다. 이러한 위대한 기업의 탄생을 위한 기초는 곧 '지식재산권'을 보호하는 것이다. 그렇지 않으면 기회는 어느 순간 사라지게 되거나 남의 것이 될 것이다.

앞으로 20~30년 동안, 인류는 장차 지능화 사회로 진입하게 된다. 새로운 시대에 직면하여 화웨이는 각각의 개인과 가정, 조직을 디지털 세계 속으로 이끄는 데 모든 노력을 기울이고, 만물이 상호 연결되는 지능화된 세계를 구축할 것이다.

화웨이는 이미 해당 분야에 공격적으로 진입하고 있다. 아무도 없는 곳에서 항해를 하는 까닭에 기존에 정해진 규칙도, 뒤쫓아오는 사람도 없는 상황에 처해 있다. 화웨이가 다른 누군가와 함께 뛰었던 기회주의적 차원의 빠른 속도는 점차 완만해질 것이다. 화웨이가 새로운 이론을 정립하고 이끌어야 할 책임을 감당해야 하는 시기가 이미 눈앞에 도래했다.

화웨이 회장 런정페이

생존 경영

초판 1쇄 발행 | 2019년 8월 20일
초판 2쇄 발행 | 2019년 9월 23일

지은이 | 저우셴량
옮긴이 | 이용빈
펴낸이 | 전준석
펴낸곳 | 시크릿하우스
주소 | 서울특별시 마포구 독막로3길 51, 402호
대표전화 | 02-6339-0117
팩스 | 02-304-9122
이메일 | secret@jstone.biz
출판등록 | 2018년 10월 1일 제2019-000001호
블로그 | blog.naver.com/jstone2018
페이스북 | @secrethouse2018 인스타그램 | @secrethouse2018

ISBN 979-11-90259-00-2   03320